中国金融论坛丛书

中国金融研究中心

中国金融改革

市场化进程与金融稳定

（第五届）

陈野华 迟福林 主编

ZHONGGUO JINRONG GAIGE

SHICHANGHUA JINCHENG YU JINRONG WENDING

(DI 5 JIE)

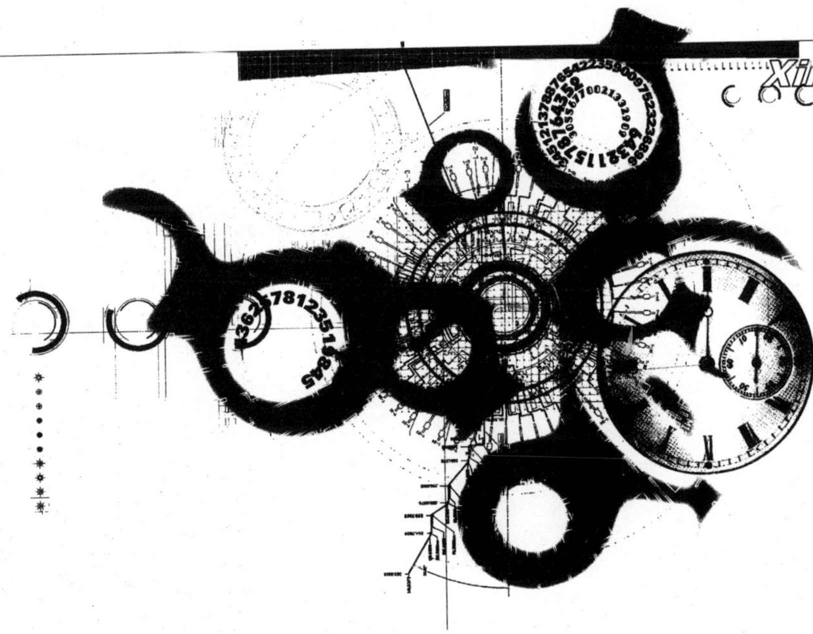

Xinan Caijing Daxue Chubanshe

西南财经大学出版社

前 言

2005年9月16～17日，第五届中国金融论坛在海口隆重举行。本届论坛由西南财经大学中国金融研究中心和中国（海南）改革发展研究院联合举办。论坛以“金融改革：市场化进程与金融稳定”为主题，立足于中国金融经济改革实践，探讨中国金融改革市场化进程中与金融稳定密切相关的重大理论和实践问题，以期对经济转轨与金融改革、理论建设和改革发展有所贡献。全国人大常委会委员、财经委副主任周正庆先生，中国人民大学原校长黄达教授，西南财经大学校长王裕国教授，中国建设银行股份有限公司监事长谢渡扬先生，西南财经大学中国金融研究中心主任刘锡良教授，中国（海南）改革发展研究院执行院长迟福林教授等出席了论坛并做主题演讲。与会的两百余名专家、学者代表分别来自金融主管与监管机构、研究机构、金融机构以及国内（含台湾地区）30多所高校和日本、比利时等国。

本届论坛分别就经济转轨与金融改革、治理结构与金融稳定、监管体系与金融稳定、资本市场与金融稳定、金融开放与金融稳定等议题进行了深入的讨论。在此对会议讨论的内容进行简要综述。

一、经济转轨与金融改革

2005年是我国的改革攻坚年，金融改革取得了一定的进展。与会代表对我国在金融领域推进的国有商业银行改革、汇率形成机制改革和股权分置改革给予了积极的评价，认为这几项改革有力地促进了我国的金融市场化进程，对保持我国金融稳定有着重要的意义。但是，我国的金融改革和对外开放，在我国经济转轨的背景下，依然存在着许多必须解决而且不能回避的问题，目前的金融改革仍然在政策与市场的博弈中进行，推进金融改革、保持金融稳定仍然面临一定的困难。

（一）正确客观地认识转轨时期的市场化改革

专家们认为，市场化改革已经到了不可逆转的地步，建设社会主义市场经济，最终要让市场对资源进行分配。经济转轨与金融改革的关键因素之一在于加快推进市场化改革，而推进市场化改革的前提是对目前我国市场化进程有一个客观而清醒的判断。部分专家提出了对市场化进程的三点判断：

第一，对市场化改革进程不能估计过高。与会专家指出，我国初步建立了市场经济体制框架，但包括金融体制在内，许多方面深层次的体制矛盾仍然是制约经济社会发展的突出因素。目前许多矛盾和问题的产生不是由于市场化改革过快，恰恰相反，是由于市场化改革不到位甚至在某些领域还没有真正启动。

第二，改革仍然滞后于发展。专家们认为，无论是经济的可持续增长，还是社会的和谐发展，都需要推进深层次的改革。目前的情况是，我国经济社会发展对经济体制改革、社会体制改革和政治体制改革的要求越来越迫切。如何按照以人为本的基本要求实现改革的实质性突破，仍需要做出巨大努力。

第三，改革在实践中的“走形变样”有一定的普遍性。由于各种利益关系的制约，以及利益博弈中弱势群体的不利地位，导致一些改革措施在实践中大打折扣，“走形变样”。

（二）推进政府转型是促进金融改革、保持金融稳定的重要影响因素

有专家认为，我国长期实行的是政府主导型的金融体制，推进我国的金融改革，首先需要推进

政府改革。只有在政府改革到位的情况下，金融改革才能实质性地推进。针对政府转型，会议的讨论主要涉及三个方面的问题：

第一，如何充分估计政府转型的客观基础和现实压力？有专家指出，目前我国有三个领域的变化迫切要求政府转型。首先，公共需求的快速增长和深刻变化要求政府转型；其次，转变经济增长方式要求政府转型；最后，我国政府的自身改革与建设要求政府转型。

第二，政府转型的基本目标是什么？有专家指出，政府转型的基本目标是建设一个公共服务型的政府。在“经济调节、市场监管、社会管理、公共服务”四大政府职能定位中，其本质职能是公共服务，政府的主要任务是提供经济性公共服务、社会性公共服务和制度性公共服务三大类公共服务。

第三，以政府转型为重点推进金融体制改革需要解决什么问题？专家提出，需要解决以下三个问题：首先，我国的金融体制是否仍然是比较突出的政府主导型体制？第二，政府主导型的金融体制是否已经是弊多利少、难以为继，非改不可？第三，金融体制改革的方向是什么？是否应该让市场在金融资源配置中发挥基础性作用，并在这个前提下有效地发挥政府在金融发展与稳定中的重要作用？与会专家给予了肯定的回答。

（三）密切关注经济转轨过程中影响金融稳定的重要因素

关于影响金融稳定因素的观点较多，总体来看，与会专家认为，目前影响我国金融稳定的因素主要有十个方面：第一，经济增长方式的转变与经济结构调整；第二，经济金融全球化的溢出效应；第三，汇率制度改革、外汇储备与资本流动；第四，财政风险向金融风险的转移；第五，金融基础建设滞后，包括信用环境、法律环境、支付体系、征信体系等一系列金融基础设施的完善与改革；第六，商业银行不良资产问题与中央银行不良资产问题；第七，企业的融资结构问题；第八，金融混业经营趋势与混业监管问题；第九，金融机构的治理结构问题；第十，宏观调控政策的问题。

二、治理结构与金融稳定

与会专家认为，公司治理是现代企业制度的核心，金融机构公司治理是影响金融稳定的重要因素。构建完善的金融机构公司治理是一项复杂而艰巨的系统工程，也是金融体制改革和保障金融稳定的重要目标。

（一）金融机构的公司治理区别于一般公司治理

专家认为，与非金融机构相比，金融机构的公司治理具有一定特殊性。一是金融机构需要外部监管。金融机构特别是商业银行的高负债率、资产组合不透明、存款挤兑可能性的特性需要引入外部严格的监管。二是强调市场约束。仅仅依靠政府部门的监管仍无法确保金融机构具备完善的治理结构，还应通过提高透明度增强市场主体、利益相关者对金融机构经营管理活动的约束。三是强调内部风险控制。金融机构高负债经营的特性，使得构建内部风险控制制度显得尤为重要。

（二）金融机构公司治理需要关注党委与股东大会的关系

有专家认为，要构造有效的公司治理结构，最需要解决的是党委在银行治理结构中的地位问题。在我国的银行治理结构中，党委有非常重要的地位，党委在重大问题上拥有最后发言权，这种情况在国外金融界是不存在的。我国金融改革的趋势是市场化方向，如何处理“党委拥有最后发言权”与“股东大会是最高权力机构”之间的矛盾，对推进金融改革至关重要。

（三）完善商业银行公司治理是金融稳定的重要微观基础

有专家认为，银行体系的稳健高效是金融稳定的关键所在，完善的商业银行公司治理则是银行体系稳健高效的重要微观基础，在维护金融稳定的诸多因素中，银行机构的公司治理处于“金字塔”的最底层。我国商业银行尤其是国有商业银行的不良资产比例偏高、经营绩效较低、大案要案频发等问题，除了来自政府、社会、企业等诸多外部因素，也有商业银行公司治理存在缺陷这一深层次内部原因。

也有专家进一步指出，当前商业银行公司治理存在的问题集中表现在：第一，关于股权结构不合理和所有者缺位引发的预算软约束和内部人控制的问题，不能形成董事会、监事会与高管层之间的相互制衡的治理结构或者缺乏三者相互制衡的运作机制。第二，关于市场化激励约束机制的问题。长期以来，国有和国有控股的金融机构在人事任命和考核方面与行政级别挂钩，缺少市场化的激励约束机制。第三，我国金融机构（主要是国有银行）组织架构的缺陷导致内部委托—代理成本过高，如管理层次过多、总分支行之间信息不对称、分支行相对独立的利益诉求可能与全行稳健经营的要求冲突等。第四，激励相容的监管模式还不够完善。

（四）引入国外战略投资者是否是改善金融机构公司治理的唯一选择

金融机构公司治理是否只能依靠引入国外战略投资者是非常值得考虑的一个问题。建立完善的治理结构，不仅需要一个过程，也需要金融机构管理制度的不断创新，引入外资并非唯一的途径和手段。监管当局将金融机构引入外资、境外上市作为改善公司治理结构、提高经营管理水平的唯一手段，不仅容易造成中国经济控制权的丧失，危及国家金融安全，而且金融机构过度引入外资，就意味着中国财富滚滚外流。外资银行与其参股银行的竞争（如汇丰银行与交通银行）更容易产生“脱脂效应”，不仅容易造成国内银行或外资参股银行优质客户大量流失，使其面对更多的高风险客户，而且将导致银行特许权价值下降，进而导致利润下降。

（五）关于金融机构公司治理的其他观点

(1) 董事会的核心治理作用。有专家认为，现代公司的治理核心是如何建立一个负责任的合格的董事会。经济合作与发展组织（OECD）的六个准则都跟这个董事会有关，巴塞尔协议中有七个准则也是和这个有关。现在我国的国有银行改革，在目前这个产权结构下，应该考虑怎样保证董事会是尽职、合格的。同时，金融机构公司治理还需要考虑两个问题，一是如何确立监管者在公司治理中合理的界线。二是制定的《公司治理原则》已成为各国评估和改进公司治理的国际标准。对一系列的国际准则在中国的适应性，我们必须有一个清晰的回答。

(2) 国内外银行治理机制存在差异性。有专家认为，我国商业银行治理机制改革的背景与西方发达国家不一样。我国的金融业发展正处于积累当中，机构不足、产品不足，目前仍处于模仿西方金融发展的阶段。现在的问题是，在模仿的过程中，过于注重模仿形式而忽视了对实质内容的借鉴，我们国内的机制跟国外的差异性非常大，这种差别是中长期的发展目标的差异，而不是短期的差异。

(3) 银行绩效与公司治理。有专家指出，从改革历史看，国有银行的股份制改革并没有使绩效显著提高，治理结构的改善并没有导致绩效的改善。所以，治理结构的改革对商业银行的绩效至少短期内不可能有太大的影响，期望通过治理结构的改善去改善银行绩效恐怕是一个误区。

三、监管体系与金融稳定

与会专家认为，在金融风险日益凸显的今天，金融监管体系的作用越来越突出。如何构建一个健全有效的金融监管体系，是我国金融改革的重要任务之一。

（一）混业监管的趋势对我国目前的监管体系构成了巨大的挑战

有专家认为，我们必须对现有金融监管体系进行调整，否则会加大金融的不稳定因素。我们目前实行的是“一行一局三会”的分业监管体制，这些机构各自为政，缺乏有效的协调机制和综合监管机制。特别是对跨行业的风险监管，目前仍然是一个薄弱环节。联席监管机制还没有形成，这将直接影响市场的长远发展。

也有专家指出，银行监管和货币政策的协调很关键，资本充足率本身是个监管的问题，但是对货币政策的传导有重大的影响，所以货币政策跟监管的协调可能是需要研究的一个重要问题。

(二) 加强监管威慑机制，构建“三位一体”的制度安排

有专家认为，国有商业银行的改革无法从制度上克服银行体系的脆弱性，产权制度安排、市场声誉机制和监管威慑机制促进银行体系稳健性的作用具有相互依存性，只有“三位一体”的综合改革才能为银行体系稳健性提供坚实的制度基础。有专家还特别指出，就我国当前的监管体系而言，需要加强监管的威慑性，提高查处概率与惩治力度。监管威慑性主要取决于两点：一个是监管腐败与监管不作为，这个需要改善监管制度来解决。另外一个是提高惩罚的力度，一是提高处罚的标准；二是强化监管部门与司法部门的独立性和权威性，使处罚中心向自然人转移；三是引入刑法，追究刑事责任。这三者之间是相互配套推进的。

(三) 加快金融机构退出机制建设

有专家认为，构建监管体系的关键是退出机制，通过退出机制约束金融管理者和投资者，提高金融机构自身竞争能力，从而更好地保护利益相关者的主体利益。现在我国金融机构退出机制的主要问题是：第一，有些退出机制是非市场化的；第二，有些退出是迫于财政救助和社会压力，这在很大程度上扭曲了机制；第三，由于清算机构不完善，造成有些清算不彻底。因此，在监管体制改革中需要进一步处理这些问题。具体包括建立有效的风险预警机制、建立退出问责制、寻找适合自己发展的模式、注意监管协调机制的建设。

(四) 关于金融监管的其他观点

与会专家还从其他角度分析了金融监管问题。比如：有专家指出，监管者职能在我国金融机构治理结构中没有明确，监管者无法有效地行使自己的职能。监管本质上是风险的考核，但这个考核应该主要由市场进行，而不应该主要由政府进行，是市场选择企业而不是政府选择企业。有专家结合新巴塞尔资本协议将商业银行操作风险纳入风险管理的框架，从技术层面分析了操作风险的度量与管理，介绍了国内外银行业操作损失数据的整理和主要操作损失数据库，以期为银行监管当局和商业银行风险管理提供参考。也有专家从金融风险的传染性角度分析了金融监管的必要性和可选性，并提出了根据传染性强弱进行有效监管的建议。

四、资本市场与金融稳定

随着资本市场的发展，特别是证券市场的发展壮大，对金融稳定的影响愈显重要，证券市场的风险已成为影响金融稳定的重要因素之一。与会专家结合当前资本市场的重点问题，从金融稳定的角度进行了广泛的讨论。

(一) 资本市场的不稳定因素

有专家从金融经济的稳定性、金融功能的稳定发挥和金融机构的稳定性三个方面分析了证券市场风险对金融稳定的影响，认为当前证券市场的问题主要表现在：第一，证券市场系统性风险严重，股权分置问题尚待全面解决，市场结构和体系存在很大缺陷，缺乏针对投资者的利益保护机制；第二，上市公司的质量和公司治理水平亟须改善，经营不善、违规活动的问题比较突出；此外，客户交易结算资金存管、国债回购、委托理财等制度设计还不完善，为证券公司违规经营提供了可能性；第三，券商生存状况恶化，盈利模式单一，不良资产比例高，一些券商违规经营造成的风险正在逐渐暴露出来；第四，投资者结构仍以中小投资者为主，投资者的资金杠杆指标值高，风险承受能力较低。

也有专家指出，资本市场不稳定会对经济的动荡不安产生推波助澜的作用。因此，第一，在金融市场的市场化进程方面，政府应致力于塑造市场发展环境，尽量少干预金融企业的具体经营管理活动，充分发挥市场机制的作用；第二，在资本市场自由化的过程中，政府也要注意防止资本市场的过度动荡。有代表以我国台湾地区资本市场发展的进程为例，认为在稳定资本市场方面的措施主

要是健全整个市场结构，包括资讯的透明化、公司营运的市场化等；让市场竞争更充分、更透明；政府的适当干预必不可少。

（二）直接融资滞后影响到我国资本市场的长远发展

大部分专家认为，目前我国资本市场发展最大的问题在于直接融资比例过低，债券市场和股票市场的发展总体滞后。因此，下一步改革的重点是进一步推动直接融资发展，包括：第一，改变直接金融市场和间接金融市场的分割状况；第二，转变金融市场的监管方式；第三，继续发展和开放银行间直接融资市场。

五、金融开放与金融稳定

按照我国加入 WTO 的协议，2006 年年底我国将全面开放金融业，这对我国金融业是巨大的挑战。与会专家、学者就金融开放与金融稳定这一议题进行了研讨。

（一）人民币汇率制度改革任重而道远

有专家在对我国的人民币汇率改革进行了调查研究之后，认为：第一，人民币汇率水平的变动是一个比较短期的动作，相反，新的汇率的形成机制应该在一个相对比较长的时期内起作用。在这样的情况下，只要有管理的浮动汇率制的生命力还没有结束，就不可能被其他的汇率机制所代替。第二，究竟应该如何判断人民币汇率水平的合理水平，也就是说用什么标准来判断这个汇率水平变动，还缺乏一个现实的依据；第三，从汇率形成机制来看，需要研究人民币汇率的弹性究竟有多大，目前还没有明确说法；第四，究竟这些外汇储备我们应该怎么用，是非常值得探讨的一个问题。

（二）汇率制度、国际收支与资本流动

有专家认为，我国汇率制度改革的方向在于完善人民币汇率形成机制，若改革力度与调整时机出现偏差，则有可能刺激资本大规模流动，导致汇率大幅波动，并有可能造成国内信贷过度膨胀，增加金融体系的风险。一方面，现行汇率制度下的国际收支“双顺差”带来外汇储备规模的持续快速增长，其负面影响表现为中央银行的对冲操作和相应货币政策选择面临着巨大压力；另一方面，过多的短期资本特别是纯粹的投机资本流入所形成的外汇储备增加容易导致经济泡沫化，隐含着经济危机，具有很高的风险性。

（三）必须重视金融开放引发的金融安全问题

专家讨论认为，我国金融对外开放需要重视可能由此引发的金融安全与金融稳定问题。其主要观点如下：

（1）有专家指出，外资银行通过股权投资进入我国银行，是在我国本土的民间金融尚未合法化、我国本土的商业银行尚未获得参股资格的情况下进行的，这种格局有可能影响到我国的金融安全。

（2）有专家认为，对于 20 多年来引进外资的对外开放政策，我们在肯定其积极作用的同时，也应该看到由此带来的问题，包括热钱问题等。因此，金融开放必须考虑以下几点：第一，引进外资应该从注重数量转到注重质量上来；第二，应该降低外资银行对中资银行的投资比例；第三，改变直接引进外资的方式，更多地采用间接引进的方式（例如股权互换等）。

（3）有专家认为，过快地开放我国金融业将导致我国金融主导权丧失，并提出了“未来谁将掌控中国的金融”的论题。如何既保持我国开放的态势，又掌握金融的主导权不致丧失，相应“药方”则是：在股权和薪酬两种激励措施中，股权方面要“小气”一点，在“薪酬”方面则要大方一点。有的专家同时也强调，在人民币升值到位之前，中央政府应该严格限制地方和部门以出卖人民币资产的方式招商引资，尤其不能出售金融企业的股权。

本届论坛得到了大家的大力支持，收到了很多优秀论文，这里选取了一部分结集出版。遗憾的是，由于版面原因，有很多优秀论文我们没有能够收录，大家可以进入中国金融研究中心的网站（http：//zgjr. swufe. edu. cn/）下载电子版本。最后，对支持本届论坛的学者、专家表示感谢。

西南财经大学中国金融研究中心

2005. 12

目　录

总论

经济转轨与金融改革

治理结构与金融稳定

监管体系与金融稳定

资本市场与金融稳定

金融开放与金融稳定

总论

总论

关于深化金融改革的几个问题

周正庆[①]

党的十一届三中全会以来，我国金融改革和对外开放已经走过了20多个年头，取得了举世瞩目的显著成就。作为有中国特色社会主义市场经济重要组成部分的货币、资本、保险市场都得到了较快发展，金融宏观调控体系正在不断完善，为推进我国经济持续稳定快速健康增长做出了重要贡献。然而，我国金融改革和对外开放在服务经济社会发展大局、服务社会主义和谐社会建设的过程中，依然存在很多必须解决而且回避不了的问题。我认为当前值得关注和深入探索的有以下六个方面的问题：

一、要认真地、实事求是地总结20多年金融改革和对外开放的经验和教训

我国金融改革和对外开放已经走过了20多年的历程，既取得了辉煌的成绩，也付出了相当大的代价。我们要对金融改革开放的实践进行认真、深入、全面的分析，总结经验，吸取教训，以利再战。温故而知新，前车之覆可为后车之鉴。

我认为，20多年金融改革和开放中应当吸取的一个最基本的经验就是，必须认清我国的国情，一切从实际出发，以小平同志提出的“三个有利于”（有利于发展社会主义社会的生产力、有利于增强社会主义国家的综合国力、有利于提高人民的生活水平）和建立和谐社会为目标，积极、稳妥、有序地推进金融改革和开放。实践证明，凡是能够从中国社会主义初级阶段、公有制为主体的基本国情和经济发展不同阶段的客观实际出发，消化吸收世界各国的成功经验，认真探索有中国特色的金融改革和开放的道路，就能够取得明显的成就；反之，凡是脱离中国社会主义初级阶段的基本国情，盲目照抄照搬外国经济金融理论，生搬硬套发达国家的管理模式，改革就会走弯路，甚至导致失败，加大了改革的成本，造成很大的、不应有的损失。

从比较成功的事例看：①适应我国经济发展的不同阶段，改进金融调控，逐步完善货币政策的目标和手段；积累了治理通货膨胀和通货紧缩两个方面的经验；②从“大一统”的银行体制到建立中央银行体制，并逐步推进成立不同模式、不同类型、多层次的股份制商业银行；③从计划经济向市场经济转轨时期形成的两种汇率并行的体制到顺利实现外汇汇率并轨，逐步建立和完善有管理的浮动汇率形成机制；④几经反复，不断探索，逐步使农村信用社改革走上正轨；⑤金融法制建设取得了长足进步，《人民银行法》、《商业银行法》、《证券法》、《投资基金法》、《信托法》等重要法律、法规相继颁布或修订。

从吸取教训方面来说：①照搬美国的12家联邦储备银行模式，设立人民银行大区行的做法，并没有达到原来设定的改革目的。②长期以来重视调控货币市场，忽视对资本市场的调控，对持续低迷的现状熟视无睹，不仅造成重大的经济损失，而且动摇了投资者的信心，拖了金融改革和经济发展的后腿。③从资本市场的管理看也有若干失误，诸如，盲目推行所谓“市场化”，放开股票再融资的制约条件，放开股票上市控制市盈率的要求，出现上百倍市盈率的新发股票的价格；盲目对国内开放B股市场；仓促决定凡上市公司都要由国外五大会计师事务所补充审计、下调证券公司

① 作者简介：周正庆，全国人大常委会委员，财经委副主任委员。

的佣金实际浮动、武断取消高新技术企业上市经过“双高”认证等。④农村金融体制改革走了弯路，没有从中国国情出发，忽视农村信用社资产质量差、包袱沉重、资金实力有限、支持“三农”力不从心的客观实际，片面强调农村信用社的主力军地位，并集中由人民银行统一管理。与此同时，国有商业银行大量撤并县级分支机构，上收贷款权，信贷供给明显萎缩，融资渠道由宽变窄，致使县域资金从农村大量外流，真正用于“三农”的资金日益萎缩，县域经济得不到应有的金融服务体系支持，农业结构调整和农业产业化步伐显得步履维艰。

再一个值得重视的问题是，从工作方法上要坚持实事求是的原则，真正认清进行金融改革的复杂性、艰巨性和长期性，绝不能期望一蹴而就，凡没有把握的都要经过试验，取得经验后再推广，切记不要盲目随意，仓促决策，主观武断，一哄而起，真正做到科学民主决策。因为建立具有中国特色的金融体系，当今世界上没有现成的经验可供照抄照搬，必须经过学习借鉴、消化吸收，取其精华，去其糟粕，对那些不符合中国国情，或现在不具备条件的，不能盲目推行。对学习国外的重大改革必须吃透两头，一是把国外的情况，来龙去脉要吃透；二是把国内的现状要吃透，在推进过程中要不断总结实践经验，不断补充完善，真正做到“三个有利于”。即使有的名词取自国外，其内涵也有很大区别，如公开市场操作，在成熟国家是最重要的调控手段，具有灵敏的市场传导机制，我们则存在很大差距。

二、改进金融调控，努力实现货币、资本、保险市场有机结合协调发展，这是我国金融改革面临的新课题

党的十六届三中全会从战略高度提出，要改进中央银行的金融调控，建立健全货币市场、资本市场、保险市场有机结合、协调发展的机制，维护金融运行和金融市场的整体稳定，防范系统性风险。建立健全银行、证券、保险监管机构之间以及同中央银行、财政部门的协调机制，提高金融监管水准。这表明党中央高度重视金融宏观调控问题，对改进金融宏观调控方式，建立健全货币市场、资本市场、保险市场的协调发展机制具有非常重要的指导意义，将推动货币市场、资本市场和保险市场走向相互促进、协调发展的新阶段。有以下几个需要引起关注和探索的问题：

（1）随着我国资本市场的不断发展，中央银行的宏观调控要为资本市场的深化改革和稳定发展创造良好的氛围和环境。中央银行不仅要继续监测 M1、M2，而且应该与时俱进地把资本市场的变动纳入日常监控范围，对股票、债券（包括短期融资券、金融债券、国际债券、企业债券）、基金等直接融资，要研究建立可以随时监测的指标体系。

（2）既要注意对金融总量的调控，又要注意采取促进结构调整、区别对待的金融政策。目前，商业银行信贷资金过度向发达地区、沿海城市和大型企业集中，“三农”、中小企业融资难问题相当突出。要促进我国经济结构调整，解决区域经济发展不平衡，加大对“三农”的支持力度，解决中小企业贷款难问题，仅仅依靠调控货币供应量、利率、存款准备金等总量调控的办法是远远不够的，中央银行要发挥“政府的银行”的独特的、行之有效的金融政策的支持作用，注意发挥贷款贴息、窗口指导和信息服务等综合性政策措施的作用，通过出台专门的法律法规，积极引导和鼓励社会资金向中西部地区、“三农”、中小企业流动。

（3）对市场的作用要有正确的认识和评价。在充分发挥金融市场作用的同时，还必须注意金融市场缺陷和失灵可能带来的问题。对市场的作用要有正确、恰当的认识和评价，切不可把它当成解决一切问题的灵丹妙药。市场机制虽好，但不可能解决所有问题，它必然会出现缺陷和失灵。

市场经济需要有一个合理的法制框架，严守信用的市场观念，相应的教育体制和社会保障网络，以及严格守法、执法等一整套职能，而市场本身是无法提供这些职能的，只有政府职能才能解决。特别是随着经济全球化的发展，越来越多的问题具有跨国性质。例如，贸易和资本流动带来的摩擦、干扰，某些重大环境和公共卫生问题等。这些问题只有通过政府间谈判协调才能有效处理。

再有，当发生信用危机，资本开始逃离时，单靠货币政策和市场机制是无法扭转局势的，政府需要实施强有力的改革计划和综合政策措施，使国内外的债权人和投资者相信：留下来符合他们的利益，经济增长和稳定将会恢复。我国改革多年的实践证明，许多问题不是只强调市场化就能解决的。所谓“市场化”应当是一个复杂的系统工程，是一个渐进、逐步完善的过程。特别是目前我国具有自己的特色，又处于新兴市场加转轨阶段，更是如此。很多在国外通过市场化能解决的问题，在我国远非如此。

（4）要专题调研以下课题：①如何适应中国有八亿农民的特殊国情的需要，把商业银行、政策性银行、农村信用社改革统筹兼顾，重新组建农村金融体系，对具备条件的地区可以县为单位建立农村合作银行，也可先建立联社再逐步发展；少数地区也可考虑保留县、乡两级法人体制，总之要从广大农村、复杂现状的实际出发，区别对待，不搞“一刀切”。②如何从金融机构设置、信贷管理办法改革、担保体系的建立角度，出台必要的优惠政策等方面，真正解决中小企业贷款难的问题，既保持经济协调发展，又有利于扩大就业。③如何解决间接融资和直接融资比例失衡的问题。还有间接融资中短期贷款比重过低、中长期贷款比重过高的问题。防止固定资产投资过热，首先要把好信贷闸门，逐步降低中长期贷款过快增长的不正常状况。要下决心清理政府担保的“打包”贷款。④要研究如何确定合理的外汇储备，如何掌握适度增长和最佳结构及额度。为支持经济结构调整，改变经济增长方式，有利于落实科学发展观，要正确发挥外汇储备应有的功能和积极作用。对汇金公司的性质、职能、作用，要有正确的定位，明确法规约束，防止不正当、不谨慎使用外汇储备带来的风险。

三、关于积极推进资本市场改革开放和稳定发展

（一）要高度认识大力发展资本市场的重要意义

党的十六届三中全会明确提出大力发展资本和其他要素市场，积极推进资本市场的改革开放，扩大直接融资，建立多层次的资本市场体系，完善资本市场结构，丰富资本市场产品，规范和发展主板市场，推进风险投资和创业板市场建设，积极拓展债券市场，完善和规范发行程序，扩大公司债券发行规模，大力发展机构投资者，拓宽合规资金入市渠道，建立统一互联的证券市场，完善交易登记和结算体系。国务院“国九条”进一步指出：大力发展资本市场是一项重要的战略任务，对我国实现21世纪头20年国民经济翻两番的战略目标具有重要意义。

党中央、国务院从全局和战略出发做出了重要决策，我们必须高度重视，树立全局观念，充分认识发展资本市场的重要性。一定要把我们的认识和行动真正统一到党中央的决定和国务院的文件精神上来，使我国资本市场的功能得到充分和有效的发挥，进一步完善社会主义市场经济体制，更大程度地发挥资本市场优化资源配置的功能，将社会资金有效地转化为长期投资；促进国民经济的结构调整和战略性改组，加快非国有经济的发展；努力提高直接融资比例，完善金融市场结构，提高金融市场效率，维护金融安全。

中国资本市场十几年来发展的实践证明，解决认识问题至关重要，思想认识统一了，会更好地推动资本市场健康发展；反之，出现思想认识上的混乱，就会阻碍资本市场的发展，引起持续低迷或者大起大落。

1990年初期，小平同志发表“南方讲话”，解决了我国资本市场“姓资”还是“姓社”的争论，在“坚决试”的思想指导下，推动了资本市场迅速发展。

2001年，出现了对资本市场成绩肯定与否定之争，出现了“赌场论”、“推倒重来论”等以偏概全，全盘否定我国资本市场的论调，加之某些指导思想和政策的失误，导致了资本市场的持续低迷。

2004年2月，“国九条”把大力发展资本市场提高到战略高度，充分肯定了资本市场取得的重

大成就。“国九条”刚出台两个多月的时间，市场已经出现止跌回稳，上证指数已回升至1780点。但在2004年4月中旬以后，股市突然掉头向下，股指大幅下挫，最低已击穿1000点，下跌44%。为什么没有能够保持已出现的良好发展势头呢？

原因是多方面的：第一，由于我们的知识和经验不足，基础建设薄弱以及市场不完善等，还没有真正建立起货币市场、资本市场、保险市场的有机结合、协调发展机制；第二，更重要的是在思想认识上，没有真正从全局和战略的高度，认识大力发展资本市场的重要意义，在制定和出台有关政策措施时，没有按照“国九条”的要求认真考虑资本市场的敏感性、复杂性和特殊性，从而导致2004年4月金融调控、银根紧缩，造成资本市场资金供给总量大幅减少，带来交易量严重萎缩和流动性严重受阻，市值大幅下挫。

（二）要真正按“国九条”的要求，统一思想，指导行动，搞活资本市场

各有关部门应认真贯彻落实“国九条”，积极主动为资本市场稳定发展营造宽松良好的环境。中央强调大力发展资本市场是一项重要的战略任务，我理解至少有六个方面的迫切需要：一是全面建设小康社会的迫切需要；二是推进国有经济的结构调整和战略性改组，加快非国有经济发展的迫切需要；三是推进金融体制改革，调整金融结构，确保金融安全的迫切需要；四是社保改革和商业保险发展的迫切需要；五是富民的迫切需要；六是对外开放的迫切需要。因此，只要把资本市场搞活，则一着棋活，全盘皆活。

要搞活资本市场，推进健康稳定发展，我认为当前要同时抓好两项改革，两者相辅相成，互相依托，不可偏废。

一是积极稳妥地推进股权分置改革。在国务院统一部署下，截至2005年8月底，试点工作已顺利结束，目前已进入积极稳妥推进阶段。这是我国资本市场的一项重大的基础性制度变革，对消除影响资本市场功能的制度性障碍，推动资本市场运行机制的转换具有重要意义。我们相信，在国务院的正确领导下，在各有关部门积极参与、密切配合下，一定能够达到预期目标。

二是改进金融调控，抓紧建立健全货币、资本、保险市场有机结合、协调发展的新机制。金融调控要为资本市场的稳定发展创造良好的环境和氛围。中央银行不仅要监测M1、M2，而且应当与时俱进，把资本市场纳入日常监控范围，对股票、债券、基金、短期融资券等直接融资，抓紧建立可以随时监测的指标体系。当前要重点研究解决资本市场资金供求严重失衡的问题，采取综合措施，确保合规资金源源不断地顺畅地进入股市。特别是需要发行大盘股时，为避免引起不必要的市场震动，一定要有相应的资金进入股市，可考虑选择大的机构投资者作为战略投资者进入市场，确保资金供求保持基本平衡，这样才有利于股市的长期稳定。

推进股权分置改革必须有一个稳定良好的市场环境，否则必然事倍功半，难以达到预期目标。而市场长期稳定发展，又必须逐步纠正原来不合理的制度设计，消除制度性障碍，抓紧搞好基础性制度建设。

（三）妥善解决好优质国企境外上市问题和B股市场问题

总结11年来我国企业赴海外上市的利弊得失，既要看到海外上市对促进国民经济发展和企业成长有利的一面，也要看到其消极影响。

从有利的方面看，企业赴海外上市，有利于引进海外资金，更好地服务于经济建设；有利于缓解企业融资瓶颈，推动企业改善治理结构，分担境内市场和企业成长中的风险；有利于积累国际资本运作经验，推动中国证券市场的国际化进程。

但也应该看到，如果不对企业海外上市进行正确引导，树立正确的海外上市观，那么企业海外上市将带来许多消极影响。下面几个问题值得关注：

一是部分内地企业并未因海外上市而得到实惠。公司价值被低估是境内企业在海外市场上的普遍遭遇，市场流动性缺乏使不少公司基本丧失再融资能力。

二是少部分企业将海外上市作为利益外输、资本外逃的合法渠道，对此必须引起足够重视。大量的案例分析表明，在海外上市的国内企业中，不排除个别境内企业利用海外上市从事利益外输和资本外逃的违法活动。应强化这方面的监管，防止事态扩大。

三是如果许多最具活力的优质上市资源纷纷到境外上市，不利于提高境内上市公司的质量、改进上市公司的结构。

四是优质企业，尤其是国有商业银行都到海外上市，没有为广大国内投资者提供分享我国经济高速增长成果、增加财富的机会。国有商业银行，比如中行、建行，国家动用450亿美元外汇储备为其剥离不良资产、改制上市。在选择上市地点时应当首先充分考虑国内的投资者，为他们创造分享成果、增加财富的机会。同时，他们服务的主要对象是在国内，只有在国内上市才更有利于接受客户的监督、改善公司的治理结构，更有利于建立公开、透明的管理制度和机制。

自从B股市场对国内开放以后，引发了许多亟待解决的问题，许多国内投资者被套牢，市场容量很小，至今没有发行新股，需要尽快拿出一个妥善解决的方案。

（四）学习探索虚拟经济理论，提高驾驭资本市场的本领

虚拟经济是指相对独立于实体经济的虚拟资本的经济活动。100多年前，马克思就在《资本论》中对虚拟资本作过精辟的论述。虚拟资本是指以有价证券形式存在（包括股票、公司债券、国家债券、以各种不动产作为抵押的证券等），并能给它的持有者带来一定收入的资本。“在一切场合，这种资本……是幻想的、虚拟的资本。”正如股票，其本身没有价值，但有价格，能给它的所有者带来收入。“它们已经成为商品，而这些商品的价格有独特的运动和决定方法。”对股票持有者来说，毕竟不是实质资本（厂房、机器、货币），只是由于股票收入资本化而虚拟出来的，因此成为虚拟资本。从马克思关于虚拟资本的有关论述中可以看出：

（1）虚拟资本是市场经济发展到一定阶段的产物。虚拟资本的出现，是生产力发展的内在要求。19世纪，欧洲开始了工业革命，大机器的生产、矿山的开采及道路运输业的发展，都提出了资本积聚的要求。随着股份制度的兴起，虚拟资本应运而生。虚拟资本是信用发展的必然结果，从早期的商业信用，发展成银行信用，再到证券信用，股份公司和股票市场逐渐发达，大量资本以股票、债券等证券形式存在。虚拟资本的出现，建立在信用发展的基础上，同时也促进了信用的进一步发展。

（2）虚拟资本与实质资本具有明显的区别。在质的方面，实质资本本身具有价值，或处于实物形态，表现为机器、厂房、原材料等；或处于货币形式，在生产过程中起到职能资本的作用。而虚拟资本本身没有价值，它只不过是“资本所有权证书”，是“实质资本的纸质复本”，它们代表的实际资本已经投入生产领域，而其自身只是作为可以买卖的金融资产滞留在证券市场上。在量的方面，虚拟资本没有价值，但有价格，可以作为商品买卖。有价证券在买卖过程中会出现贬值或增值，通常有价证券的价格总额大于实际资本，股票价值上涨引起虚拟资本增加，股票价格下跌引起虚拟资本减少，但实际资本的数量并没有随之而变化。

（3）虚拟资本存在着自我膨胀机制。虚拟资本与实质资本相结合而存在，相分离而发展。股票等虚拟资本作为有权取得未来价值的所有权证书，其价格实际上代表着对未来收入的预期，表现为人们对尚未真正创造出来的价值的提前承认，因而把还没有实现的未来收入加入到现实价格决定中，使虚拟资本迅速膨胀成为可能，而实质资本则没有这个特性。

（4）虚拟资本对实质经济具有双重作用。虚拟资本产生后，对社会化大生产起到了巨大的推动作用。通过股票、债券形式能够把分散的小资本集中到资本使用者手中，实现社会化筹资，支持工业化大生产的发展。虚拟资本与实质经济两者之间的关系是：实质经济是虚拟资本的基础，而虚拟资本则对实质经济具有巨大的反作用。这种反作用具有双重表现：如果虚拟资本与实质经济相适应，则有助于实质经济提高效率，实现快速发展；当虚拟资本在资本市场积聚和配置社会资源偏离

实质经济发展的需要，并过度膨胀，超过实质经济的承受能力时，将会对实质经济产生巨大的不利影响。

在现代经济中，虚拟资本与马克思时代相比，已经和正在发生着深刻的变化。特别是20世纪70年代以来，虚拟资本在早期证券的基础上，又不断派生出期货、期权、掉期等名目种类繁多的金融衍生产品。一方面，虚拟资本通过资本市场继续发挥着聚集社会资金，增强流动性，引导资金流向预期收入好的产业，降低交易成本，提高实质经济运行效率的作用。另一方面，虚拟资本脱离实质经济自我膨胀的趋势也越来越明显，当虚拟资本的膨胀程度超过实质经济所能承受的范围时，就会产生泡沫经济，出现金融危机，对实质经济造成巨大的破坏。

根据上述对虚拟资本以及虚拟经济的研究分析，可以看出这是一把“双刃剑”，如果把握得好，可以发挥积极作用；把握得不好，也可能产生巨大的负面作用。其积极作用主要表现为：一是可以为实体经济筹集资本，提供融资支持，促使更多的闲散资金转化为大额的生产经营成本，加快经济发展；二是有利于优化资源配置，促使资本迅速从效率低的领域或企业转向效率高的领域或企业，提高实体经济效益；三是有利于促进经济结构、产权结构的调整，通过资本的运作，促进我国经济结构调整和战略性重组；四是有利于逐步提高直接融资比重，鼓励和培育民间资本，扩大投资需求；五是有利于促进企业进行股份制改造，建立符合社会主义市场经济要求的现代企业制度和法人治理结构；六是可以通过财富效应刺激消费和需求，推动实体经济增长。

国际和国内的实践证明，如果不重视对虚拟经济本质及其特征的研究和掌握，不善于发挥虚拟经济的积极作用，也会对实体经济带来负面影响，甚至可能产生破坏性的损害。据了解，20世纪80年代以来，50多个国家和地区发生过100多次大大小小的金融危机，大都与虚拟经济的负面作用有关。

中国是一个发展中国家，建立和发展社会主义市场经济的历史还很短，对虚拟经济的认识和理解还处于起步阶段，我国的资本市场发展的历史仅仅有14年的时间，正处在“新兴＋转轨”的不成熟阶段。必须通过长期的实践，不断研究和探索在发展社会主义市场经济过程中，如何正确处理虚拟经济和实体经济的关系，如何从中国的实际出发，实事求是地学习和借鉴国外的先进经验。既要充分发挥虚拟经济对实体经济的积极作用，又要防范它的消极和破坏作用，或者是把它的负面影响控制在最低限度。切忌不顾中国国情，不深入调查我国虚拟经济发展的实际情况，盲目照搬某些发达国家的做法，或者是将不符合我国国情的所谓“经验”，用来评判和指导中国的虚拟经济的发展，用来评价中国的资本市场，这必然会给我国经济发展带来不必要的损失。2001年初，对我国资本市场的评价就出现过盲目照搬国外的一些标准，简单地同中国资本市场“对号入座”，轻率地得出“股市过热”的结论，提出“挤泡沫”的言论，采取过分的打压措施；同时，又轻率地提出通过国有股减持来筹措社保资金的政策，由于多种因素的共同作用，使我国刚刚培育起来的股市出现持续低迷，造成广大投资者和证券公司普遍亏损，极大地挫伤了投资者的信心，这个教训要认真吸取。要提高驾驭资本市场的本领，有必要认真学习探索虚拟经济的本质和特征，要学会善于运用和发挥虚拟经济的积极作用，推动我国经济的持续、健康、稳定发展，推进我国资本市场的改革开放和稳定发展。

四、关于银行业、证券业与保险业的综合经营问题

在当代科技进步和金融创新的推动下，金融综合经营日益成为国际金融业发展的趋势。美国《1999年金融服务法案》从法律框架上废除了由格拉斯—斯蒂格尔法案确立的达66年之久的金融分业经营体制；而欧洲大陆国家一直以来实行的就是全能银行制度，实行分业制的英国经过20世纪80年代的金融“大爆炸”改革，也已经转为综合经营的体制。综合经营的发展必将对推进世界金融的改革和发展产生越来越大的影响，在金融市场的激烈竞争中处于优势地位。这里，我想指出

的是，无论是选择分业还是混业，都是权衡利弊的结果，需要基于一国的经济、金融发展实际情况来进行判断。我认为，综合经营的最大风险在于具有不同资产和负债特性的金融行业之间的风险转移，例如，银行资产大部分是依靠负债形成的，如果直接进入证券市场，证券市场波动所造成的资产减值将有可能超出银行的资本承受能力，从而产生系统性的流动性风险。当今实施综合经营国家的金融监管机构，对这个问题都非常审慎和关注，采取了许多防范风险的政策和措施。

当前，我国金融业的综合经营正在逐步发展扩大，《商业银行法》、《证券法》都为此留下了法律空间。需要引起高度重视的是抓紧研究如何适应新形势，加强金融监管，有效防止金融风险，防止出现监管空白。为此，建立货币、资本、保险三个市场监管的协调机制，提高监管水平，至关重要。要认真吸取由于“三不管”造成监管空白，从而引发金融风险的教训。

五、清醒认识金融全球化机遇与挑战，有力地维护国家金融安全

随着金融全球化的进展，世界各国金融市场和金融活动之间的联系日益紧密，金融资本在全球范围内自由流动的过程加快。金融全球化是一把“双刃剑”，既可能带来发展的机遇，也可能带来严峻的挑战。一方面，金融全球化促进了巨额国际资本的全球流动，提高了国际资本的配置效率，推动了国际贸易和跨国直接投资的增长；另一方面，在金融全球化过程中，不可避免地会给欠发达国家带来巨大风险。切不可低估世界游资。在金融投资者的利益驱动和冒险冲动下，为追逐利润的最大化，他们不择手段，不顾职业道德，把公平、公正甩到一边，出现了种种冲击波，种种无序的流动，“有利即来，无利即撤”，从而诱发了一些欠发达国家的金融和经济危机。最近，我正在组织人员研究发展中国家在金融改革开放过程中遇到的问题，研究有哪些经验可以为我所用、哪些教训应当吸取。

在扩大对外开放的进程中，我们应采取积极而慎重的态度，趋利避害，大力发展国内金融市场，增强国内金融业抵御风险的能力，有效防范和化解金融全球化带来的危害，努力把握促进经济腾飞的重要机遇，促进我国经济持续稳定协调健康发展。

六、关于资产管理公司改革问题

2005 年全国人大常委会上，审计署汇报了对四大资产管理公司的审计报告，引发了社会的广泛关注。

1999 年，国家成立了华融、长城、东方、信达四大资产管理公司，负责工行、农行、中行、建行、开发行的不良资产剥离，总额为 13 939 亿元。中央银行提供再贷款 7662 亿元，年利率为 2.25%；财政部发债 5077 亿元，年债息为 2.25（实际执行）。截至 2004 年底，累计处置了 6750.6 亿元不良资产。处置成本太高，甚至超过了处理的资产本身。搞市场经济，搞金融改革，要算成本账，如果成本过高，入不敷出，不是成功的改革。

随着金融业的发展，不良资产将不断出现。如何处置好不良资产，如何妥善解决现行四大资产管理公司存在的问题，需要抓紧时间拿出解决方案。同样，在金融改革过程中，有不少历史遗留问题，包括改革失误造成的问题，都要抓紧时间逐一研究解决。如果久拖不决，必然会造成更大的损失。

我国公共需求的深刻变化与政府转型的现实压力

迟福林[①]

从“精神本位”到“物质本位”，再到现代社会的“以人为中心”的变化，反映了人类历史的发展过程。为什么现代社会要“以人为中心”？这里有两点认识很重要：一是经济、社会的发展归根结底是为了人。在人的基本生存需求和基本物质需求得到一定程度的满足后，人自身的全面发展就成为经济社会发展的主题。现代社会的发展，更多、更直接地表现为人的全面发展，人的全面发展形成了国家的综合竞争力。二是以人为本，就是要适应全社会基本公共需求的变化，提供基本而有保障的公共产品和公共服务。北欧一些国家的实践证明，良好的制度安排和有效的公共服务既能实现以人为本的发展目标，又能形成国家的综合竞争力。

一、我国正处在全社会公共需求深刻变化的关键时期

从国际经验和我国的实际来看，人均 GDP 从 1000 美元向 3000 美元的过渡时期，既是从一般温饱型社会向发展型社会转变的重要时期，也是社会利益关系及其公共需求深刻变化的关键时期。我国就正处于这个关键时期。

（一）由于收入分配差距比较严重，并有不断扩大的趋势，广大社会成员对缩小收入差距、实行社会再分配的基本公共需求比以往任何时期都更为强烈、更为迫切

（1）我国已经成为世界上收入分配差距比较严重的国家之一。近些年，贫富差距不仅没有缩小，还有逐步扩大的趋势，一定程度的贫富两极分化正在形成。有人统计，目前我国 50 名富豪的财产等于 5000 万农民的年收入；300 万富人的财产等于近 9 亿农民两年的纯收入。2003 年第 4 期《新财富》杂志公布的一个数字是，中国 400 个大富豪总共拥有的财富是 3031 亿元，这相当于贵州省 2001 年 GDP 的 3 倍。

（2）我国的城乡差距相当严重。1985 年我国城乡收入差距只有 1.86 倍，到了 2004 年扩大到 3.21 倍。如果把社会保障、公共医疗、义务教育等因素计算在内，有专家估计，目前我国城乡的实际差距已达到 6 倍左右。并且，城乡收入差距还有逐步扩大的趋势。

（3）近些年收入分配差距有加快扩大的趋势。以江苏省为例，江苏城镇居民家庭人均可支配收入的差距，2000 年为 5.39 倍，2003 年到了 9.91 倍，2004 年则达到 10.71 倍。[②] 我国行业收入差距，最高与最低的比例，1978 年为 1.3 倍，2003 年为 6.1 倍。[③]

（二）义务教育、公共医疗已成为当前多数社会成员重要的公共需求，并且比以往任何时候都要突出

（1）在义务教育、公共医疗方面的欠账很多。我国在制定“八五”计划时，曾承诺在 2000 年以前，教育支出占国民生产总值的 4%，接近 20 世纪 90 年代初世界发展中国家的平均水平。实际情况却是，到 2003 年，中央财政性教育经费占国民生产总值的比重仅为 3.28%，比 2002 年还少了

---

① 作者简介：迟福林，中国（海南）改革发展研究院执行院长，研究员。

② 参见：中国经济时报. 2005 - 03 - 11.

③ 参见：上海社会科学报. 2005 - 06 - 23.

0.4 个百分点。我国 2003 年这一比例，同泰国 1998 年 4.27% 的比例相比，也有较大差距。[①] 2003 年，联合国开发计划署公布的人类发展指数，我国在 175 个国家中排在第 104 位。再看公共医疗，问题就更为突出。国家卫生部一位领导在 2004 年发布的一组数字，引起了社会的广泛关注。他指出，我国农村至今有一半的农民因经济原因看不起病；中西部农民因看不起病，死于家中的比例高达 60% ~80%。2003 年，农村居民家庭人均纯收入为 2622.2 元，而农民人均一次性住院的费用为 2236 元。可见，农民辛苦劳动一年的收入仅够支付一个人一次住院的费用。[②] 前些天，卫生部高强部长在一项报告中公布的数字表明，我国有 44.8% 的城镇人口和 79.1% 的农村人口没有任何医疗保障。2000 年，世界卫生组织公布的卫生筹资与分配公平性指数，在世界 191 个国家和地区中，我国排在第 188 位。

（2）教育和医疗费用上涨的速度太快。有专家指出，按照国际上通行的高校收费标准，学费占人均 GDP 的比例一般在 20% 左右。而我国的高校学费（含住宿费）已接近人均 GDP 的 80% 左右。近几年，大学的学费比 1989 年增加了 25 ~50 倍，而同期城镇居民收入实际只增长了 2.3 倍。[③] 此外，近些年医药费用快速增长，人均门诊和住院费用的增长幅度都在两位数以上。教育、医疗费用的过快增长，远远超出居民家庭可支配收入的增长速度，并已成为多数家庭的沉重负担。

（3）国家对教育和卫生的资源分配严重不平衡。先看医疗卫生资源的分配，医疗卫生资源约有 80% 集中在城市。其中，2/3 左右又集中在大医院。用于农村的比例，从 1991 年的 20% 降至 2000 年的 10%。教育资源的分配更不合理，2002 年教育部的预算内经费用于农村义务教育的比例不到 30%。[④]

（三）在我国经济社会转型时期，就业和社会保障已成为全社会重要的公共需求

（1）我国面临着巨大的就业压力。由于经济发展必然会引起经济结构的调整，由于国企改革的深入以及农村剩余劳动力的大量存在，使我国当前和今后若干年内的就业形势相当严峻。首先，国企下岗失业人数高达 4000 万左右。有专家估计，我国实际的失业率已超过世界 12% 的警戒线。此外，城镇每年有近千万的新增劳动力，农村上亿剩余劳动力在未来 10 ~20 年要转移到城镇中来。由此看来，就业的压力将成为未来我国经济社会发展进程中日益突出的社会矛盾和社会问题。

（2）我国社会保障的矛盾和问题越来越突出。一是我国社会保障的欠账过大，并逐年增加。1993 年以前，我国国有企业社会保障的欠账大概只有 3000 亿元。2002 年仅国有企业的社会保障欠账就达到 1.9 万亿元。有专家估计，我国社会保障的欠账总量已达到 3 万亿元左右。二是目前社会保障主要靠现收现付。我国已经开始进入人口老龄化阶段，未来几年，社会保障方面的问题将会更加突出。三是我国社会保障的制度还不健全，社会覆盖面不高，社会管理水平还很低。

（四）公共安全越来越成为全社会成员普遍的公共需求

我国经济转轨进程中，社会秩序重建滞后，信用普遍缺乏，各类市场尚不规范，政府的市场监管职能还远未到位。因此，生产安全、卫生安全、食品安全等方面的问题还比较突出。

（1）安全生产的问题已引起全社会的极大关注。2004 年，全国发生各类生产安全事故 80.4 万起，死亡 136 755 人。全国每年因事故造成 70 多万人伤残，给近百万个家庭带来不幸。另外，每年约 70 万人患各种职业病，受职业危害的职工在 2500 万人以上。[⑤]

近几年，我国矿难频繁发生，2003 年发生煤矿特大事故 51 起，死亡 1061 人；2004 年发生特大事故 42 起，死亡 1008 人；2005 年 1 月 1 日至 8 月 21 日，发生特大事故 33 起，死亡 951 人，比

---

① 参见：中国经济时报 . 2005 -06 -21.

② 新华社北京 2004 年 11 月 5 日电 .

③ 参见：人民日报（海外版）. 2004 -12 -03.

④ 参见：上海社会科学报 . 2005 -06 -23.

⑤ 参考：李铁映 2005 年 8 月 25 日在第十届全国人大常委会第十七次会议第二次全体会议上的报告 .

2004 上升 43.5% 和 134.2%。① 连续不断的矿难引起了国际、国内社会的广泛关注，也不能不引起我们的深思。为什么近些年生产事故接连不断，规模逐渐升级？这里有政策和法律方面的原因。一方面，由于煤炭价格快速上涨，煤矿主从煤炭中获益巨大，法律规定的罚款数额已不足以引起企业主的重视；另一方面，我国安全生产的监管严重不到位，很大原因在于地方利益。在地方政府追求GDP 政绩的情况下，难免出现为了生产而忽视监管的问题。甚至在某些地方，为了追求短期的产值而放弃监管的情况时有发生。此外，同某些官员在监管过程中的腐败行为直接相关。这次大兴的矿难就暴露出监管不到位背后的官商勾结。因此，尽管国家有措施、有禁令，但在巨大利益的诱导下，生产企业改善生产安全条件与地方政府加强监管的动力都发生缺失，而这恰恰是安全生产事故频发的机制性根源。

（2）卫生安全问题比较突出。随着经济水平的提高，人们对自身的生命安全高度重视。因此，公共卫生安全和公共卫生突发事件已成为全体社会成员最关注的大事。2003 年的 SARS 危机，我国死亡人数并不是很多，但它引起了全体社会成员的恐慌。为什么呢？道理很简单。在一个缺乏公共卫生安全的环境中，公共卫生突发事件必然会引起社会的恐慌。此外，近些年来公共卫生秩序混乱，公共医疗机构行为严重扭曲，假冒伪劣药品充斥市场，医疗事故时有发生。据统计，近几年全国每年因用药不当而住院治疗的高达 250 万人。②

（3）食品安全已成为人们普遍担心的问题。人最基本的需求是生存的需求。从现实生活来看，这个需求可以细化为“柴米油盐酱醋茶”。现实生活中的突出问题是各种伪劣商品充斥市场，广大百姓对劣质肉、毒米、毒面、变质牛奶和奶粉等问题深恶痛绝。1998—2004 年，我国共发生食物中毒事件 1896 起，中毒人数高达 73 534 人，造成死亡人数 1254 人。当前，食品安全问题日益成为全社会普遍关注的问题。问题的根源在于，在市场秩序尚未真正建立起来、信用普遍缺失的特定背景下，政府的市场监管严重不到位，工作职能和工作重点并没有随着全社会公共需求的变化而变化。从前一段公安部公布的数字来看，扰乱市场经济秩序犯罪呈大额化发展趋势，2005 年上半年此类案件金额达到 581.1 亿元，上升幅度达 89.6%。③ 这么高的上升幅度，足以说明各级政府在维护市场秩序方面的职能严重缺位。政府的公共服务尚不能适应广大社会成员从“吃饱”到“吃好、吃安全”的基本需求。

（五）随着利益关系的变化，合理、正当的利益表达和利益诉求开始成为广大社会成员特别是弱势群体的公共需求

随着经济的快速增长和改革的深化，我国已进入全面调整利益关系的关键时期。特别是由于收入分配差距的不断扩大，使利益关系问题不仅具有普遍性，而且具有复杂性。能否妥善、全面、合理地解决利益关系，既取决于政府实行社会再分配的力度，也取决于能否尽快建立利益表达和利益诉求的有效机制。在这方面，应当解决好这样三个问题：

（1）拓宽利益诉求和表达的正常渠道。从目前的情况看，各级政府的信访部门作用有限，已很难适应利益诉求日益增长的需要。目前，一些地方政府对于民意的表达还处于“防民之口胜于防堤”的状态。

（2）建立不同利益群体的利益表达机制。我国利益关系的深刻变化在于形成了不同的利益群体，因此需要有不同的具体利益的代表者有组织地反映其利益要求。清华大学的孙立平教授提出，我国已进入了利益博弈时代。无论这个判断是否准确，现实的情况是利益集团的分化已初步形成。从这次房地产市场调控的情况看，强势集团、弱势集团有不同的利益要求。并且，强势集团的利益

---

① 参考：李铁映 2005 年 8 月 25 日在第十届全国人大常委会第十七次会议第二次全体会议上的报告.

② 新华社福州 2004 年 10 月 9 日电.

③ 参见：金融时报.2005 - 08 - 15.

表达十分强烈，而中低收入群体的利益表达就很微弱。由于我们缺乏各种利益群体有组织、有理性地表达自己利益的机制，导致了大量群体性事件的发生。

(3) 如何依法协调利益关系已成为迫切需要解决的重大问题。由于相关立法滞后，老百姓的利益冲突大都找政府解决，而不是找法院。在这种情况下，社会成员难以通过法律维护自己的正当、合法权益。

从上述五个方面公共需求的现实情况看，我们可以得出以下三点重要判断：

第一，我国经过26年多的改革开放，经济社会进入了一个转型的关键时期。尤其是进入到人均GDP从1000美元到3000美元的过渡时期，更是一个社会结构、经济结构快速变化的时期。在这个时期，经济社会发展必须按照多数人的要求，反映社会的总体趋势。只有这样，经济社会才会得到协调发展。

第二，我国公共需求的深刻变化，基本反映了人的全面发展的客观要求。我国提出以人为本的科学发展观，符合人的全面发展的基本要求，适应了公共需求深刻变化的现实。

第三，公共需求的全面增长与公共产品的严重短缺，成为改革发展新阶段的突出矛盾。适应公共需求深刻变化和全面增长的客观要求，强化政府的公共服务职能，满足广大百姓对公共产品的基本需求已成为各级政府的主要任务。

第四，国际经验告诉我们，在经济社会转型和社会结构、利益关系变化的时期，基本满足公共需求的变化非常重要。如果能很好地解决由公共需求变化引发的社会矛盾、社会问题，就有可能保持经济社会的协调发展；反之，经济社会发展就有可能发生中断或倒退。

二、公共需求的深刻变化与公共服务的严重不适应已成为现阶段我国经济社会发展中的突出矛盾和主要问题

经验表明，一个国家在经济发展的过程中，可能面临公共产品供求失衡的局面，并由此对经济社会发展造成严重影响。我国经过26年多的改革开放，经济结构、社会结构快速变化，经济社会转型进入关键时期。在这一时期，全社会的公共需求也处在深刻变化和快速增长的阶段。从现实的情况看，我国的公共服务和公共产品的供给面临严峻挑战：一方面要承担改革成本，解决历史性欠账问题；一方面又要适应经济社会发展的新形势，解决新的矛盾和问题。就是说，由于体制转轨和经济社会转型的双重压力，我国的公共服务和公共产品的供给严重短缺，两者不相适应已成为我国经济社会发展的突出矛盾和主要问题。

(一) 我国公共需求的深刻变化反映了我国从初步小康向全面小康发展的客观趋势

我国正处在从初步小康向全面小康过渡的阶段，这个阶段最突出的特点就是社会成员的公共需求开始发生深刻变化。

(1) 公共需求的结构正在发生深刻变化。改革开放26年多来，我国社会成员从追求温饱到追求小康、从追求初步小康到追求全面小康，随着这个目标的变化，社会成员的需求结构也发生了重大变化。一方面，在社会成员的个人总需求中，公共需求的比重越来越高；另一方面，社会成员从基本生存的公共需求到全面发展的公共需求，整个需求结构在不断变化。这个变化可以从我国居民的消费结构变迁中反映出来。例如，26年来，我国的恩格尔系数变化很大：农村从1978年的0.677下降到2003年的0.456；城市从1978年的0.575下降到2003年的0.371。从恩格尔系数的明显变化中可以看出，社会成员在教育、卫生、住房、旅游方面的支出已经远远大于基本的生存支出（如基本食品支出等）。社会成员对公共安全、公共医疗、义务教育、社会保险等方面的公共需求已经成为需求结构的主体。

(2) 公共需求的数量正在不断增长。社会成员的需求结构中，个人需求经过26年的快速增长后，其增速开始趋于稳定，但公共需求的增长却方兴未艾。城镇居民在教育、医疗、社会保障等方

面公共需求年均提高的速度越来越快。有专家估计，过去10年城镇居民在教育、医疗、社会保障等方面年均公共需求的提高比重，大体相当于过去5年公共需求比重的总体增幅。

（3）公共需求的主体正在不断扩大。首先，广大城镇中低收入群体成为公共需求的主体之一，而且这个主体在不断扩大。客观地分析，处于不同收入群体的居民对公共需求的要求是不同的。中高收入群体更多地要求政府提供公共安全等服务；而中低收入群体则更多地要求政府提供公共医疗、义务教育等公共服务。目前，由于我国收入分配差距不断扩大，中低收入群体对公共医疗、义务教育、就业和社会保障的公共需求日益强烈。其次，广大农民开始成为公共需求的重要主体之一。由于历史原因，我国的广大农民基本被排除在享受公共服务的主体之外。在义务教育、公共医疗、社会保障等公共服务方面，农民同城镇居民事实上是严重不平等的。现实的情况是，随着农村改革的不断深化和农村经济的发展，广大农民潜在的公共需求已开始转化为现实需求，广大农民将逐步成为公共需求的主体之一。

（二）公共需求的深刻变化将成为制约经济持续较快增长的重要因素

社会需求是拉动经济增长的三大因素之一。而在社会总需求中，公共需求又是主要因素。我国公共需求的数量在不断增加，而且增长的速度远远大于个人需求的增长速度。满足社会的公共需求，能更好地促进经济的可持续增长。

（1）公共产品供给严重不足和公共服务不到位是我国消费率低下的重要原因。消费是拉动经济增长的重要动力。这些年来，我国经济持续快速增长，而消费率却逐年下降走低。2000年是61.1%，2004年下降到不足50%的历史最低水平。而世界其他发展中国家的消费率平均为71%左右。消费率逐年下降使我国的内需严重不足，并日益构成对经济持续增长的潜在威胁。消费率的逐年走低与经济的持续快速增长形成如此明显的反差，其中有两个重要的原因：一是公共服务严重不到位。如果公共医疗、义务教育、就业、社会保障成为社会成员尤其是中低收入者的主要经济负担，那么消费率不但不可能提高，反而会逐步下降。二是收入分配差距逐步扩大必然导致明显的消费差距，使弱势群体的消费增长长期保持在较低水平。

（2）启动农村消费大市场，拉动内需，需要以提供有效的公共服务为前提。为什么我国的农村消费市场长期低迷，并已成为制约内需的重要因素？既在于我国“三农”问题突出，农民增收困难，又在于农村公共服务基本缺失。在农民一年的纯收入等于农民一次性住院费用、一个大学生费用等于一个农民13.6年纯收入的情况下，广大农民怎么能提高消费水平？国家公共资源分配严重失衡，对提高农村消费水平影响相当大。我国农村人口占全国人口的70%，但是国家80%的公共卫生资源投放在城市；义务教育人口的60%在农村，却只有不到25%的资源用在农村。正是由于农村的公共需求远没有得到满足，广大农民的消费欲望不强，农村的消费长期低迷。客观地分析，这已经成为影响我国经济可持续增长的重要制约因素。

（3）公共服务也是一个产业。国际经验表明，采取社会化的方式提供公共服务，不仅有利于解决就业，而且有利于提高公共服务的质量与数量。在我国，公共服务社会化与产业化并没有形成，导致从事公共产品生产的部门与人员众多但绩效低下。例如，我国的事业机构有2900万人，但行政化和官僚化现象比较突出。如果能实现公共产品生产的社会化与产业化，我国现有事业机构的作用就会得到充分发挥，就可以有效地为社会成员提供基本的公共服务。

（三）满足基本的公共需求是建设和谐社会的重要保障

公共服务的有效供给和公共需求的基本满足不仅是保证经济可持续增长的重要因素，而且也是建设和谐社会的保证因素之一。

（1）在经济社会转型时期，建设和谐社会的关键在于妥善、全面、合理地解决社会利益关系。协调利益关系，化解社会矛盾，应当成为政府的重要职能。同时，政府能够有效地供给利益博弈和利益均衡的相关制度，成为建设和谐社会的重要条件。如果我们能把利益关系问题解决得好一些，建设和谐社会就有了重要的基础和保证。因此，在经济社会的转型时期，如何建立利益关系的协调机制，已成为建设和谐社会的重大课题。

(2) 目前，我国的社会矛盾与社会问题日益突出，这要求我国正确地处理效率与公平的关系。“效率优先、兼顾公平”反映了从计划经济向市场经济转轨过程中解决和发展生产力的实际需求。但是，在社会矛盾和社会问题不断突出的情况下，应该从“效率优先、兼顾公平”转向“效率与公平并重”。拉美一些国家的实践告诉我们，如果社会矛盾与社会问题处理不好，不仅会导致经济发展停滞，而且会激化社会矛盾，甚至导致社会动乱。要实现效率与公平并重，其主要途径就是为社会成员提供基本的公共服务。

(3) 目前我国城乡发展失衡的问题越来越突出。通过提供最基本而有保障的公共服务，能够促进城乡的协调发展，有利于建设和谐农村。

三、公共需求的现实压力是政府转型的基本动力

由经济建设型政府向公共服务型政府转变，已是各方面的一个共识，并逐步成为各级政府的实践。问题在于如何才能形成政府转型的推动力。现在看来，公共需求的快速增长和深刻变化事实上已成为政府转型的现实压力。总的来说，公共需求与公共服务供给日益突出的现实矛盾，是政府转型的重要推动力。

(一) 适应公共需求全面增长和深刻变化的客观现实，确立以公共服务为目标的政府转型

我们的政府是人民的政府，是按照全体社会成员的公共需求规范自己行为的政府。就是说，要把能否为广大百姓提供基本而有保障的公共服务作为政府的主要任务。

(1) 全社会的公共需求是政府行为模式的基础。改革开放以来，在市场经济体制尚未形成的背景下，经济建设型政府是同发展经济、提高生活水平的公共需求相适应的。问题在于，在初步建立了市场经济体制框架的前提下，政府主导型的经济增长方式对经济持续稳定增长产生了诸多的负面作用。与此同时，经济建设型政府使得公共服务供给严重不足，公共产品严重短缺，既不能满足老百姓日益增长的公共需求，又对经济的持续稳定增长产生了严重的影响。因此，我们要从解决公共需求与公共服务供给之间的突出矛盾出发，及时确立以公共服务为目标的政府转型，以推进经济社会的协调发展。

(2) 从经济建设型政府向公共服务型政府转变的另一个重要基础，就是经过20多年的改革开放，企业已经成为市场的主体、投资的主体、建设的主体。在这种情况下，政府再去担任经济建设的主体，直接投资，就会产生很大的矛盾。比如说以批租土地为重点的城市经营，就产生了一系列的经济矛盾和社会矛盾，尤其是严重侵犯了广大农民的利益，严重影响了广大中低收入群体的利益。农民的土地收益占土地增值的比重相当小，大部分被开发商和地方政府拿走了。这几年，房地产市场价格大幅上涨，使中低收入群体无能力购买住房。因此，这次国务院调控房地产是非常及时的。但是要从根本上解决问题，取决于能否实现以公共服务为目标的政府转型。

(3) 从我国现实经济社会突出的矛盾和问题看，我们不能低估公共服务供给不足的矛盾对整个经济社会发展的影响。未来10~20年，我国宏观经济的稳定和持续增长，在很大程度上取决于能否实现从投资主导型增长向消费主导型增长模式的转变。现在无论是城市居民还是农村居民，只要生一次大病，全年的收入就消耗殆尽，或者负债累累，重新陷入贫困；供养一个大学生，需要花费若干年的积蓄。并且，我国的社会保障覆盖面相当低，失业问题比较严重。这些问题不解决，老百姓的消费倾向是难以提高的。与此同时，社会矛盾也会逐步积累，建设和谐社会的目标也很难实现。因此，在初步建立市场经济体制框架的条件下，应当加快实现以公共服务为目标的政府职能转变。应当明确：第一，在市场经济条件下，经济建设的主体是企业，是社会，政府的主要职能是为经济发展提供良好的市场环境和社会环境。强化政府的公共服务理念和公共服务职能，是市场化改

革新阶段以经济建设为中心对政府作用的客观要求。第二，目前我国的社会矛盾和社会问题，已经对经济的持续增长构成威胁，政府应当把主要注意力转移到加快解决就业、收入分配、社会保障等方面，积极促进社会事业的发展。第三，随着公共需求的快速增长，人们日益迫切地要求政府为他们提供基本而有保障的公共产品和公共服务。

（二）按照人的全面发展的基本需求，严格树立以人为本、注重人文关怀的执政理念

党的十六届三中全会提出“以人为本”的思想，我认为相当及时，适应了公共需求深刻变化的大趋势。从初步小康社会向全面小康社会转变发展的过程中，公共政策要更加注重人的全面发展，更加注重人文关怀。

（1）要从注重物质财富向注重人本身的全面发展转变。在温饱尚未解决的时候，我们集中所有的经济资源包括公共资源去满足这些基本需要。现在我国的人均收入已经超过1000美元，人本身的全面发展已经越来越成为老百姓关注的焦点问题，这必须在公共政策中得到充分反映。

（2）从注重物质资本的投入向注重人的素质全面提高转变。在解决温饱问题的阶段，一方面，经济社会发展更加受制于物质资本的投入；另一方面，人力资本的重要性还没有全面、充分地体现出来。但是在步入全面小康时代，人力资本越来越成为一个国家经济是否具有竞争力的主要标志。无论是经济政策还是社会政策，都必须及时适应这种变化。不仅要在人力资本方面加大投入，还要注重实现人的全面发展，注重实现人力资本的经济社会价值。

（3）要从以GDP为中心向以公共服务为导向的政绩观转变。以GDP为中心，往往会以具体的经济指标掩盖广大百姓对政府公共服务的客观要求。虽然具体经济指标上去了，老百姓却难以从中受惠。并且，由此引发的经济社会问题会逐步增多。政府把主要的注意力放在公共服务上，把公共服务作为建设全面小康社会最重要的考核指标，医疗卫生、教育、社会保障等领域的矛盾才能够得到有效的解决，才能够为人的全面发展提供坚实的基础，为经济的持续稳定增长提供可靠的社会环境。

（三）按照公共需求深刻变化的现实要求，加快政府管理体制的全面创新

随着公共需求的全面增长和深刻变化，社会结构进一步分化，社会矛盾更加复杂，不同社会主体之间的利益冲突不可避免，并将引发一系列社会问题，加大社会风险程度。因此，适应全社会公共需求的变化，扩大政府的公共服务职能，是保持经济持续增长、解决错综复杂的社会矛盾和实现社会稳定发展的关键举措。

（1）为有效地解决不断扩大的收入分配差距，政府应当切实解决好社会再分配的问题。在我国市场化改革的新阶段，利益关系开始发生两个大的变化：一是由利益倾斜向利益兼顾转变；二是由利益调整向利益调整和利益增进并重转变。这就需要在社会再分配中寻求新的、合理的利益关系协调机制。从现实情况分析，贫富差距严重并不断扩大的主要原因之一，在于政府的社会再分配职能严重缺位。当前，由于贫富差距过大，弱势群体有所增多，改革与多数人利益的问题，已引起全社会的普遍关注。在这种情况下，政府应当把主要注意力放到协调重大利益关系上，放到社会再分配上，放到着力解决社会公平问题上。为此，在解决市场化分配的同时，更要突出地抓好社会再分配，努力形成兼顾效率和公平的收入分配和再分配机制，尽快确立和完善多层次的社会保障体系。

（2）从建设和谐社会的客观要求出发，进一步明确政府在社会公共服务中的角色。当前，需要解决的主要问题是：第一，研究和界定中央与地方在公共服务供给方面的财权、事权，使财权和事权相对称，进一步实行有效的转移支付和强化地方政府在公共服务中的作用。第二，要加快公共财政体制建设，使财政支出逐步向义务教育、公共医疗、社会保障等社会公益性项目倾斜。第三，要建立和完善从中央到地方的就业工作体系，把扩大就业作为各级政府的主要工作职责之一。第四，要制定公共服务的最低标准，保证低收入人群能够获得最基本的公共服务。第五，要实现政府社会管理理念的创新，稳妥地培育社会民间组织。

(3) 按照公共利益和公共服务的要求，推进公共政策的转型和创新，为经济社会发展提供制度性公共服务。以人为本、建设和谐社会，是新时期公共政策的基本目标和本质内容。政府是公共政策的制定者和执行者。要使公共政策取信于民，就要建立责任政府，对于履行公共服务职能决策失误和不作为的政府官员要严厉追究责任。当前，尤其要从义务教育、公共医疗、房地产价格上涨、群体事件等关系老百姓切身利益的事情开始，启动公共服务的问责制。并且，重大的公共政策决策一定要保证利益相关者的知情权，把公共政策的制定与执行置于公众的参与和监督之下。

我国经济波动与金融稳定

刘锡良　李镇华[①]

引言

我国本轮经济周期从2002年启动以来，连续三年增长速度都处于上升状态：GDP增长率2002年为8.3%，2003年为9.3%，2004年为9.5%，2005年上半年同比增长9.5%，比2004年同期低0.2个百分点。经济的高速增长带动了金融总量的快速增长：截至2005年3月，我国的金融资产总量达到27.73万亿元，其中银行信贷资产达到23万亿元，比重高达82.94%。以政府投资为主的本轮经济增长使金融总量发生了巨大变化，但是经济结构的变化却不容乐观，新产生的大量金融风险可能影响我国未来几年的金融稳定。可是本轮经济波动积累的哪些经济风险、金融风险可能影响我国的金融稳定？哪些因素可能成为我国金融不稳定的导火索？本文将努力去寻求答案。

一、研究文献回顾

金融稳定概念在最近十年提出来以前，关于金融稳定的研究主要体现在导致金融不稳定的原因——金融危机的研究上。古典经济学论及金融危机问题，是对经济周期、经济危机理论研究的派生，并不独立于经济危机问题。约翰·穆勒[②]分析商业危机，认为原因在于信用的急剧扩大和收缩，商业危机之前必然出现信用扩张。1862年法国经济学家朱格拉根据法国、英国、美国的统计数据提出了著名的“朱格拉周期”，认为存在时间长度为9~10年的经济周期，每一周期包括繁荣、危机、清算三个阶段。马克思[③]认为货币信用危机多半是伴随经济危机出现的，大量的商品积压不能销售，致使信用发生动摇。危机的根源在于资本主义制度，即生产的社会性与资本主义私人占有制之间的矛盾，当这矛盾极为尖锐时，就会爆发生产相对过剩引起的经济危机。他区分了源于生产领域的货币危机和源于金融领域信用扩张导致的信用危机，指出货币信用危机，除了由于特殊原因（战争、政变等）所引起的情况外，只能是由资本主义基本矛盾所造成的全面的生产过剩的经济危机的表现形式。马歇尔[④]着重研究金融市场与工商业波动的关系，认为导致危机的真正原因不是少数企业的破产，而是许多信贷没有坚实的基础，一国的信用波动会传染到另一国，引起另一国的信用波动。1929—1933年资本主义世界的大危机，引发了经济学界金融危机理论探讨的第一次热潮，包括具有代表性的“债务—通货紧缩”理论及金融体系不稳定假说。凯恩斯[⑤]认为，经济周期变动的主要原因是资本边际效率的循环变动。欧文·费雪[⑥]对大萧条和银行危机所进行的理论解释具有代表性，认为金融危机是周期性的，是会造成过度负债状态，进而引起债务—通货紧缩过程的一些金融事件；以银行借贷作为资金来源的过度投资使企业过度负债，引发金融危机，危机使

---

① 作者简介：刘锡良，1956年生，男，四川人，教授，博士生导师，现任西南财经大学中国金融研究中心主任。李镇华，1977年生，男，四川人，现为西南财经大学中国金融研究中心博士生。

② 约翰·穆勒．政治经济学原理及其在社会哲学上的若干应用．胡企林，朱泱，译．北京：商务印书馆，1991.

③ 马克思．资本论．北京：人民出版社，1975.

④ 马歇尔．经济学原理．朱志泰，译．北京：商务印书馆，1964.

⑤ 凯恩斯．就业、利息和货币通论．高鸿业，译．北京：商务印书馆，1999.

⑥ 欧文·费雪．大萧条的债务——通货紧缩理论．计量经济学，1933（1）．

银行出现大量不良资产。费雪注意到了过度负债与通货紧缩的相互作用：一方面加剧了金融危机，另一方面使整个经济陷入萧条。货币主义者弗里德曼和施瓦兹[①]（1963）、卡甘（Cagan，1965）认为金融危机就是产生或加剧货币紧缩效应的银行业恐慌。弗里德曼和施瓦兹对造成美国货币不稳定的银行业恐慌，尤其是1929—1933年的银行业恐慌有相当多的论述，他们认为银行业恐慌的重要性在于通过货币供给影响经济活动。20世纪60年代逐步兴起的信息经济学、博弈论和制度经济学，为研究金融危机的微观机理奠定了理论基础。明斯基的分析基于资本主义繁荣与萧条长波理论，在解释这一循环往复的长波时，提出了两种可能的原因：一个是所谓代际遗忘解释，另一种解释被称为竞争压力解释，即贷款人出于竞争的压力而做出许多不审慎的贷款决策，因为如果不这样做，他们将失去顾客和市场。金融中介机构的产生本身是对信息不对称的一种回应，是有助于解决逆向选择和道德风险的一种机制。这种机制存在内生性缺陷，储户的信心、金融机构资产选择中的内在问题使得金融风险不断产生和积累，最终可能引发金融危机。20世纪80年代以后，随着金融全球化的深入和世界范围内的货币危机的频繁出现，使得有关金融危机及金融安全的话题再次成为理论研究的热点，并逐步演进成为第三代货币危机模型。从以 Krugman、Flood 和 Garber 为代表的第一代投机攻击模型到20世纪90年代中期以解释欧洲货币体系自我实现危机的第二代“逃跑规则”都是针对货币危机的。Krugman 不成熟的第三代模型，把货币危机看成经济危机的一部分，但货币危机与金融危机混淆在一起。Gregor Irwin 和 David Vines 合理吸收了 Krugman、Dooley 和 Sachs 的研究成果，归纳总结出较具有代表性的第三代危机模型。该模型主要研究资本市场危机和货币市场危机造成价格大幅度波动，短期外债安排不合理，存在大量需要归还而又无法归还的短期外债，金融机构资产负债状况恶化而带来流动性困难，在没有融资渠道的情况下形成金融机构危机。1998年俄罗斯金融危机爆发后，人们意识到国与国之间的合作、国内金融机构之间的合作变得越来越重要，Marshall David A.（2001）引入“柠檬市场”思想，分析了逆向选择和道德风险导致金融市场的危机，提出政府降低实际利率对避免金融危机具有重要作用。[②]

国内的文献，我们按照两条线搜索，其一是经济波动的研究历程，其二是近年关于金融稳定的研究演绎。关于我国经济波动的理论研究文献较多，其中胡鞍钢在20世纪90年代对我国经济波动进行了系统性研究，在《中国经济波动报告》中讨论了两个基本问题：一是为什么中国经济发展总是大起大落？二是如何防止和避免中国经济发展大起大落？他总结说：中国经济波动发展的规律性特点是经济增长率的上升——下降——再上升——再下降的周期波动，伴随而来的是经济政策的扩张——紧缩（调整）——再扩张——再紧缩（再调整）的反复变动过程；经济发展的大起大落既是中国经济发展的最显著特点之一，也是中国社会矛盾冲突的根源之一。[③] 王鹏飞研究了中国宏观经济波动与名义货币供给波动的密切关系，认为债务和真实利率的动态作用会放大最初货币所带来的冲击，企业债务与货币供应以及由此带来的通货膨胀存在一个不断加强的反馈机制，其中由真实利率和企业债务变化而导致企业绩效的变化是该过程的传导因素。[④]

最近两年来对金融稳定影响因素的研究成果数不胜数，如胡国和宋建江从房地产角度探索房地产对金融稳定的影响，认为房地产价格波动可以通过影响货币政策传导机制以及经济主体的消费投资行为而将其效应传递至金融系统。由于房地产金融风险存在的客观性以及以间接融资为主体的融资结构承受能力较弱，区域金融稳定将受到冲击。[⑤] 吴念鲁和郧会梅深入阐述了金融稳定性的含义及金融不稳定的危害，进而阐明了金融稳定对实现金融功能、提高金融效率的作用，并在此基础上

---

① 弗里德曼，施瓦兹．美国货币史（1867—1960）．巴曙松，等，译．北京：北京大学出版社，1993.

② 刘锡良，等．中国经济转轨时期金融安全稳定研究．北京：中国金融出版社，2004.

③ 胡鞍钢．中国经济波动报告//胡鞍钢，等．中国国情与发展丛书．沈阳：辽宁人民出版社，1994.

④ 王鹏飞．货币、债务与中国宏观经济波动：从企业绩效与债务角度理解1997年以来的通货紧缩．单位论文．

⑤ 胡国，宋建江．房地产价格波动与区域金融稳定．上海金融，2005（6）．

论证了我国货币金融政策的制定必须兼顾金融稳定。① 北京大学张维迎博士在中国社会保障制度国际研讨会上提出影响中国未来金融稳定的三大因素是保险业、养老金和基金。② 周小川提出管理差的金融机构必须受到惩罚和处置，控制它们的扩张，甚至要把它们淘汰出局。只有这样才能有良好的财经纪律，处理好保持金融稳定与防范道德风险之间的关系。通过把市场约束的力量与监管机构的监管以及其他宏观经济政策结合起来，才能保持金融稳定、防范道德风险。③ 笔者也在开放条件下，从金融安全的角度去分析和思考中国金融不稳定的微观、中观和宏观的影响因素，在金融全球化背景中研究资本外逃、资本与金融项目开放顺序与金融安全的关系，然后从金融安全网和区域金融安全的对策角度回答了怎样维护金融稳定。④

本文的研究，将充分借鉴前面学者已经提供的研究平台，从经济波动和金融稳定的一般理论出发，分析本轮经济波动风险的积累和引发金融不稳定的导火索。

二、经济周期和经济波动

所谓经济周期，指随着时间的发展，指示宏观经济运行的经济变量经常会表现出上下波动的循环往复，反映实体经济重复地经历扩张与紧缩等阶段。一个经济周期可分为四个阶段：繁荣、衰退、萧条、复苏。其中繁荣与萧条是两个主要阶段；衰退与复苏是两个过渡阶段。经济周期四个阶段各自的特点是：①繁荣阶段，国民收入与经济活动增长发展高于正常水平，表现为指示宏观经济增长的指标大大高于长期平均水平，而实际生产部门生产能力迅速增加，投资增加，信用扩张，价格水平上升，就业增加，公众对未来乐观。②萧条阶段，国民收入与经济活动低于正常水平，生产急剧减少，投资减少，信用紧缩，价格水平下降，失业严重，公众对未来悲观。③衰退是从繁荣到萧条的过渡时期，这时经济增长速度开始从顶峰下降，但仍未低于正常水平。④复苏是从萧条到繁荣的过渡时期，这时经济开始从谷底回升，但仍未达到正常水平。

经济波动是经济周期通过经济指标表现出来的变化幅度和频率，其背后隐藏的实质都是经济发展过程中的周期性变化。如我国从20世纪90年代以来，经济发展增长速度经历了比较大的波动，见表一所示。

表一　　我国近年来名义GDP和实际增长率

年份	1990	1991	1992	1993	1994	1995	1996	1997
名义GDP（亿元）	18 547.9	21 617.8	26 638.1	34 634.4	46 759.4	58 478.1	67 884.6	74 462.6
实际增长（%）	3.8	9.2	14.2	13.5	12.6	10.5	9.6	8.8
年份	1998	1999	2000	2001	2002	2003	2004	
名义GDP（亿元）	78 345.2	82 067.5	89 468.1	97 314.8	105 172.3	117 251.9	136 515.0	
实际增长（%）	7.8	7.1	8.0	7.5	8.3	9.3	9.5	

* 表中名义GDP以当年的价格为准。[资料来源] 国家统计局网站. http: //www.stats.gov.cn.

我们把表一制作成曲线图（图一），由图中可以看出：进入20世纪90年代以后，我国经济最低增长率都达到了7.1%。考虑到我国目前正处于转轨时期，经济制度的变化导致原有被束缚生产能力的释放，使我国的经济增长速度相对于发达国家而言一直在高位运行，而且经济增长率的变化幅度较小，经济周期不是十分明显。如果通过调节坐标，把GDP的增长率变化幅度放大，可以观

---

① 吴念鲁，郧会梅. 对我国金融稳定性的再认识. 金融研究，2005（4）.

② 张维迎. 中国未来金融稳定的三大潜在威胁. 中国市场经济报，1998-07-10.

③ 周小川. 保持金融稳定　防范道德风险. 在第五次亚洲论坛上的讲话.

④ 刘锡良，等. 中国经济转轨时期金融安全稳定研究. 北京：中国金融出版社，2004.

察到我国经济增长经过1989年以来的低谷后，于1991年开始复苏，1992—1995年连续四年在高位发展，每年增长率都超过10%，处于繁荣期。从1996年开始进入调整期，一直持续到2001年，经济增长率在8%上下小幅波动。但从2002年开始明显又进入新一轮的经济增长，经济增长率在2004年达到近年来的新高。

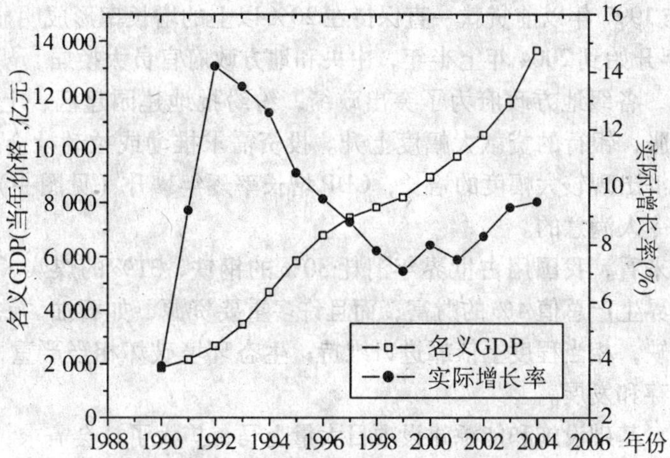

图一　近年来名义 GDP 与实际增长率关系图

［资料来源］国家统计局网站．http：//www. stats. gov. cn.

1993—1995年，中国经济在高速发展的同时，伴生了较为严重的通货膨胀，其直接原因在于固定资产投资过猛。1993年开始，多年的固定资产投资增长率都在30%以上，各地纷纷批地建园建区，上项目，大搞楼、堂、馆、所建设，带动民间投资跟进，并“倒逼”银行增加贷款，是一种典型的政府主导型的投资过热。投资过热引发原材料、能源价格上涨，形成成本推进型的通货膨胀。那次投资高潮在当时引发了通货膨胀，在几年内形成了新增生产能力，社会总供给迅速扩大。

始于1997年的东南亚金融危机，严重冲击了我国的出口市场，虽然我国政府采取了扩大基础设施、能源建设等多种拉动内需的宏观经济政策，也不能扭转社会总需求增长缓慢的势头。于是在总供给增长速度大于总需求增长速度的情况下，从1998年开始出现“过剩经济”，导致了长达数年的通货紧缩（见表二）。与每一轮经济繁荣相伴随的是固定资产投资的激增和银行贷款余额的大幅度上涨，不良贷款比率下降；与每一次经济发展缓慢相伴随的是产能的相对过剩和银行贷款增长速度的下降，银行不良贷款绝对额和相对比率上升，社会经济领域出现了一定程度的通货紧缩。

表二　　消费者价格指数（环比）

年度	1997	1998	1999	2000	2001	2002	2003
居民消费价格指数（CPI）	102.8	99.2	98.6	100.4	100.7	99.2	101.2

［资料来源］国家统计局网站．http：//www. stats. gov. cn.

三、对我国本轮经济扩张的解释

（一）经济的扩张概况

为对抗1998—2001年的通货紧缩，我国政府从1998年前后起，实施了以政府投资为主的扩张性财政政策，配以稳健的货币政策，通过拉动内需、扩大总需求，刺激经济发展。当然，稳健的货币政策实质是货币供给量的大幅度增长。然而流通领域根本感觉不到货币的增加，出现了“货币失踪”之谜。主要的原因是我国商业银行从1998年起，开始实行资产负债比例管理，中央银行对商业银行的监管加强，加上商业银行本身经营管理制度的变革，而且由于通货紧缩，大量的企业经营遇到的困难增加，符合商业银行贷款标准的企业数目不能满足商业银行需要运用的资金增长，于是，越是紧缩，越是惜贷；越是惜贷，越是紧缩，“失踪”的货币大多数都呆在商业银行里，导致“惜贷”现象。贷款增长率从1997年开始逐年下降，由22.5%下降到2000年的6.0%，远远低于实际GDP增长率，与1997年以前贷款一直保持在20%以上的增长率形成明显对照。

从2002年下半年开始到2004年上半年，中央和地方政府官员大换届，胡鞍钢所说的“经济的政治周期”表现出来，各级地方政府为了突出政绩，纷纷批地建园建区、上项目。政府的投资带动社会投资的急剧膨胀，银行的贷款大幅度上升。投资需求推动或拉动社会总需求增长，从2002年下半年开始我国经济出现较大幅度的增长，GDP增长率逐年攀升（见图一）。就增长率而言，我国的经济发展势头是令人满意的。

从经济增长质量来看，我国用占世界年消耗30%的钢铁、31%的煤炭、40%的水泥、25%的氧化铝才生产出占世界生产总值4%的财富；而且许多重要资源，如石油、铁矿、有色金属和木材等，现在已经面临短缺，相当程度上依靠进口维持；生态环境破坏相当严重，基本生存环境恶化，严重制约着国人的生存和发展。

从经济结构而言，基础设施和能源建设项目大量上马，扩大了社会需求，导致钢材、水泥、橡胶、电解铝等原材料和能源价格大幅度上涨，加上农产品受减产因素影响，价格也上涨，引发了最近几年的成本推进型通货膨胀。同时由于改革的深化，大量下岗工人加入到失业大军中，强烈的未来收入风险意识横扫华夏大地，大多数消费者不会也不可能扩大消费来迎合这种投资的增加，从而一般消费品的价格并没有上扬，消费者物价指数基本保持稳定状态。原材料和能源价格的大幅度上涨与消费品价格徘徊形成明显对照。

从行业而言，本轮经济扩张的主导推动力是房地产行业。2003年，我国房地产业投资增长速度和投资总额均创房地产行业新高，全国房地产开发共完成投资10 106.12亿元，同比增长29.7%。

面对成本推进型通货膨胀，政府于2004年中期开始采取适度从紧的宏观政策，控制投资的过度增长。但由这次投资扩张形成的生产能力过剩问题2005年已经初步显现，钢材、水泥等基建材料价格大幅回落，又出现了一定程度的产能过剩和通货紧缩。这似乎就是20世纪90年代以来的中国经济周期状态：通货紧缩→政府主导型投资→成本推进型通货膨胀→产能过剩、需求不足→通货紧缩。

（二）银行资金对经济扩张的推动

由表三和图二可以看出：我国从1998年开始，为了促进经济增长，实行从适度从紧货币政策向稳健货币政策的转变，货币供给量增长速度远远超过实体经济发展、物价稳定的需求，但是贷款增长率却没有保持较高速度的增长，反而呈现下降趋势，甚至在2000年还小于实际GDP的增长率。从2001年开始，我国贷款增长率又超过实际GDP的增长率，逐年大幅度增加，到2003年又高达20%以上，增长速度波动幅度变大；实际GDP的增长落后于各项贷款，贷款的大幅度增长发生在实体经济大幅度增长之前。经济增长背后隐藏的是大量贷款资金的投入与支撑。

表三　　1990—2004年实际GDP增长率与各项贷款总额

年份	1990	1991	1992	1993	1994	1995	1996	1997
GDP实际增长率	3.8	9.2	14.2	13.5	12.6	10.5	9.6	8.8
各项贷款（亿元）	17 680.7	21 337.8	26 322.9	32 943.1	39 976	50 544.1	61 156.6	74 914.1
贷款环比增长率		20.7	23.4	25.1	21.3	26.4	21.0	22.5

表三（续）

年份	1998	1999	2000	2001	2002	2003	2004
GDP 实际增长率	7.8	7.1	8.0	7.5	8.3	9.3	9.5
各项贷款（亿元）	86 524.1	93 734.3	99 371.1	112 314.7	131 293.9	158 996.2	177 364
贷款环比增长率	15.5	8.6	6.0	13.0	16.9	21.1	11.6

*增长率用百分比表示。[资料来源] 国家统计局网站. http: //www.stats.gov.cn.

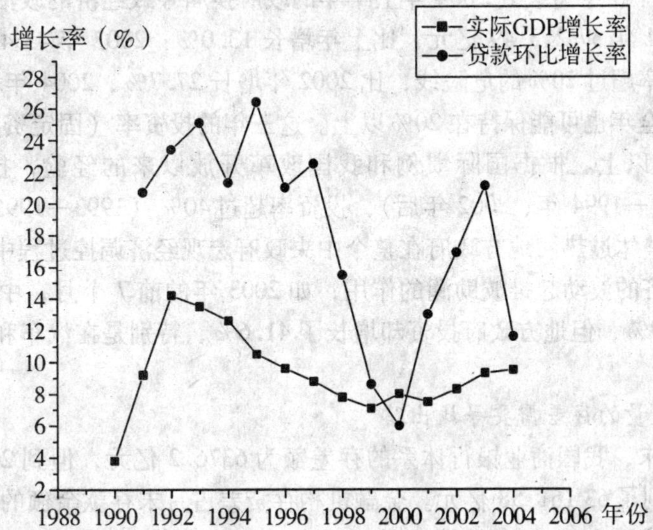

图二　1991—2004 年实际 GDP 增长率与各项贷款增长率

从贷款结构看，新增贷款主要流向城市基础设施建设、园区建设、旧城改造、房地产业、水电煤气供应业等。2003 年前三季度，各类房地产贷款（包括住房开发贷款和个人住房贷款）增加 4264 亿元，占全部中长期贷款增加额的 37%。截至 2004 年，房地产贷款占我国银行业整个中长期贷款的 33%，而中长期贷款又占银行贷款的 40%。经济增长的质量不可避免地将决定贷款质量，贷款是我国的主要金融资产，而贷款质量又决定我国金融资产的整体质量，也就决定了我国金融整体稳定性，即经济增长质量将决定金融稳定性。

以银行业为主的社会资金供给渠道，在我国相对而言是一种成本较低、获得难度较低的融资方式，可以说每一次经济高涨的出现都是商业银行资金做出重大贡献的结果。通过近几年从中央到地方政府的艰苦努力，银行业本身的经营状况发生了巨大改善，特别是不良贷款实现了“双降”。从中国银监会获悉，2005 年第二季度贷款 5 级分类统计数据显示，境内全部商业银行（包括国有商业银行、股份制商业银行、城市商业银行、农村商业银行和外资银行）贷款质量继续好转，不良贷款余额和比率继续呈现“双降”：到 6 月末，全部商业银行不良贷款余额为 12 759.4 亿元，比年初减少 5550.7 亿元；不良贷款率为 8.71%，比年初下降 4.14 个百分点。但是由于商业银行从现代经营管理制度的建设到进入良性运行轨道是需要时间的，加上我国银行业经营的外部经济环境需要进一步改善、信用制度需要建设、我国银行业过去存在较大的管理缺陷，因而商业银行还存在较大的操作风险。如果大量的社会资金通过存在经营管理问题的银行渠道流向政府主导的基础建设，不良资产理所当然就会在银行后来的经营管理中暴露出来。

（三）地方政府为政绩引发投资过热

我国尚处在社会主义市场经济的初级阶段，政府承担了非常多的经济职能。在政治体制还未达到理想水平时，以GDP增长率为核心的经济指标是衡量地方政府官员是否与中央保持一致的重要依据，当中央政府实行扩张的财政政策、扩大投资拉动内需的时候，地方政府争先恐后地配合财政政策，扩大地方投资、增加建设项目。而且由于民主、法制建设滞后的原因，地方政府官员常常可以通过本地经济的发展获得寻租机会。同时地方政府通过旧城改造和热衷于房地产获得的利润成为财政的主要收入，个别地方甚至占到1/3，地方政府致富又为政绩工程提供了资金。在这样的背景下，地方政府官员大搞重复建设和“形象工程”也是一种符合官员理性的选择。

这一次从2002年下半年持续到2004年上半年的政府换届导致经济的政治周期，全社会固定资产投资几乎失控：2001年37 213.49亿元，比上年增长13.0%；2002年43 499.9亿元，增长率达16.9%；2003年增长率超过20%的危险线，比2002年增长27.7%；2004年增长25.8%；2005年第一季度为22.8%，全年也可能保持在20%以上。这三年的投资率（固定资产投资占当年GDP的比重）都保持在40%以上。根据国际惯例和我国改革开放以来的经验，投资增长率超过20%（1984—1988年、1991—1994年、2002年后），投资率超过40%（1993—1995年、2002年后），就会造成经济的局部或整体过热。地方政府在整个中央政府宏观经济调控过程中，往往逆中央政府的调控目标而动，对经济的波动起推波助澜的作用，如2003年的前7个月，中央政府的固定资产投资较上年同期减少8.9%，但地方政府投资却增长了41.6%，特别是在汽车和钢铁领域，地方政府的投资冲动有禁不止。

（四）商业银行大量的存差需要寻找出路

1997年第一季度末，我国商业银行体系的存差额为6376.2亿元，但到2004年12月底，商业银行体系的存差额达到了63 161.58亿元。金融机构存贷差占月末存款余额的比重已由1998年1月份的7.42%大幅度提高到2002年9月份的23.73%。2005年3月末，金融机构人民币各项存款余额为25.6万亿元，同比增长15.9%；各项贷款余额为18.5万亿元，同比增长13.0%，存贷款的差额达到7.1万亿元。而且存款增速继续高于贷款增速，使存贷差继续扩大。在头寸宽松的情况下，为了刺激经济的发展，央行降低超额储备利率，促使金融机构为超额储备寻找出路。商业银行为了增加资金的回报率，改变资产构成，需要减少存放在央行的低回报的资产，但是我国银行资金的主要出路或主要转化形式就是信贷资产。于是一方面是银行存差的压力扩大，一方面是银行加强贷款的投放力度，发放大量贷款，投向政府规划的重大项目等。

（五）房地产价格飞涨

在中国，房地产被公认为是造就富人最多的暴利行业。过去的几年中，房地产价格每年以超过10%的速度上涨，使房地产商都赚了大钱。虽然房地产商的利润在整个房地产价格中只占到并不起眼的15%~30%，但由于普遍使用极高的财务杠杆，房地产商的利润经常可以达到惊人的暴利水平。一位投行专家估计，房地产商的自有资本回报率可以达到500%。如此暴利，当然就会吸引大量社会资金涌入房地产行业，推动房地产热一波超过一波。

四、经济波动与金融稳定

Richard Randal提出的金融周期理论认为，金融风险与经济的周期性波动具有密切的关系。在经济高速增长时期，许多金融机构将其信贷活动集中在一些快速发展的领域，导致金融风险积聚与增加，但在经济扩张时这些风险被掩盖了。随着经济增长减缓甚至衰退，金融风险迅速暴露出来，造成金融体系剧烈波动。对于体制转轨国家，宏观经济政策造成金融体系不稳定性的内在机理与市场经济国家有所不同，具有一定的体制性特征。体制转轨国家政府倾向于经济增长和提高就业水平，而将控制通货膨胀和实现货币稳定放在次要的位置。在以经济增长为目标的经济体系中，政府偏好于实行扩张性的财政政策与货币政策。政府对中央银行和商业银行强加以准财政的职能，对国有银行要求其以低于市场利率发放信贷，对贷款投向也严加约束，这就削弱了金融机构的机能，造成了金融体系的不稳定。

我国的经济波动，对金融领域积存的影响金融稳定的风险因素，具有双向的作用：一方面是在经济和金融总量的快速扩张中，稀释并掩盖了已经存在的诸多风险与不稳定因素。过去几年我们能够避免发生金融危机，很大程度上归功于渐进式改革和开放带来的经济高速增长。另一方面，经济波动促使影响金融稳定的风险积累，在一定情况下可能会诱发金融风险爆发为金融危机，影响金融稳定。

（一）经济扩张对金融不稳定影响因素的积累

我国最近几年经济高速增长，蕴含了大量的金融不稳定因素：以原材料和能源为主的上游产品的价格持续上涨，增加了下游生产厂家的生产成本。可是由于经济转轨导致的未来不确定性，使以消费者物价指数为指标的最终产品需求不旺盛，消费产品的价格上涨几乎为零。生产成本增加与产品销售价格粘性的共同作用使下游生产企业经济效益下降，经营出现困难，这些生产最终产品的企业的银行债务质量出现变化的概率增大。

以投机套利为目标的国际热钱总量超过 1000 亿美元投机房地产，既看好房地产有增值潜力，也与博弈人民币升值、美元贬值相关。国际热钱大量进入使房地产资产泡沫火上加油，如果泡沫破灭，可能形成国内银行业通过个人按揭贷款和直接投资房地产行业的银行资金的损失；降低货币政策的独立性，引起利率政策和汇率政策的冲突。特别是国际热钱的大量流入，外汇储备规模过度增长，如何经营和管理庞大的 7000 多亿美元外汇储备也是困难问题。目前我国主要将国家外汇储备投资于海外高信用等级的政府债券、机构债券、公司债券和国际金融组织债券等金融资产上，随着美元的贬值，我国人民辛苦劳作储备的财富无形中在急剧减少。从其带来的风险看，热钱投机者带来的最大风险，就是有可能发生短期的大规模撤资，这是我国金融稳定面临的最大威胁之一。

转型期的国企改制重组过程中，金融机构的贷款经常被豁免或停息挂账。金融机构承担着大量支持国有企业改革的任务，一方面直接形成了不良资产，另一方面政策性业务与商业性业务难以准确界定，金融机构的经营责任很难明确，由此产生道德风险并导致不良资产进一步增加。各级政府给国企改革提供了强大的金融支持，客观上放缓了金融改革步伐。政府特别是中央政府主动或被动为多数金融机构提供实质上的信用担保，近年在股市上政府就伸出过数次“救市之手”。金融成功转型所必需的财政约束、货币约束就很难迅速形成。我国以国有为主的金融业承担了相当部分国企改革成本，这些成本成为金融稳定的隐患。

（二）房地产价格波动对区域金融稳定的影响

房地产业先天具备的高风险性以及和金融的天然联系决定了房地产金融风险必然存在。房地产商通过运用财务杠杆原理，在金融市场大量融资，主要是获得商业银行贷款。房地产开发的三个阶段，包括取得土地的前期阶段、施工阶段和销售阶段，每一阶段都离不开银行资金的支持，具体来说包括房地产开发贷款、流动资金贷款、施工企业贷款、住房抵押贷款等。目前房地产开发资金 60% 左右来自银行贷款。房地产企业对银行的依存度过高，一旦房地产经济发生波动，房地产企业的经营风险将转变为银行的资产风险。也就是说，目前我国房地产风险主要是由银行系统来承担的。

房地产企业与银行业金融机构的密切联系，使金融系统风险客观存在；以间接融资为主导的区域融资结构对房地产价格波动的承受能力较弱，一旦房地产价格发生较大波动，将无可避免地对区域金融稳定产生影响①。20 世纪 90 年代初期，海南岛出现过这样的现象：近千亿资金涌向海南，

① 赵路兴，周江．关于当前房地产市场的几个问题．城乡建设，2005（1）．

几乎所有的土地都被炒过，房价像热汽球一样节节攀升，一夜之间诞生了数百位千万富豪乃至亿万富豪，但是少数人的暴富最终以金融机构的巨额坏账为代价，金融机构在海南房地产炒作中损失了600多亿元。

（三）政府积极参与经济活动使政府积累了大量债务

政府投资对扩大内需、促进经济发展做出了重要贡献。就资金来源而言，中央政府投资来源主要是政府财政收入，包括税收、发行国债和对外负债，而地方政府没有发行地方政府债券的权力，因而资金来源就主要是地方财政资金和通过其他方式形成的负债，如欠建筑商工钱、材料供给商购买资金，可能会用地方财政的未来收入担保。为了刺激经济发展，中央和地方政府都背上了沉重的债务，可能还有或有债务。如果将转移到国有资产管理公司账上的1.4万亿元银行不良资产与目前仍计在银行系统账上的1.3万亿元不良资产合并计算，仅银行系统的真实不良资产就达2.7万亿元左右，再加上目前约2万亿元的国债余额，国有企业的负债（其总数约为2万亿元），以及全国县以下乡镇政府的负债（估计约为5000亿元）[①]，政府总的负债规模大约在7.2万亿元，占2004年我国国内生产总值136 515亿元的52.7%。如果再算上截至2005年3月末的外债余额为2334.09亿美元（不含香港特区、澳门特区和台湾地区对外负债），通过官方汇率换算，政府的债务已经占我国2004年国内生产总值的66.6%，大大超过了60%的国际警戒线。据我们调查，部分地方政府事实上的隐性债务早已突破地方财政的“围墙”，其数额之巨大只能用“难以想象”来形容。据了解，四川某乡镇一年财政收入70万元左右，但是负债却达到800万元，因而地方政府负债总金额可能高达1万亿元以上，它可能直接影响到国家信用的存在与履行。

五、可能诱发金融不稳定的因素

（一）政府熨平经济周期的宏观调控使部分已开工且大量投资的项目停顿

中央政府是经济波动的发动机，又是经济增长的稳定器。地方政府的盲目行为超过中央政府的控制，中央政府就会实施重大经济调整，改变中央政府的经济建设方针。中央与地方政府目标可能形成尖锐矛盾，前者坚持经济调整，而后者继续坚持经济扩张，最后中央可能又被迫采取“一刀切”或者行政手段强行在全国实行经济调整：大力压缩固定资产投资规模，控制货币发行和信贷规模，削减财政支出，控制社会集团购买力，增加农业投入，促进农业增长。一旦削减投资规模，经济增长率和工业总产值增长率将随之下降，并低于生产能力水平；大量企业停工停产，开始进入经济低谷期；企业之间的债务危机开始爆发，迅速形成“债务链”[②]。

在近年来名义利率基本不变的情况下，通货膨胀使实际利率为负，大量的生产性企业经营成本下降，通过各种方式获取银行等金融机构的资金，大量投资于高风险项目。在信贷配给的情况下，部分企业在银行没有能有效识别高风险的情况下成为贷款对象，加上最近几年地方政府换届形成的“经济的政治周期”，使银行贷款的风险上升。随着宏观调控政策的实施，一些前期已投资的固定资产项目下马，银行的巨额贷款就会形成新的不良资产。2004年全国4150个项目下马，4813个开发区被核减，当年底国务院出台32号紧急文件，即《国务院批转发展改革委关于坚决制止电站项目无序建设意见的紧急通知》，指出2004年全国违规上马的电站项目投资总额高达6000亿元，并要求各地坚决制止电站项目无序建设。正是在这个背景下，2005年1月18日，国家环保总局在京宣布停建30个违规建设项目，其中有26个是电站项目。中央政府采取熨平经济周期的宏观调控政策，结果往往使已经开工而且投入大量资金的项目下马，房地产和金融资产泡沫破灭，大量新增不良贷款出现，使各种银行资产质量恶化，银行体系的不稳定性增加。

---

① 仲大军．中国经济是否一枝独秀？——中国经济的畸形发展及隐藏的问题．经济新观察，2003（1）．

② 胡鞍钢．中国经济波动报告//胡鞍钢，等．中国国情与发展丛书．沈阳：辽宁人民出版社，1994.

（二）能源供给紧张，经济紧缩期可能到来

首先是2005年国际原材料价格继续上涨，国际原油价格在2005年8月初已经突破每桶66美元，远远超过能源企业通过提高对消费者收费来吸收更高成本的能力。受国际、国内原油价格上涨的影响，我国水、电、燃料类价格继续上扬，制造业和运输业等能源密集行业的企业遭受巨大打击。我国经济能否走出高耗能、低产出的粗放经营发展道路，找到一条更加持久、更加强劲的经济增长和社会发展之路，将严重影响到我国经济的发展。

其次是2005年货币供应量增长率下降：截至2005年4月末，狭义货币供给量M1的同比增速为10%，广义货币M2的同比增速为14.1%，处于近年来的较低水平。2005年前5个月CPI和GDP减缩指数增速下降，银行对企业贷款增幅减少，货币供应增幅继续下降，通货膨胀继续下降，真实利率再度上升，企业利润总额增速下降，企业债务恶化，最初的货币供应冲击被放大。商务部日前发布的《600种主要消费品和300种主要生产资料商品供求状况调查报告》称，2005年前5个月国家39个工业行业的产成品库存同比增长了19%，产品供过于求的矛盾整体呈现加剧的趋势。特别是钢铁、电解铝等产品供过于求的矛盾比较严重，出现了价格下跌、库存和应收账款大幅增加的现象。在商务部监测的84种纺织品服装中86.9%的商品供过于求，73种家用电器中87.7%的商品供过于求，19种五金电料商品全部供过于求。这些宏观经济指标表明2002年以来的本轮经济增长的转折点可能已经出现。

（三）资本约束使商业银行未来资产的扩大受限，社会资金的供给趋紧

我国银行对传统规模扩张发展模式的依赖，使近年来银行资产急速扩展，而自有资本扩大却缓慢。按照加入WTO的要求，2006年底各银行资本充足率要达到8%，然而目前在全国131家银行中，达标银行仅22家。而且我国商业银行损失准备计提严重不足，国内银行的实际资本充足率被明显高估。资本充足率的刚性约束，将促使商业银行尤其是股份制商业银行进一步加强管理，提高盈利能力，通过资本的扩张来满足资产扩张的要求。如果股份制商业银行的盈利模式没有较大的改观，资本来源不能有效扩大，其资产规模发展速度将受到资本的严重限制。对于国有商业银行中的中国农业银行和中国工商银行来说，也面临同样的问题。

银行资产扩张的放慢将使最近几年整个社会资金供给减少，形成一定程度的通货紧缩。以资本约束规模扩张和以效益增长为前提的发展理念，将促使银行也放慢资产扩张的速度，强化风险管理，严防信用风险、市场风险和操作风险；加大资产结构调整力度，适度控制贷款资产的增加，降低加权风险资产总量；加大对不良资产清收考核力度，加强对抵债资产的管理与处置，严格呆账准备的提取。对整个经济体来说，建设资金的紧缺将使目前的经济扩张受到严重限制，使大量的在建项目在未来几年面临资金短缺的问题，可能形成停工待料或项目下马的情况，那么已经投入巨额前期贷款的商业银行就可能新增大量不良贷款。如果积累的风险因素不能有效释放，那么极有可能影响到金融稳定。

（四）汇率制度未来改革的不确定性

保持人民币汇率基本稳定，不仅有利于中国经济和金融持续稳定发展，而且有利于周边国家和地区的经济和金融稳定发展，从根本上说，也有利于世界经济和金融的稳定发展。2005年7月21日，中国人民银行宣布：我国开始实行以市场供求为基础，参考一篮子货币进行调节、有管理的浮动汇率制度；人民币对美元升值2%，即1美元兑8.11元人民币。周小川2005年8月10日上午在中国人民银行上海总部挂牌仪式上，向外界作出说明：篮子货币的选取以及权重的确定主要考虑中国国际收支经常项目的主要交易国家、地区及其货币。目前，美国、欧元区、日本、韩国等是中国最主要的贸易伙伴，相应地，美元、欧元、日元、韩元等也自然会成为主要的篮子货币。

盯住一篮子货币的有管理的浮动汇率制面临的问题是：受一国货币、财政等宏观经济政策因素的影响，促使“影子汇率”与实际名义汇率不一致，投机者理性预期有管理的浮动汇率将失守，

特别是在我国存在大量外汇储备和贸易顺差的情况下，对人民币再次升值预期的存在，仍然通过国外资金的大量流入，抛售外币而持有人民币，使国家外汇储备继续大幅度上扬，使政府持有外汇资金的风险继续增加，那么人民币进一步升值的可能性是存在的。

政府维持盯住一篮子货币的有管理的浮动汇率制度的成本—收益分析：政府稳定汇率的收益是整个市场对政府有信心及政府因此建立的信誉，金融体系的国际影响力稳定提高，其他国家对该国的金融实力预期良好，愿意接受该国金融企业的信用，即该国的金融是安全的。稳定汇率的成本可能是为稳定汇率而实行与国内经济周期相一致的宏观经济政策，从而加大经济波动，造成国内企业生存环境恶化而预期悲观，减少投资和其他经济交易而形成国内经济萧条，政府可能为了对外均衡而放弃对内均衡。因而如果政府通过衡量，认为人民币继续升值的收益大于维持稳定汇率的收益，那么不排除人民币还可能升值。当然这样行动的结果就会让大量流入国内的国际热钱收获过丰，不符合我们的国家利益。

（五）突发性事件引发金融不稳定

从20世纪30年代世界经济危机导致金融动荡，到1997年亚洲金融危机引发东南亚经济发展几十年积累的财富烟消云散，无处不显示出经济和金融的孪生关系，任何引发经济与金融不稳定的因素都可能扩张并产生严重后果。在我国转轨时期，与市场经济适应的大量社会制度还不完善，社会阶层的不断分化，特别是下岗失业人员和个体户的增加，社会不安定情绪的影响，一些小道消息往往在瞬间被放大和异化。由社会突发事件引发的外生性金融风险，容易造成挤兑，严重影响到金融稳定，易演化为社会动荡。

国际政治环境日趋复杂，不稳定因素增加。我国与日本在东海上的油田、岛屿之争，与东南亚国家在南海诸岛主权和海洋资源的争端，到中亚与美国、俄罗斯、欧盟等大国在地缘政治和能源的之争，到处都隐藏着引发战争的导火索。一旦战争爆发，国内外金融稳定必定破坏，经济严重动荡。大国的军事结盟往往是世界将爆发武装冲突的前兆。因此随着世界各国战略伙伴关系的建立，不排除未来我国周边爆发战争的可能。

六、可以得出的结论和政策建议

通过前面的分析，我们可以得出以下结论和政策建议：

（1）金融风险与经济周期性波动具有密切的关系，在我国本轮经济高速增长时期，许多金融机构将其信贷活动集中在一些快速发展的领域，导致金融风险积聚与增加。在经济扩张时期，这些风险被高速发展的经济所掩盖，但随着经济增长的减缓甚至紧缩，金融风险可能会暴露出来，造成金融体系的剧烈波动，影响金融稳定。

（2）经济的周期性波动与宏观经济政策之间具有密切的关系，背离经济发展规律的经济政策将增加金融体系的不稳定性。对于我国这样的体制转轨国家，需要通过稳定宏观经济政策来稳定经济，从而实现金融稳定。

（3）应尽可能早日实现汇率的自由浮动。当然，政府的调控不是减弱，而是通过改变调控方法和手段进行加强。

（4）面对能源问题，我们需要更多地通过国家之间的利益交换，结成战略同盟来尽可能获得其他国家的战略能源。

（5）要特别重视突发性金融风险，各级政府和金融部门要汲取已爆发的几次金融风波教训，尽早采取措施，建立相应的防范措施和计划，以确保经济健康运行。

（6）建立危机紧急预警、处理机制，一旦危机爆发，有相应的应急处理方案可以操作和实施。

经济转轨与金融改革

社会信用制度建设任重道远

秦池江[①]

引言

建立和健全社会信用制度是市场经济体制的有机组成部分，中央对社会信用制度的建设早已提出了明确的目标、任务和实施要求。近十多年来，各部门和各地区在信用建设方面已经取得了一定成效，但违约失信的状况还没有从根本上得到好转。建设良好的信用制度任务艰巨，还需要经过长期努力，尤其是要解决好六个问题，澄清基本理念，把社会信用作为社会工程来整体实施和综合管理，社会信用制度建设的重心是政府信用，实现全社会信用网络资源共享，加速和完善信用法制建设，建立不良信用行为公开机制。

中国在市场经济体制形成过程中，遇到了信用制度缺失的严重障碍，我国在社会信用方面最突出的问题是经济生活中制假售假、商业欺诈、坑蒙拐骗、走私逃税、赖账不还等失信行为还客观存在，有些方面还相当突出，严重危害着社会经济秩序。改革开放 20 多年来，在信用制度的建设方面进行了大量工作，但至今还没有从根本上得到改善，我国因信用缺失而造成的损失十分惊人[②]。信用观念的淡薄以及信用制度的滞后，仍然是经济发展和金融改革中所迫切需要解决的重大制度建设问题。

一、信用制度的建设是经济发展战略和经济体制改革的重要组成部分

把信用制度的建设纳入政府工作的视野，为时已久。早在 20 世纪 90 年代初，国务院就对企业“三角债”进行了大规模的清理工作，并组织了相当大的社会资金清理债务，中央银行为此投入了巨额的基础货币。1995 年加大了商业票据的推出力度，中央银行积极支持票据承兑贴现，引导企业信用向规范化的票据信用发展。2002 年朱镕基总理在政府工作报告中提出：切实加强社会信用建设，逐步在全社会形成诚信为本、操守为重的良好风尚。加快建立企业、中介机构和个人的信用档案，使不良行为付出代价，名誉扫地，直至绳之以法。广泛采用现代化监督手段，综合利用信息网络资源，实现互通、信息共享。在 2003 年 10 月召开的中共十六届三次全会通过的《完善社会主义市场经济体制若干问题的决定》中，就建立健全社会信用体系提出了明确的目标和任务：形成以道德为支撑、产权为基础、法律为保障的社会信用制度，是建设现代市场体系的必要条件，也是规范市场经济秩序的治本之策。增强全社会的信用意识，政府、企业事业单位和个人都要把诚实守信作为基本行为准则。按照完善法规、特许经营、商业运用、专业服务的方向，加快建设企业和个人信用服务体系。建立信用监督和失信惩戒制度。逐步开放服务市场。所以说，在建立和健全信用制度方面，全社会从最高决策层到微观经济活动中，都有切身的感受和共同的认知，对建立和健全信用制度的必要性和重要性，不存在根本性的理论分歧和政策冲突。按照党的十六届三中全会精神的要求，我国的社会信用制度建设，应当在社会信用体系建设的过程中，始终坚持努力做好基础工

① 作者简介：秦池江，中央财政大学教授。

② 《经济参考报》2002 年 4 月 10 日载文说，我国失信损失占 GDP 的比重高达 10% ~20%。

作。这些基础工作涉及全社会的诚信守约教育、企业内部信用制度建设、行业组织的信用自律机制建设、社会信用信息平台的建设、政府对公共信用信息体系的联合监管，等等。金融领域中的信用平台和信用体系的建设尤为重要，应在率先发展完善的基础上，实现同社会信用网络的有机衔接。

二、信用制度建设的重要进展

（1）以人民银行为中心的银行信贷网络的建设。建立社会信用制度从1997年开始就有了实质性的起步。1997年，人民银行根据银行信贷风险控制的需要，决定建设银行信贷登记咨询系统，投入了巨额资金进行系统开发。1999年基本实现了全国范围内人民银行与辖内商业银行、城乡信用社等金融机构的联网，实现了信贷数据的上报、登记和查询。为解决企业向商业银行多家开户、多头贷款、套取信用和逃避银行监控提供了有效的信息共享手段。2001年5月，开始进行系统全国联网工作。到2005年，个人征信系统也被纳入同一网络，实现了身份信息、贷款信息、信用卡信息、结算信息和非银行信用信息的联网查询，全国已有北京、浙江、广东、重庆、陕西、广西、四川、湖南八个省市进行全面覆盖，有25家商业银行全国联网运行。这25家商业银行的444万户、16.8万亿元企业贷款中的89%，2880万自然人、1.8万亿元贷款中的93%的贷款信息资料，都已进入系统。每天上网查询信息的次数达到了4万次。

（2）在政府指导下的信用担保体系的建设。1999年6月，原国家经贸委制发了《关于建立中小企业信用担保体系试点的指导意见》，全国各地相继建立了不同形式、不同管理方式和不同规模的中小企业信用担保组织，为增强中小企业融资信用提供了一种制度性的安排。为了进行规范性的操作，由担保机构自愿申请、经省级经贸委审核推荐、经国家经贸委审核备案并商得国家税务总局同意，先后分成三批，确定了379家机构作为试点单位，并享受国家财政提供的税收优惠。目前全国已设立各种类型的信用担保机构1000余家，共筹集基金近300亿元，累计为5万多个中小企业提供担保1200多亿元，使受保单位新增销售收入1100亿元，新增税收500多亿元①。全国的市、省和国家三级中小企业信用担保体系已初具规模，在国家扶植与市场操作、开展担保与提高信用、支持发展与防范风险相结合方面，正在市场运行中发展完善。

（3）国家经济社会管理部门相继建立了专业性的信息网络。从20世纪90年代中期起步，国家实施了金网建设工程，除了金融体系的金卡工程之外，国家税务、国库、海关、公安、工商管理、民政、房管、土地、审计、商检、保险、交管等部门，都已建立了各自的信息网，汇集着各方面的信息。这些部门的网络信息中，除了部门专业性的信息之外，也包含着信息主体的基本信息资料和特定方面的诚信记录，如当事人资质、经济行为、产权记录、履行契约、产品质量、财产登记、资产转移、缴纳税费、审计稽查等方面的大量信息和数据。企业和个人的经济社会行为信息，都已被这些网络所吸纳。通过这些资料，可以多方位、多层次地勾画和反映信息当事人的诚信状况。

（4）地方政府以诚信兴政、诚信立市为目标整治信用环境，建立区域性的信用安全体系。从1999年以来，上海市率先启动信用体系建设，浙江、江苏、湖北、山东、吉林、深圳、大连、镇江、苏州、无锡、南京等省市区政府，相继提出建立信用区的行动目标，组织区内各方面的资源，打造信用环境，把这项工程作为振兴区域经济、提高行政能力、转变发展思路、优化市场秩序、提高竞争力的重要组成部分。经过多年的努力，已经取得可喜的成效。有不少地方政府因地制宜，加强了地方性信用法规建设，对违约失信行为利用法律手段进行监督。深圳市政府制定了《个人信用及信用评级管理办法》，使信用管理有法可依。湖北省十堰市制定了《企业信用公示暂行规定》，从企业资格能力、企业优良信用、企业不良行为方面提供相关记录并予公示，为推进诚信建设提供

① 资料来自国家发改委网站（2004年1月）。

了法制渠道。2004 年 5 月，上海、浙江、江苏的 16 个城市曾以“打造诚信‘长三角’”为主题召开会议，16 个城市在各自的诚信系统建设基础上建立共同的信息平台，以期在长三角地区能够实现诚信数据共享。

（5）民间组织和工商企业积极投入信用建设，建立各自的信用品牌。2000 年 7 月，上海开通了全国第一个个人信用联合征信体系，把分散在各商业银行和社会有关方面的个人信息和信誉信息汇集起来，按照市场化原则收集、加工、储存信息，在全市设置了 385 个查询网站，每天接到查询请求 3500 笔。目前，在上海资信公司的数据库中，已经有了 293 万个用户的信用报告，主要内容有：个人基本身份信息、银行借款记录、社会信誉记录以及异议记录。个人身份信息包括姓名、性别、身份证号码等；银行记录包括个人在银行申办贷款的开户、还贷、销户及申领信用卡的开支、透支、销卡等情况；社会信誉记录收进了手机缴费信息，将来会渐渐扩展至各类公用事业付费信息、租赁及电子商务信息、公安治安信息、法院民事合同纠纷信息，等等。武汉市的“诚信武汉”工程，有 300 多家中小企业信息可上网查询。深圳市有 800 多家企业签订了诚信自律协议，50% 的个人消费者有了个人信用档案。

（6）司法部门为建立社会信用制度进行了法律监管的创新。最近几年来，司法部门对经济金融领域的违规、犯罪行为加强了打击的力度，对维护社会信用秩序、巩固诚信守约环境，开始发挥关键性的保障作用。法院和检察院除了对重大的犯罪分子依法进行严处之外，对曾经久治无效的违约失信行为，采取了一些特殊的法律监督措施，收到了明显效果。北京、天津等地的基层法院，对拖债不还者，实行“资产凭证”制度，只要债权人发现债务人握有可以偿债的资产，法院就可以立即强制债务人履行偿债义务；同时，对逃债、废债的当事人，采取了限制个人高消费的政策，对购买和使用高档汽车、购买和占用高档住宅、异地或出国旅游、享受高级餐饮服务等行为实行消费限制，促使债务人主动还清债务。苏州市中级法院开辟了金融维权“绿色通道”，对涉及银行案件快立、快审、快送达、快排期并快速组织保全，最大限度地避免资产流失，有效地维护了信用秩序和金融安全。

三、建立社会信用制度有待解决的课题

讲求诚实守信，维护信用秩序，不是单个人的事，同样也不是某一个区域就能做好的事情，更不是靠一时一事的应急措施所能奏效的事情，只有整个社会的信用体系全部建立起来，信用制度才能显现出它真实的威力。在中国的市场经济成长和成熟过程中，建立和健全社会信用制度是一个长期的过程，还要付出艰苦的努力，并需要突出解决以下几个问题：

（1）需要澄清的基本理念。信用是什么？从法理上讲①，信用是以合同（或契约）为基础产生的，是以双方自愿为实现立约人和受约人目标的一种承诺。承诺的可以强制履行性，促成了立约人和受约人双方行为的协调。当一方没有按约定履行合同时，合同就被破坏或违约，受损一方可以申请法律保护，要求强制违约方履行合同。信用的大厦，不能靠软弱的道德来支撑，必须建立在有效契约的基础上。一旦出现违约时，道德的劝诫可以起到有限的调节作用，最终还是得靠法律来强制执行。建立现代信用制度，就要以契约为基础、以道德为补充、以法律为保障。建立现代社会中的信用制度，首先必须在全社会强化契约观念和履约意识，把“重合同、守信用”作为不可动摇的行为准则；其次要依赖于法律对债权的保护，如果没有严密的债法秩序，就不会有发达的社会信用。

（2）要把社会信用作为社会工程来整体实施和综合管理。信用行为，有个体的行为特征，更有其社会特征，信用是由日常的、大量的、多环节的、多因素相关联所组成一个社会共同体。建立

① 参见：罗伯特·考特，托马斯·尤伦．法和经济学．施少华，姜建强，等，译．上海：上海财经大学出版社，2002.

社会信用制度，金融体系是一个基础性的组成部分，但金融部门也不可能覆盖全部社会信用。建立和健全社会信用制度，有赖于政府的统一规划、统一协调、统一实施和统一管理。各部门和各地区的力量只有成为一个整体时，才可能形成一个完整的、严密的、有序运行的、高效率的社会信用体系。目前全国信用制度建设还处于群龙无首的状态，国家发展和改革委员会、中国人民银行应当在社会信用制度建设中发挥特殊的作用。

（3）社会信用制度建设的重心是政府信用。政府既是信用制度的供给者，也是最大的信用需求者，更是社会信用的保卫者。政府信用在社会信用中起着决定性的作用，政府自身的信用行为和信用记录，必须保持高质量和高标准。通过政府鼓励示范、增强社会信用意识、引导企业和个人重视信用形象、建立信用品牌，培育和形成良好的信用环境，政府信用稳定社会信用就稳定，政府信用行为规范社会信用行为就不难规范。在体制转轨过程中，一度出现社会信用紊乱，尤其是金融业中积累着大量不良资产，在很大程度上同政府机构诚信行为有关。一些大额的、区域性的造假售假、逃债废债行为，同某些政府机构的默许、纵容和参与有着复杂的内在联系。建立和健全社会信用制度，当然要下力气治理企业信用和个人信用，但不能因此就忽略理顺和整治政府信用的必要性。

（4）实现全社会信用网络资源共享。社会信用的伟力在于它的行为的连贯性、过程的持续性、空间的无限性，一个部门一个环节和一时一地的信用行为记录，都不足以全面地、长期地、综合地显示一个市场主体的信用水准和信用质量。建立和健全社会信用制度，就必须扩大和强化信用网络的覆盖面。目前全国有几十个到上百个资信网络，但大部分还是以为部门和地区服务为宗旨，相互之间互不往来。这不仅构成了网络建设的投资浪费，更重要的是造成了社会信用资源的残缺和资源的无效耗损。应以金融系统的网络为中枢，其他各个方面网络中的公共信用资源实行联网共享，按照特许经营、市场运作和专业服务的原则，形成完整的权威性的信用服务体系。

（5）加速和完善信用法制建设。建立和健全社会信用制度中一个挑战性任务是如何完善法制建设，以完备的法律和法规规范社会信用行为、维护社会信用秩序、保持社会信用稳定。改革开放以来，国家在法制建设方面进行了大量的立法工作，初步形成了经济金融法律体系，但仍然存在三个缺陷：一是立法宗旨存在偏误。在破产法、担保法、合同法、民法以及金融法规中，对债权人权利的保护不力，出现了“债权人害怕债务人”的尴尬局面。二是立法滞后于社会经济发展。在经济高速发展和市场经济体制成长过程中，社会各方面的利益博弈和利益冲突十分强烈。如企业破产中的权益保护和责任追究，存在严重的法律缺陷，实际活动中的问题早在 1996 年已经大量暴露，但至今还没有在法制建设上做到“亡羊补牢”。三是司法成本过高。各种违约失信行为得不到及时有效的惩治，助长了不良行为的滋生蔓延。司法机关应加大对犯罪分子的惩戒力度，依法追究违法失信者的行政、民事和刑事法律责任，使违法失信行为无处藏身。

（6）建立不良信用行为公开机制。信息公开是市场监督最有效的手段。对违约失信行为，当事人并不畏惧政府和管理部门的行政处罚、经济罚款，甚至不惜以身试法。而最有效的手段，是将违约失信行为向社会公开，使它失去存在的空间，违约失信者在公共服务、银行信贷等方面将丧失便利，在生产经营中会减少交易机会，提高交易成本，直至被优胜劣汰的市场机制逐出市场。发布“黑名单”和公开不良记录，需要有严格的标准、严密的程序和严肃的规则，政府、公用事业单位和金融机构、工商企业和行业协会等社会信用体系的各个主体，在保护国家秘密、合法的商业秘密和个人隐私的基础上，有责任、有义务依法依照法定的形式，向社会公开所掌握的不良信用信息。实现这一条所遇到的阻力一定会很大，但绝不能回避。

社会信用制度建设是一项宏大的社会系统工程，对转变经济增长方式，促进经济社会协调发展具有重大的战略意义，也是一项长期而艰巨的建设任务。社会信用制度完善之日，也可以说是社会主义市场经济体制成熟之时。

论我国财政风险向金融风险转嫁

西南财经大学中国金融研究中心　曾康霖　程均丽

美籍奥地利经济学家熊彼特（Schumpeter，1918）在研究财政体制与现代国家制度的关系时指出，“财政上的变化是一切变化的重要原因之一”，“所有的变化都会在财政上有所反映”。美国著名经济学家麦金农（Mckinnon）在《经济自由化的次序——向市场经济过渡时期的金融控制》一书中分析经济自由化的次序时也指出，“财政应先于金融，财政控制应当优先于金融自由化”。在中国，金融体系以国有银行为主体，政府的财政能力与银行体系的稳定息息相关。如果说防范金融风险是当务之急，则不能不研究财政收支变化对金融风险的影响，同时要关注财政风险的存在及其向金融风险的转嫁。

一、财政风险的含义

一般说来，风险是指产生负面效应的可能性，这种可能性既可产生于企业、个人，又可产生于政府。把政府作为社会成员看待，如果它拥有的经济实力难以支撑它的生存和发展，就会发生财政风险，乃至财政危机。有人说，财政风险，是指“国家财政出现资不抵债（insolvency）和无力支付（default）的风险”（张春霖，2000）；或者“政府拥有的公共资源不足以履行其应承担的支出责任和义务，以至于经济、社会的稳定与发展受到损害的一种可能性”（刘尚希，2003）。我们认为，这样含义比较笼统，不容易把握。一般说来，财政风险不是全国性的，而是局部的，它通常产生于一定的时空中，表现在特定的领域，如地方政府财政拮据，难以为继；再如，在一定区域，不能向社会公众提供公共产品进行公共服务，致使民心骚动、社会不安，等等。

衡量一个国家的财政风险不能只看赤字，因为赤字是可以遮掩和顺延的。重要的是要看政府债务的积聚程度和社会公众的忍耐程度。当政府的债务积聚到不堪负重，不能遮掩、顺延，影响民心向背时，财政风险就要从可能性变为现实性。财政风险的现实性，可称为财政危机，集中表现为社会公众对政府丧失信心，政府机制运转失灵，群众难于安居乐业，社会风气颓废，不安定的因素增加，等等。财政风险能够转嫁给金融，加大金融风险，但财政危机不可能转嫁，它只能由政府增强信用、取信于民而化解，否则将导致政府破产。政府破产，意味着政府信用丧失，不能取信于民，被人民抛弃。

相对于金融风险来说，财政风险具有局部性（发生在特定领域）、潜在性（逐步积聚）和社会性（不主要表现为现实的财政收支，而主要表现为政府对公众的欠债），它关系着一个政府的执政之基和社会安定。

二、我国财政收支的脆弱性

这些年来，人们更多地关注金融风险，很少研究财政风险，似乎财政状况一帆风顺、风平浪静，其实并非如此。我国存不存在财政风险？先来探讨财政收支的脆弱性。

概括地说，脆弱性相对于坚实性而言。指出我国财政收支的脆弱性，是要表明我国一些地区财政收入的基础不牢固、财政支出效益不理想、财政结余动用不规范。

（一）财政收入的基础不牢固

这些年来我国财政收支一直高速增长。据国家统计局提供的信息，在20世纪70年代中期以前，税收增长低于经济增长，导致税收占GDP的比重下降，但70年代中期以后，税收增长高于经济增长，税收占GDP的比重不断上升。这种状况持续到现在，2004年税收占GDP的比重已达19%，其增长速度为25.7%，大大超过了GDP的增长速度。

对于税收大大超过GDP增长的原因，实际部门和理论界在认识上常有分歧，但有一点是多数人的共识，即我国存在税负趋重、重复征税的现象。在这种状况下，讨论财政收入基础不牢固的问题，需要指出以下几点：

（1）总体财政收入相当程度上依赖中央银行银根松紧，一旦紧缩银根，总体财政收入即缺乏保障。中央银行供给基础货币，商业银行派生存款，二者构成货币供给量。财政收入，是政府对货币的需求，如果中央银行紧缩银根减少基础货币供给和降低商业银行派生存款的能力，减少货币供给量，自然影响财政收入的征收入库。实际当中的反映是：在每年年终企业要完成税收任务时，必须求助于银行，在一些地方，银行借款→上缴财政→完成税收任务，也早已不是什么秘密。这种状况表明：财政收入的增减依赖于央行的货币政策，财政政策需要货币政策支撑。

（2）部分地方财力过分依赖单一财源，财政收入不稳定。在一些地区，财政收入依靠少数企业集团，而当这些企业资金链断裂、生产经营难以为继、面临破产边沿时，地区财政收入就处于困境。特别是民营经济占主要地位的地区，一旦企业之间的困境相互传递，企业家的信心丧失，转移抽逃资金，地方财政收入困境立即反映出来。这也是我国某些地区既成的事实。

（3）部分税收成为对银行不良资产的转嫁。我国的主要税种是增值税、营业税和所得税，其中增值税占较大比重。增值税的消长对税收增长影响较大。我国现行增值税的征管条例规定，增值税实行“价外征收”即在交易额之外单独向买方收取，也就是说增值税的税负最终是由买方承担的，如果买方购进商品和劳务后，不能有效地进行生产或销售，则承担的税负就不能转嫁出去。这些年来我国经济发展中存在的一个不能忽视的问题是：经济持续发展，而物资大量积压。在这种状况下便产生了一个问题：积压的大量物资中所含的增值税不能转嫁出去，由谁承担了呢？在国有经济为主体，其资金需求主要来源于国有银行的条件下，以银行贷款上缴税收，不仅是可能的，而且是必然的。还要强调的是，这种状况的存在与我国税收的征管体制相关。纳税是每一个企业、公民应尽的义务，可是现实却把“义务”变成了“任务”，一些企业为了完成上缴税收的任务，不惜占用银行借款。这样，就形成了一个“经济增长→税收增加→商品积压→借款难还”的局面。而企业所借之款不能偿还银行，银行的不良资产将增加。国有银行的不良资产的处理最终要靠财政支撑，这样，就形成了一个“借款纳税产生不良资产→不良资产处理靠财政收入支撑”的循环。尽管这样的循环是非良性的、不正常的、违规的，但它揭示了我国税收增长与银行不良资产消长的相关性，税收转嫁为银行不良资产。

（二）财政支出的效益不理想

财政支出效益不理想，既反映在中央职能部门的专项支出中，又反映在地方的建设项目中。

（1）损失浪费严重。据2003年6月27日《中国审计报》报道，国家审计署审计的2002年15个省（区、市）国债资金管理使用情况表明，一些国债项目损失浪费严重，效益低下问题比较突出。9个省的37个污水处理项目，总投资额58.41亿元，其中使用国债资金19.95亿元。但由于前期准备不充分、配套资金不到位以及运行费用不足等原因，有15个项目未按计划完工或开工；16个已完工项目中，有7个达不到设计要求，还普遍存在配套设施落后于主体工程建设的问题，造成设备闲置，项目整体效益难以发挥。另据《中国青年报》2005年8月30日报道，目前我国财政资金的使用效益并不高。腐败和浪费造成大量财政资金损失。据统计，2004年有2000亿元用于公费出国培训、考察，3000亿元用于公车，2000亿元用于公费吃喝招待。仅甘肃这个地方财政收入一年仅百亿元的省份，近年每年用于养公车的费用就超过了10亿元，2003年公车费用居然占当年财政收入的15.5%。这些支出，相当部分是根本不必要的支出，毫无效益可言。除了这些明显的浪费之外，各地违规使用财政资金的现象更是常见。2005年审计部门仅仅对中央部门进行审计，就查出各类违规问题金额90.6亿元人民币，占审计资金总额的6%。

(2) 专项支出不到位。据《中国审计报》报道，原铁道部、交通部等11个行业基本养老保险统筹移交地方管理后，财政部自1998年开始，陆续将存放在这些部门的行业统筹资金结余收缴到中央财政养老保险基金专户，截至2002年底余额为59.34亿元。按国务院规定，上述资金应主要用于平衡移交过程中地区的资金缺口问题。但财政部一直将这部分资金存放在中央财政养老保险基金专户，没有按规定安排使用，每年又另外通过预算支出，安排行业统筹移交地方后的资金缺口。这种做法，不仅造成了这部分资金的长期闲置，而且还加大了中央财政的支出负担。

(3) 该支出的未支足，欠账不小。据《中国经济时报》报道，2003年国家财政性经费占GDP的比例为3.28%。如按发展中国家的比例4.1%（发达国家为5.3%）计算，则我国对教育经费的欠费，从1993年到2003年累计为9391.15亿元，也就是说近万亿元。有人对此撰文，说“财政对教育如此欠账怎说得过去?”有这么大的缺口，难怪学校乱收费难以制止。

(4) 多头审批，重复要钱。据报道，中央财政安排的专项转移支付项目（如为改善中小学办学条件、地方救灾等）由于涉及若干职能部门（如财政部、民政部、农业部、教育部），于是产生地方多头申请、上面多头审批，这不仅使专项资金难以统筹安排，而且给贪污浪费制造了可乘之机。

(三) 财政结余动用不规范

增收节支是我国财政的运行准则。每年增收节支后的结余，照理该移入次年的预算安排。可是，我国的特色是财政有了结余，各部门都争着要，而且财政系统有的职能部门和个人也趁机“寻租舞弊”，常见的做法是利用职权对口安排。更有甚者将国家明确规定不应给予补助的地区和单位纳入补助范围。这种无视预算安排，擅自动用国家财政资金的行为，应怎样认识，值得研究。但不论怎样，它也是财政脆弱性的一种表现。

三、财政风险向金融风险转嫁的一般分析

财政风险能够通过政府债务融资、政府借款担保和中央银行充当最后支付人等途径向金融风险转嫁，由此我们可以说，这种转嫁是财政风险以金融风险的形式释放。

(一) 政府债务融资

当代，债务融资已经成为政府预算活动中一种普遍而经常的现象。如果政府债务管理不善，操作不当，将是财政风险积聚的来源。政府债务融资积聚财政风险，最明显的一个例子就是财政赤字引发通货膨胀。因为过度发债容易导致支出扩张，加大赤字规模，赤字导致债务逐年累积，而越滚越多的债务利息支付又进一步加大了赤字缺口。在“债务—赤字陷阱”中，政府债务规模逐渐膨胀，一旦陷入了债务危机，面对还债和应付支出的双重压力，最终政府只得对债务实施货币化，即使债权贬值。这是财政风险向金融风险转嫁的一般途径。

(二) 政府借款担保

政府借款担保，尤其是隐性担保，是一种财政风险向金融风险转嫁的比较隐蔽的又一渠道。导致产生这种状况的主要原因是，政府为了避免预算的约束而采取的财政机会主义行为。这样的效应是产生财政收入或者支出的跨期替代，通过利用预算外活动来实现预算目标，还会导致政府或有风险的无序扩张。比较而言，政府担保聚财敛财，不仅不会增加政府的即期财政支出，而且在理论上还可以无限地使用，且在实施方式也具有更大的灵活性。实际情况是：在一些国家，由于政府对金融部门提供各种显性或者隐性的担保，金融体系积聚了政府的显性负债、隐性负债和或有负债，金

融系统成了政府财政机会主义行为的最大活动空间。

（三）中央银行充当最后支付人

理论上讲，一个经济社会要持续运转，必须具备三个条件：偿付能力（solvency）、流动性（liquidity）和信心（confidence）。对这三者来说，它们不是替代关系而是互动关系。其中，偿付能力是最基础的要素，一个经济体若失去了偿付能力，就会难以为继；而流动性可以做到的只不过是缓解矛盾、延缓过程，而信心则是事业的保证。在信用货币流通的条件下，中央银行是信用货币的原始供给者，中央银行的信用靠政府信用支撑。如果金融系统出了问题，危及社会经济的正常运转时，都必须由中央银行出面，采取多种途径“收拾摊子”，因为只有靠中央银行提供货币去维系偿付能力、流动性和信心。从这个意义上说，财政风险向金融风险转嫁最终集中在中央银行。

四、关注我国财政风险向金融风险的转嫁

现阶段，金融改革正处于攻坚时期，在推进金融改革进程中，必须关注财政风险向金融风险的转嫁。这种转嫁的正面效应是金融资源被政府运用，但负面效应是金融机构承担了财政利用金融资源带来的损失。概括地说，转嫁，就是财政风险由金融承担。这主要反映在以下几个方面：

（一）金融机构承担政策性贷款的风险

适应市场经济和政府宏观调控的需要，我国金融制度安排了政策性金融与商业性金融。照理，政策性金融应由专门的机构去组织，可是现实的情况是：政策性金融机构从事商业性金融业务，商业性金融机构也摆脱不了政策性业务。这种状况的存在，也许是我国的特色，也许是事物发展过程中的交叉，我们在这里不去进一步评论。这里要指出的是，这种交叉形成的风险由谁承担？

现实生活中，金融机构有的贷款是具有明显政策性的，如各种扶贫贷款、就业贷款、助学贷款等，但有相当一部分贷款的政策性不明显而实际上具有政策性，如国有企业缺乏自有资本和运营资金，其资金需要绝大部分依靠银行。政策性贷款具有补偿性、救济性、长期占用性，会顺理成章地形成呆账，符合情理地收不回来，对此，我国称作政策性贷款风险（严格地说不完全是损失）。从政府组织管理社会经济生活的角度说，无论是显性的政策性贷款，还是隐性的政策性贷款，都应当纳入政府财力范围。可是我国政府的财力有限，或另有安排，要金融机构去承担。所以，金融机构承担政策性贷款风险是不可避免的。

进一步说，形成这种状况的主要原因是“财政银行不分家”。在20世纪五六十年代，有人把计划经济时期财政与银行的关系称作“一条裤子，两条腿”，这样的概括在市场经济条件下自然是“过时”了。但不可否认的事实是：无论是财政还是银行，都是在党的一元化领导下的两个职能部门，可谓“一个脑袋，两个臂膀”。在我国，国有经济为国民经济的主体，国家银行是国有经济资金的主要供给者，而国家财政收支更大程度上影响着国家银行的资产负债，“三足鼎立”，相互支撑，是现阶段我国的实际。在我国，中央银行缺乏独立性，也不可能具有独立性，货币政策实际上是由国务院制定的。再说财政政策需要货币政策支撑，货币政策需要财政政策配合，与其说是“稳定的财政政策”和“稳健的货币政策”，不如说是扩张的财政货币政策。

（二）金融机构承担持有国债的风险

国债作为弥补财政赤字的手段，在其他国家早已存在。但在我国，为了实施积极的财政政策而连续地且大量地发行国债，多少年来发行的国债主要由商业银行认购。由此一来，金融机构持有大量国债，国债风险和金融机构的绩效风险更直接、更紧密地连接起来。20世纪90年代上半期，商业银行持有的国债占其总资产的比重不到1%，到2000年已接近7%。到2002年5月末，金融机构持有国债9367亿元，占国债市场总量的比重为56.7%；其中，商业银行持有国债8291亿元，占全部国债市场总量的比重为50.2%。这表明，金融机构特别是商业银行已成为国债市场上最主要的投资人。与此相对应的是，居民储蓄存款一再攀升，其国债购买量大大削减。同时，国债利率却

节节走低，人民银行在 2002 年公布第二季度货币政策执行报告时，不得不对金融机构进行风险提示。

2005 年，我国保险资金运用中债券投资比例首次超过银行存款，债券取代了银行存款而成为保险资金投资体系中的主力军。最新统计数据显示，截至 2005 年 5 月底，共持有国债 3250.02 亿元。

金融机构持有大量低利率国债所隐含的风险主要有两种：一是利率风险，二是流动性风险。如果中央银行上调存贷款利率，商业银行持有低息中长期债券的风险将凸显，可能出现另一种“利差损”。相反，如果中央银行降息，则保险公司会因当初的高息保单而受损。雪上加霜的是，若利率风险迫使金融机构急于兑现手中“无利可图”的低息债券，而国债市场的投资主体集中，且持有国债的品种期限结构大都趋同，变现将可能会遇到困难，即遭遇流动性风险。

（三）金融机构承担社会保障基金不足的风险

社会保障基金，是国家依法筹集并用于保障国民基本生活和增进国民福利的专项资金，是社会保障制度的基础和条件。根据官方资料，目前全国社会保障基金的规模只有 1477 亿元，个人账户有账无钱的空账规模已很大。这表明，我国的社保基金严重不足，甚至连现收现付都不能维持。我国目前每年筹集的三四千亿元的养老保险基金，基本都用于保证现在 3600 万退休人员养老金的发放。社会保障基金严重不足对金融带来的影响主要是：

（1）财政实力不济，银行会被迫充当“第二财政”，拿钱既救穷又救急。劳动和社会保障部 2005 年 1 月在出台的《2005 年失业保险工作要点》中明确提出，在失业保险资金筹措与调度上，可以从银行贷款加以解决。以银行信贷维持社会保障体制的运转，这种新形势下的信贷资金“财政化”，必然重新导致资金配置效率低下，这不仅不利于银行不良资产的化解，还会加大不良资产的规模。

（2）国有股减持对股市的冲击，向投资者圈钱，是政府欠债对资本市场的最直接的影响。鉴于中国特定的就业结构和国有企业的主导性地位，国有企业职工的养老保险事实上属于财政的隐性负债。但是，长期以来，国有企业除发给职工工资外，其余部分应当用于社会保障的资金被国家拿走了。照理，政府应出资补充社会保障资金，偿还对职工的这部分欠债。这是一笔数额庞大的隐性债务，据国家体改办研究所和美国安泰保险公司的精算，如果按目前企业和个人的缴费率、退休年龄、投资回报率计算，未来 30 年，总共有 7.6 万亿元。不可否认，对此，政府采取了很多解决社会保障基金欠债的办法，如调整财政支出结构、开辟新税源等，但收效不明显。于是，卖出一部分国有股来补充养老保险和社会保障费用的不足，便在情理之中。2001 年国务院颁布了《减持国有股筹集社会保障资金管理暂行办法》。但是，国有股减持，实际上是股市的扩容，对股市产生利空，结果将财政风险转移到本来已经十分脆弱的中国股市，2001 年以来，股市一直阴雨绵绵。国有股减持不得不暂停，却一直是笼罩在中国股市上空一片挥之不去的浓厚阴云。

总之，在我国，要研究企业—财政—金融之间的风险转嫁机制，比较典型的机制传导过程是：企业无积累→财政缺资金→银行填窟窿。在我国，企业特别是国有企业负担是够重的，“一个企业，半个社会”，运营成本高，税负重，盈利率低。在这种情况下，经济发展主要靠银行，企业向银行的借款要么续短为长，要么拆东墙补西墙，要么占用别人资金，负债率居高不下。企业负债率居高不下是金融风险加大的集中表现。不可讳言，在我国，财政负担也很重，政府投资靠财政、社会保障靠财政、各种补贴靠财政，如果投资失误，社会保障支出不足，补贴不到位，往往要银行出面“兜底”。特别是关系到社会稳定的事，都要中央银行出面解决，这表明金融与财政“一荣俱荣，一损俱损”。

所以，仅仅防范和化解金融风险是不够的，要在金融改革的同时对财政进行改革，加强财政建设，增强财政收支的坚实性，防止财政风险向金融风险转化，努力将财政风险控制在自行运行的层面上。此外，在政策制定中，也要改进货币政策与财政政策的配合关系，同时强化货币政策的独立性。

参考文献

1. SCHUMPETER JOSEPH ALOIS. The Crisis of the Tax State. International Economic Papers, 1954 (4).

2. HOMI KHARAS, DEEPAK MISHRA. Fiscal Policy, Hidden Deficits and Currency Crises. World Bank EconomistsForum, Washington D. C.: World Bank, 2001.

3. 张春霖. 如何评估我国政府债务的可持续性?. 经济研究，2000（2）.

4. 刘尚希. 财政风险：一个分析框架. 经济研究，2003（5）.

5. 吕伟. 政府或有负债风险管理：基于广义资产负债框架的整合方法. 成都：西南财经大学，博士论文，2004.

中国“系族企业”的金融之殇[①]

——反思中国资本市场“系族企业”溃败的金融因素

巴曙松[②]

在当前的资本市场上，通过快速扩张控制多个公司并组成关联的“系族企业”是一些企业快速成长的基本路径。“系族企业”中当然也不乏经营优秀的案例，但是，近来资本市场上“系族企业”频频出事，从周正毅到德隆，从顾雏军到张海，也确实值得我们进行深入的案例分析与反思，特别是“系族企业”兴衰之短暂、轨迹之相似，都值得从产业整合、价值链扩张、民营企业发展等多种角度进行分析。特别值得深入研究的是，作为“系族企业”并购扩张赖以支撑的金融链条为什么会断裂、断裂之后为什么会造成“系族企业”的全面溃败。考察“德隆系”、“格林科尔系”、“张海系”的发展历程，都近似地形成“初期发展→快速扩张→快速的短期资金融通→再扩张→资金链条紧张→危机→溃败”的路线。研究这一过程中的金融链条发展，分析其形成与断裂的原因，将是剖析“系族企业”失败的重要方面，也为民营企业资金融通、资本市场产业并购、金融机构风险控制等提供有益的参考和借鉴。

一、“系族企业”金融链条形成的背景与特征

（一）“系族企业”成长的金融环境缺陷：金融支持的低效率及其替代方式

“系族企业”成长于我国直接融资渠道不畅、民营企业可以得到的融资支持力度较小的具体背景下，这为其发展带来了客观的局限和制约。在间接融资渠道上，出于特定的体制原因和转型期的特征，民营企业得到银行信贷支持相对来说难度较大，如 1994 年的调查结果显示[③]，基本建设、固定资产投资和流动资金三项资金来源中，“企业自身积累”的比例为71.1%、80.7%和49%，而“银行或信用社贷款”则只占到 15.6%、9.8% 和 31.7%，剩余部分为民间借贷和亲友筹集。在 1999 年的调查中，有 59.3% 的企业因担保条件难以满足而得不到贷款，主要是很少能找到其他企业或实力雄厚的国有企业来作借款担保人，只有 42.8% 的企业能够按国家规定利率（平均年息 5.86%）向银行借到钱，平均借期为 9.5 个月；有 8.9% 的企业以高于国家规定的利率（平均 8.85%）获得银行借款，平均借期为 9.4 个月。

在直接融资方面，主板市场主要向国有大中型企业政策倾斜，中小企业板在 2004 年才设立并正在不断完善之中，基本上不存在场外市场，所有这些限制因素都决定了我国中小企业存在比国外更加严重的“麦克米伦缺口”。而世界银行附属国际金融公司的另一项研究成果表明，中国私营公司的发展资金，绝大部分来自业主资本和内部留存收益。1995 年和 1998 年，业主资本分别占 21.9% 和 35.8%，内部存留收益分别占 30.2% 和 26.2%。而包括信用社在内的金融机构贷款只占 1/5 左右，公司债券和外部股权融资不到 1%。这突出地反映了我国中小企业外部融资存在的瓶颈，与成熟市场在外部股权融资和债权融资方面的反差很大。据统计，20 世纪 90 年代，美国中小企业

---

① 华中科技大学经济学院博士生伍刚（电邮：wugang56@ sina. com，电话 13801060997）、中央财经大学金融学院硕士生陈华良（电邮：chenhualiang123@ vip. sina. com，电话 13811069756）参与了本报告的资料整理和讨论分析等工作，在此谨致谢意。

② 作者简介：巴曙松，国务院发展研究中心金融研究所副所长，博士生导师，研究员。

③ 参见中国私营企业抽样调查数据分析课题组的调查结果。

的资本结构中，业主资本一项占31.1%，包括风险资本在内的中小企业股权融资为18.3%，金融机构各项借款为42.5%。在日本，2001年财政年度，中小企业资本结构中，业主资本为25.2%，外部股权融资占到13.3%，公司债券和其他债券占6.5%，长短期借款占到41.1%、商业信用占14.1%。

显然，融资途径的短缺极大地制约了包括“系族企业”在内的民营企业的融资能力，而迫使其寻求其他的融资方式。如果在如此受到严格制约的融资格局下还希望获得激进和快速的扩张，资金的制约显然就会成为第一位的约束因素。“德隆”以高度控制复杂金融机构的方式、“格林科尔”以“资本市场”、“银行体系”和“收购目标”共同构成的“收购三角”的方式都是对当下制约其发展的金融市场体系的应对策略的体现。

从金融学角度考察，如果金融市场是完美的，融资渠道是多元化的，那么，企业是否从事多元化经营在融资上的差异实际上并不明显。无论是大型企业进行新项目的扩张，还是中小企业进行新项目的探索，都可以在整个金融体系中寻找到相应的融资渠道。但是，如果金融体系的效率较低，特别是对于中小企业的融资渠道狭窄，中小企业和新型扩张时的融资缺乏高效率的途径，那么，许多企业的扩张就会受到显著的融资瓶颈的制约。在这个背景下，“系族企业”较之于金融机构掌握了相对更多的内部企业信息，同时“系族企业”更容易从金融市场获得融资支持，这就促使“系族企业”有了多元化扩张的动力。如果“系族企业”的内部风险控制得当，其支持投资的效率应当相对高于银行直接对中小企业和一系列新项目融资。这可以说是当前中国金融市场不完善体系下企业存在多元化扩张冲动的重要现实原因，也在事实上成为中国企业成长中的一个重要的推动力。在这种状况下，“系族企业”扩张的关键，在于其通过系族形式进行融资和投资的效率是否高于单个项目通过银行体系和资本市场体系融资的效率，以及“系族企业”对于整个投融资活动的风险控制能力。许多“系族企业”的失败，正在于这种替代外部融资的效率甚至低于外部融资本身。

在整个金融体系中，长期融资渠道的缺乏，也是导致“系族企业”在扩张过程中显著依赖短期融资来“借短用长”的重要原因，这种高风险的融资结构承受市场波动的能力实际上很低，也是导致“系族企业”在快速扩张时期容易出现资金链条断裂的关键原因之一。

另外，从社会的实际资本流动看，尽管从官方的统计口径看，民营企业、中小企业等获得的资金支持相对占比较小，但是，从这些民营企业、中小企业的快速扩张历程看，如果没有大量的融资支持，是不可能实现其快速扩张的。这就在客观上揭示出中国金融市场上存在一个相当庞大的民间融资市场，其中既包括民间的资金，也包括一些能够从正式的融资渠道获得资金支持转而把资金投放到这个民间融资市场获取收益的资金。值得关注的是，快速扩张的“系族企业”，实际上相当比率的融资是从民间融资市场获得的，这必然迫使这些“系族企业”支付更高的融资成本。这种资金转移格局的存在本身就是金融体系低效率的表现，其中也蕴含了“系族企业”快速扩张的资金成本高昂、融资风险难以及时被金融体系识别等重要隐患。

（二）“系族企业”初创期的资金不稳定性

考察几个典型的“系族企业”模式，一个较为明显的特征是初创期资金形成的不稳定性，这种不稳定性没有为今后金融链条的形成和巩固打下坚实的基础，反而形成了隐患。最为典型的是德隆，在1996年之前一共获得过“三桶金”，即1986年创办“朋友公司”，靠冲印胶卷1年赚取了100万元；1992年8月在深圳证券交易所“8·10”风波期间，带领5000名新疆老乡南下抢购新股认购抽签表，谋得暴利；1994年在北京开办JJ迪厅，盈利丰厚，后来成了德隆的财务型公司。这种跳跃式的创业期也使得其在产业领域缺乏深厚的基础，资金的来源不稳定，为今后金融链条的形成埋下了隐患。而“张海系”、“格林科尔系”的创业期资金来源更是充满了神秘色彩，媒体上的报道不一而足。客观而言，包括“系族企业”在内的众多民营企业往往受到创业资本的巨大约束，创业资金难以筹集，创业基金、风险投资、天使基金等在成熟资本市场效果明显的创业融资方式在我国的发展极端落后，“系族企业”这些来源不稳定或者不规范的资金对于其下一步的扩张只能是杯水车薪。

（三）“系族企业”激进式的发展历程

“系族企业”的溃败与其过于激进的发展速度有密切关系，以德隆入主3家上市公司前一年（新疆屯河为1995年，湘火炬、沈阳合金为1996年）为起点，以2003年为终点，来统计3家公司的主营业务收入的增长速度，可以看到，新疆屯河在7年的时间里业务扩大到原来的19.54倍，年均增加近3倍；沈阳合金在6年的时间里业务规模扩大到原来的22.15倍，年均增加4倍；特别是湘火炬，同样在6年的时间里主营业务增长140.99倍，年均增加23.5倍。这种发展速度的背后却是净利润的下降：新疆屯河净利润率6年中由27.64%下降到5.49%，沈阳合金则从23.18%下降到6.29%，湘火炬由18.62%下降到2.15%。这种没有效率的激进式扩张无疑极大地占用了宝贵的资源，对资金的需求成倍放大。“格林科尔系”下的科龙电器，在顾雏军2002年入主后主营业务规模扩张也很迅速，在2002年、2003年、2004年分别达到48.78亿元、61.68亿元和84.36亿元，涨幅也分别达到了26.4%和36.77%，但与此对应的是公司公布的每股净收益降到了2004年末的-0.0647元。这种没有业绩支持的扩张，是“系族企业”金融链条发展的一个重要的特征。

（四）“系族企业”金融链条的形成特征

“系族企业”的金融链条隐蔽性强，牵涉面广，层次复杂，企业往往通过直接或间接控股的方式控制上市公司，采取各种手段挪用上市公司资金或资源，为其下一步的扩张提供支持，并通过下一步扩张掠夺的资源继续延长其金融链条。从下表一“德隆系”简易资产负债表不难看出，产业股权和金融股权在其资产上占有极大份额，且涉及包括水泥、电动玩具、机电设备、汽车零部件、中型卡车、精细化工等在内的产业领域，证券、信托、租赁、银行、保险在内的金融领域都有所涉及，此种股权关系错综复杂，资金链条控制以至于“连德隆内部自己都收不上来完整的财务报表”。而“格林科尔系”没有如此广泛的牵涉，但是也具备了一庞大产业聚集的雏形。在2002—2004年间，其收购了科龙电器、美菱电器、亚星客车和襄阳轴承4家上市公司和以科龙名义连续收购吉诺尔、上菱电器、阿里斯顿、中山威力等非上市企业，这些收购资金的来源问题也显示出可能广泛存在通过虚假出资等手法来实现扩张效应。

表一　德隆及相关企业简易资产负债表

单位：万元

资产类			负债类	
企业/行业	投资成本	市场价值	企业/行业	负债额
一、产业股权	185 555	329 995	一、金融机构拆借资金	134 800
1. 湘火炬	43 223	121 565		
2. 新疆屯河	35 124	48 173		
3. 沈阳合金	29 872	51 910		
4. 天山股份	27 350	45 936		
5. 重庆实业	12 954	14 220		
6. 华冠科技	9184	11 989		
7. 青旅股份	6327	8225		
8. 沱牌曲酒	13 700	17 810		
9. 达尔曼	7821	10 167		

表一（续）

资产类			负债类	
企业/行业	投资成本	市场价值	企业/行业	负债额
二、金融股权	733 468	1 219 832	二、金融机构委托理财	2 178 066
证券类（六家）	302 502	393 253	证券类（三家）	1 300 066
信托类（三家）	178 817	232 462	信托类（两家）	764 000
租赁类（两家）	84 360	125 540	委托租赁（两家）	114 000
银行类（七家）	107 089	214 177		
保险类（两家）	60 700	254 400		
三、其他实体投资	76 000	112 400	三、德隆集团银行贷款	190 300
四、固定资产	83 672	156 600		
五、流通股市值	720 000	720 000		
资产总计	1 798 695	2 538 227	负债总计	2 503 166

［资料来源］李德林．德隆内幕．北京：当代中国出版社，2004：164.

二、“系族企业”金融链条的需求：快速扩张带动的融资困境

（一）经营战略导致的金融链条需求高度放大

“系族企业”的出现，很多在于其战略定位模糊，整合框架过于庞大而带来资金链条的成倍放大。我国“系族企业”出现在经济高速发展、微观经济体差异化拉大、产业结构调整迅速的背景下。特别是1992年之后，企业兼并在规模和形式上都有较大突破。1993年，上海、武汉、成都等16个城市有2000家企业被兼并和出售；同时，由于股票市场的建立，各种形式的并购活动逐渐增加。民营企业参与国有资产重组、对国有企业进行并购、借壳上市的现象在1997年逐渐增多。到了1998年，进行资产重组的上市公司陡然增加，平均1个月就有1家上市公司发生股权更替，有将近8%的上市公司进行各种类型的不同资产重组。1999年和2000年更是到了高峰，约有42家上市公司被民营企业借壳。在这样的背景下，民营企业很容易转向追求规模优势，导致金融链条需求高度放大。在德隆的规划中，十几个行业不是在国际领先就是在国内领先，如杏酱产业做到世界第一，番茄酱是世界第二，也即将做到世界第一，电动工具、园林工具也要做到世界第一。而格林科尔在家电业领域迅速扩张后又进入汽车零部件和客车制造行业，并坚持要做强做大。长远的战略规划是一个企业成功的必备因素，但是单纯追求规模扩张，并且要追求在多个领域国际领先，特别是在目前我国金融市场不够完善的基本前提下，显然给金融链条支持带来了巨大压力和风险。

考察“德隆系”和“格林科尔系”的实际操作，更不同程度看出其经营战略问题。“德隆系”在战略业务上的一个突出特点是没有主业，通过频繁的收购行为聚集了大量的公司，早期的多元化规模小、步伐慢，因而对企业未产生明显的负面效应。但是德隆在进入“老三股”之后，开始了大规模的高速并购，不仅难度加大，而且客观上绷紧了“系族企业”的金融链条，通过不断的融资来维持这些并购的进行和企业的生存。如下图一所示，德隆过于庞杂的产业链是对金融链条需求的最大压力。顾雏军的收购虽然基本限于其家电产业链中，但其战略过于重视规模而未考虑整合效应。其收购的科龙电器、美菱电器、亚星客车和襄阳轴承四个上司公司以及吉诺尔、上菱电器、阿里斯顿、中山威力等非上市公司并未形成强大的竞争力，在产能过剩、效率低下的背景下，又需要

其投入资金，这种经营战略的偏差引起被动的金融链条绷紧是“系族企业”溃败的重要原因。

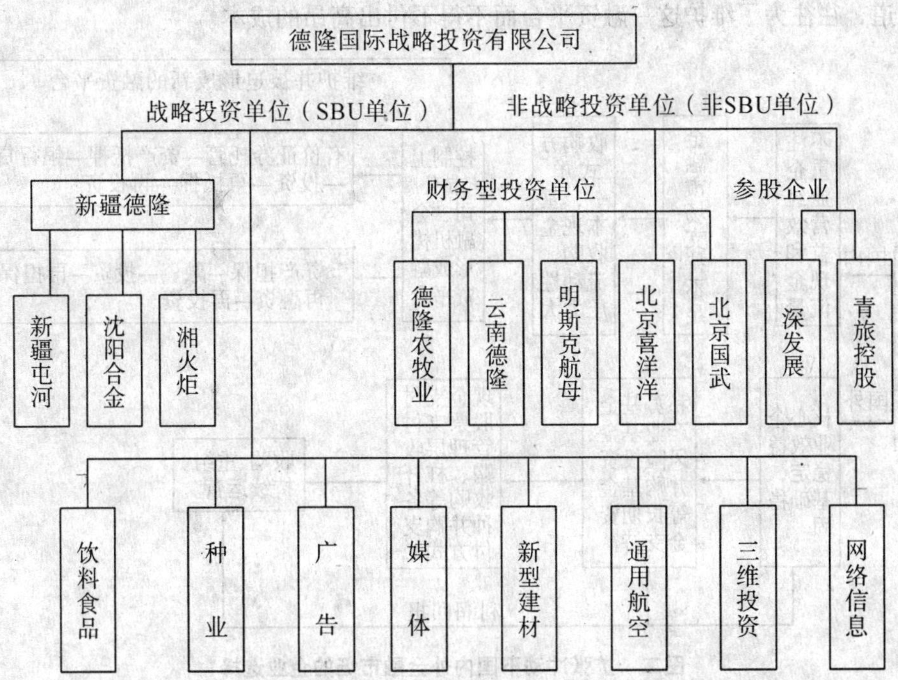

图一　德隆公司经营战略结构示意图

［资料来源］李建立．战略德隆．北京：中国发展出版社，2003.

（二）多元化扩张冲动形成被动式的融资陷阱

在企业管理理论上，企业发展过程容易遭遇“多元化冲动”，企业达到一定规模后会产生“天花板效应”，即企业在原有的基础上继续加大投资，却无法产生相应的效益，甚至出现效益递减的现象，使得企业家会产生投资其他领域的冲动，或在自有资金较为充裕的情况下，为防范未来可能出现的风险，进行一定限度的非相关领域投资。但是这也有可能发展成为“多元化陷阱”。管理理论家德鲁克认为，一个企业的多元化经营程度越高，协调活动和可能造成的决策延误就越多。无关联多元化使企业所有者与高层经理进入全新的领域，因对购并对象所在行业不甚了解，往往难以作出明智的决策，同时这种购并还使得企业分支机构迅速增多，极大地增加了企业的管理成本。另外，多元化投资还将迫使企业从主业中撤出相当部分资金投向外围业务，这对长期培养起来的主业发展显然是一个重大的制约。长期来看，这不仅可能造成资金低效耗散，还会加剧主业长期循环下跌趋势，破坏核心竞争力，酿成主业“空洞化”的格局。为了维持“系族企业”的生存，将不得不成倍放大金融链条的需求，从而带来资金融通的高风险。

在上述经营战略的影响下，“系族企业”的多元化扩张冲动成为金融链条形成、发展以及断裂的基本动力。按照国际经验，这种动力辅之以合适的金融市场和融资渠道支持，还是有可能促进产业整合和经济发展的。例如从并购理念上讲，在第四次并购浪潮中所形成的“垃圾债券”并购方式和资产重组并购方式都取决于其高度发展的金融市场；从并购方式上看，目前国外所采用的现金收购、股票收购、综合证券收购、管理层收购、杠杆收购等方式都是依托金融市场高度发展下的成熟模式；从并购资金来源上看，除了内源性融资外，还包括并购基金、私募基金、风险投资基金等注重长期性回报资金，这些资金来源稳定、风险分散、期限较长，适合支持产业融资。所有这些融资渠道在当前国内的产业结构调整中都是明显不足的。目前我国的并购领域中，在支付方式上主要的支付方式还是现金，从而增加了融资压力①。在这一大背景下进行多元化的扩张，只能寻求非规范的融资渠道，往往为了维护这一融资平台而不得不付出高昂的成本。

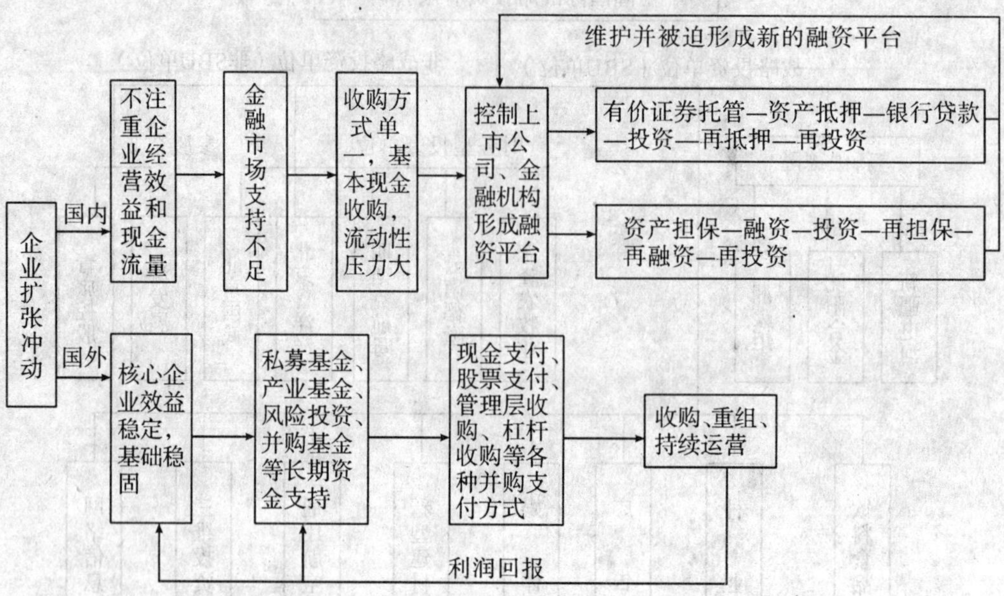

图二　扩张冲动下国内外金融市场的企业选择

（三）负债结构不合理

企业融资的负债结构要求综合考虑长期负债和短期负债的匹配，从而优化负债结构。一般而言，长期负债的利息率要高于短期负债，且缺少弹性，因而其融资成本要高于短期负债。但短期负债期限较短，在利息成本方面也有很大的不确定性，因而短期负债的财务风险往往高于长期负债的财务风险。债权人在提供长期资金时往往需要承担较大的财务风险，一般都要对借款企业进行详细的信用评估，有时还要求以一定的资产作抵押，因此取得长期负债往往比短期负债困难、费时。

由于“系族企业”往往规模庞大、企业数量众多，要寻求最优化的负债结构并非易事。以德隆企业为例，如下表二所示，从1998年到2003年“老三股”公开的财务数据看，短期借款数目上升显著快于长期借款，从1998年的5.23亿元上升到2003年的51.99亿元，是典型的借短用长，而从资金去向看，主要用于并购、参股、控股、追加长期投资这些与长期负债相匹配的使用项目。因此，这一方面是因为长期借款存在一定的困难和成本较高，另一方面也由于德隆企业需求迫切而造成的资金饥渴，不惜承受高的到期偿还风险来大量融入短期资金，并通过不断滚动使用而延伸期限结构。

表二　德隆系“老三股”1998—2003年的借款资金来源与大致去向

单位：亿元

项目		1998年	1999年	2000年	2001年	2002年	2003年
资金来源	短期借款	5.23	8.81	14.48	34.1	56.04	51.99
	长期借款	0.6947	3	5	1	5.72	7.92
资金用途	用于企业改造	0.32	0.2682	2.1	2.09	2.07	3.81
	用于并购等②	2.66	5.15	9.49	13.47	9.34	19.86

① 例如，据报道，德隆在整合水泥产业中，国外的拉法基金、中国台湾地区的基金都曾试图共同建立水泥产业专业基金，用于支持行业发展，但由于制度因素而无法达成。

② 该项主要包括并购、新建企业、参股金融机构、国债投资、委托投资、追加投资等。

这方面最有力的证明即是德隆内部的特殊机构——上海友联对德隆金融体系的控制，到2002年底，上海友联已经控制了德恒证券（原重庆证券）、恒信证券、健桥证券、中富证券、三江源证券、伊斯兰信托和大江国投等"德隆系"七家金融机构。为应付出现的现金流危机，友联中心每天都开"头寸会"，从2002年1月开到2004年4月15日（德隆彻底崩溃的时间），"头寸会"的主要任务是解决危机时集团内部各企业之间头寸紧张的局面。同时，在2003年2月17日，友联中心向各相关公司下发开设专用资金账户暂行管理办法，规定由各公司指定专人清算委托理财业务，清算后每笔盈利款一律进入该专用账户；如果亏损，将直接从该账户支付弥补；如有其他特殊用途，须报友联财务管理总部，由财务管理总部授权相关公司实施。

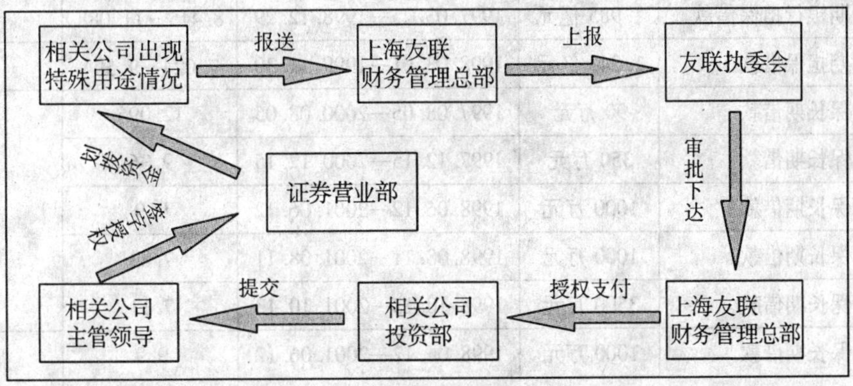

图三　德隆系各金融机构委托理财业务专用资金账户资金调度流程

［资料来源］上海友联操控德隆金融帝国内幕．新京报，2005－06－08.

而顾雏军在入主科龙电器之后，也出现短期借款急剧增加的情况。据报表显示，从2002年6月30日的8.877亿元增至2004年12月31日的29.117亿元。而与之相对应的是其在收购步伐上的加快，从2002年到2004年，顾雏军控制下的四家企业累计发生实业投资17亿元人民币左右，这还不包括顾氏所支付的股权收购款。同期，四家企业外部股权筹资的总额大约在10亿元（上市以来总募资额减去顾氏接手前的投入额）。这种借短用长的方式很容易使企业内部资金链绷紧，危急时刻则陷于拆补头寸也疲于应付的境地。

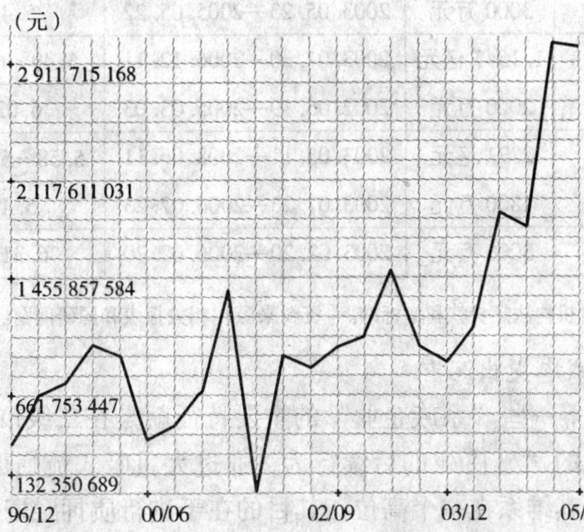

图四　科龙电器短期借款变化

［资料来源］新浪财经网.

“系族企业”融资的负债结构不合理还包括利率结构的不合理。利率结构作为企业融资的成本，必须与企业资金运用的收益相对应。从公开披露的信息来看，“系族企业”由于融资的迫切性，往往承担较高的财务成本，这种财务负担又进一步迫使其继续寻找资金来源来进行现有的金融链条的维护。因此不合理的负债利率结构也造成了金融链条被动式的扩张。下表三以德隆系族中的“老三股”之一的新疆屯河的银行借款利率情况为例做比较，可以看出贷款利率高水平实际上已经成为其不断扩大的严重财富负担①。

表三　　新疆屯河借款利率结构比较

	借款单位或项目	借款余额	借款期限	年利率（%）	可比较基准利率（%）
1997 年	短期银行担保借款	1.985 亿元	1997.03.25—1998.12.29	8.415 ~ 11.088	8.64
1998 年	短期担保借款	1.243 亿元	1998.03.01—1999.11.30	7.024 ~ 9.504	6.93
	担保长期借款	90 万元	1997.08.05—2000.08.05	12.096	7.65
	担保长期借款	350 万元	1997.12.15—2000.12.15	9.36	
	担保长期借款	1000 万元	1998.06.12—2001.06.12	9.9	
	担保长期借款	1000 万元	1998.08.11—2001.08.11	7.82	
	担保长期借款	3500 万元	1998.10.13—2001.10.13	7.11	
1999 年	担保长期借款	1000 万元	1998.06.12—2001.06.12	9.9	6.03
	担保长期借款	1000 万元	1998.08.11—2001.08.11	7.82	
	担保长期借款	3500 万元	1998.10.13—2001.10.13	7.11	
	担保长期借款	610 万元	1999.11.29—2001.11.30	6.534	
2000 年	短期借款	4.2 亿元	2000.11.05—2001.11.04	5.561 ~ 6.534	6.03
	长期借款	2200 万元	2000.01.11—2002.01.10	6.534	6.03
	长期借款	2000 万元	2000.04.14—2002.04.14	5.94	
2001 年	长期借款	3700 万元	2001.12.24—2004.12.24	6.534	6.03
	长期借款	3000 万元	2000.12.14—2004.12.14	5.445	
2003 年	长期借款	3000 万元	2003.05.23—2005.05.22	5.49	5.49
	长期借款	1.1547 亿元	2003.07.30—2006.12.11	5.49 ~ 6.039	5.58
	长期借款	2000 万元	2002.06.19—2005.03.03	6.039	
	长期借款	2.71 亿元	2003.03.11—2008.06.11	5.58 ~ 5.7645	5.76
	长期借款	1800 万元	2003.07.23—2006.07.23	5.49	
	长期借款	3000 万元	2003.02.20—2006.02.20	6.3135	5.58

*可比较基准利率选取每年金融机构法定贷款利率标准。[资料来源] 相关报表和国研网财经数据。

（四）二级市场的护盘成本支出沉重

“德隆系”、“农凯系”等一些“系族企业”的重要特征就是在二级市场上护盘消耗大量资金。所谓护盘，也就是通常所说的“坐庄”的后续行为，通过大量吸入流通股的方式，拉升个股在二级市场上的股价，并始终将其维系在一个高位，其目的在于进行质押融资——股价越高，获取的融

① 这仅仅是公开财务报表所能比较的负债成本。事实上，根据各种报道，德隆实际上在后期一直通过非正规手段在各地进行融资，融资成本通常在 15% 以上。

资就越多。用这些筹码，企业维护收购来的上市公司的业绩，进而进行产业整合和大规模的并购，通过将并购来的资产注入上市公司，继而又通过送配等方式扩大股本规模，继续拉升股价，反复套取资金。以“德隆系”为例，其“老三股”在崩盘时，合金投资的股价累计涨幅达2597%，湘火炬、新疆屯河的累计涨幅也接近1000%。而这巨大涨幅的背后是巨大的护盘成本支出，在二级市场炒作所带来的庞大资金需求日益扩大时，德隆的资金日益紧张。据有关公布的数据测算，从2000年开始，德隆每月的护盘成本约在800万元，一年为1个亿。为了维持这巨大的护盘成本，德隆有相当庞大的融资队伍分散在各个省，融资成本居高不下。

为了保证并购链条的有效扩张，不得不维持如此畸高的股价，以至于一旦想退出庄股都难以实现。其持仓委托理财部分分散掌握在不同机构手中，股价跌幅较大可引起连续性平仓；支撑股价所需巨额资金如果难以到位，则会引起崩盘。二级市场的护盘成本是“系族企业”金融链条中的重要部分，其控制的庄股是否大幅“跳水”，也是衡量其资金链条是否断裂的关键性指标。

三、“系族企业”金融链条的供给：滞后发展的金融市场的制约

（一）融资渠道限制诱发的非正规融资途径

如上文所述，我国金融市场改革滞后，特别是对于民营企业金融支持力度相对较小。“系族企业”的发展壮大，有一些是迫于正规融资渠道限制而诱发的非正规融资途径，例如通过直接或间接控制上市公司、金融机构来获得融资平台。“德隆系”能扩张到如此大的规模，与其庞大的金融控制密不可分。事实上，“德隆系”在现有的金融体系下，通过复杂的股权关系和金融机构控制，形成了五条主要的融资路线（见下表四），这五条路线在金融链条的供应中起到了巨大的作用。但事实是：一旦某个融资节点发生问题，就可能迅速扩张为全面的资金链条的紧张。

表四　　德隆融资渠道一览

融资渠道	具体内容
发行债券	由新疆德隆和新疆屯河控制的新疆金融租赁发行债券1亿元，为现金并购沈阳合金和湘火炬提供了有力支持。
配股融资	新疆屯河：2000年3月向全体股东10配3，实际募集资金2.39亿元； 沈阳合金：1998年4月以10配3，实际募得资金7489万元； 湘火炬：2000年9月每10股配3股，实际募得资金5.6亿元。
银行信贷	截至2004年5月，德隆对银行的负债总额为19亿元。
金融机构拆借	内部材料证明有13.5亿元。
金融企业委托理财	最主要的融资渠道，金额高达217.8亿元。

［资料来源］李德林．德隆内幕．北京：当代中国出版社，2004：163.

而“格林科尔系”则是采用由“资本市场”、“银行体系”和“收购目标”共同构成的国际化“收购三角”，利用各地区法例与监管制度的不同，使得任何一方的内部监管都将面临着来自外部信息缺失的监管困难。具体而言，是通过上市利用中国香港资本市场融资，然后利用开曼及英属群岛的银行体系，一方面“制造”适当的收益，另一方面则在适当的时候以“外资”方式进入内地进行收购，随后将以顾雏军名义控股的收购公司“装入”中国香港的上市公司，并由上市公司分

享低价位收购时带来的“收购溢价”①。在收购过程中，顾雏军充分利用了境外金融机构信息披露要求的差异来规避自身收购资金不足的弱点，回避了融资环节的要求。2001 年收购科龙，由香港格林科尔将高达 2.3 亿元的利润作为制冷剂预付款转入天津工厂，再以参股方式进入顾所控股的顺德格林科尔，成为收购科龙的资金，占 40%，顾雏军出资占 60%。第二次则由顾雏军私人持有的“Shangqiu Greencool Refrigeration Truck Co.，Ltd.”（商丘格林科尔冷藏汽车有限责任公司）收购冰熊设备，再将其“转手”给香港格林科尔，由香港格林科尔承担收购资金及收益。这两次收购都由香港格林科尔承担了现金提供者，通过这种复杂的关联交易完成了境内外的收购过程。而在收购科龙后，“格林科尔系”旗下的企业又可以分为两个部分：一是动用科龙资金，以科龙名义收购的非上市企业及生产线，如吉诺尔、上菱电器、阿里斯顿等；另一部分则是以顾雏军私人控股的企业名义收购的上市公司，如以广东格林科尔（原顺德格林科尔）名义收购的科龙、美菱，以扬州格林科尔名义收购的亚星、襄轴。

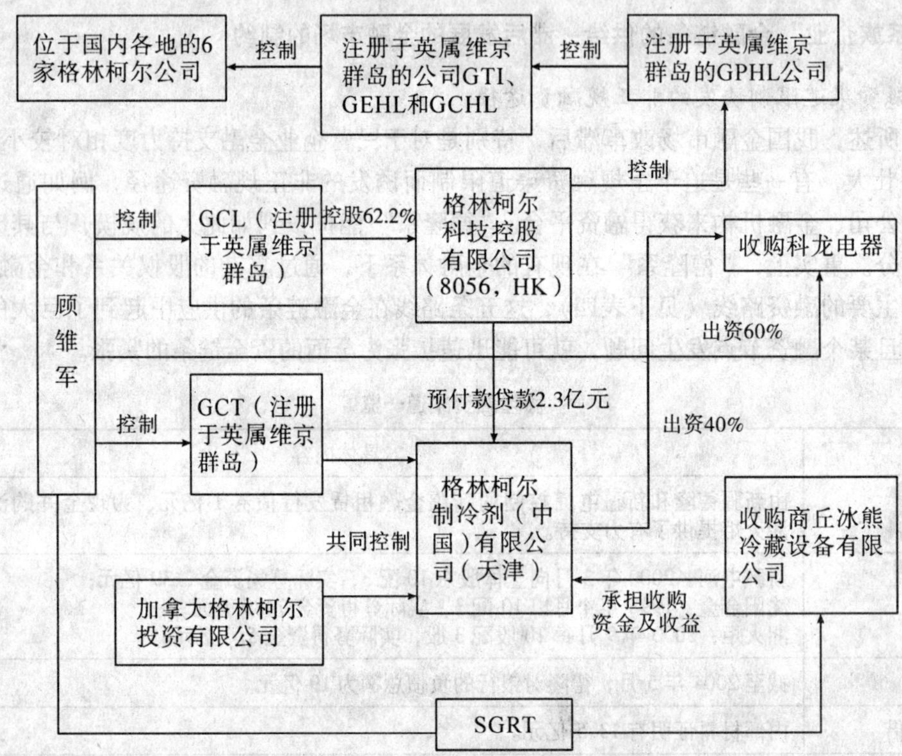

图五　格林科尔企业关系及收购方式

［资料来源］根据有关媒体报道和相关资料整理。

（二）缺乏有效的并购后整合，显示出明显的战略投机而非战略投资，缺乏价值增长支持

并购后的整合是一个很重要的阶段，Myer（1998）等发现，并购失败的主要原因在于两个方面，一是交易缺口，二是转化缺口，前者可以通过并购谈判、讨价还价来弥补，后者则是关乎并购

① 根据目前有限的资料进行的不完全整理分析，格林科尔系的发展路径为：1995 年 12 月，顾雏军投资 5000 万美元在天津建制冷剂生产基地；1997 年，格林科尔制冷剂（中国）有限公司在天津正式成立。2000 年 7 月 13 日，顾雏军整合北京、深圳、海南和湖北四家工程公司组建的格林科尔科技控股有限公司（8056，HK）在香港创业板成功上市。资料显示，格林科尔科技公司注册于开曼群岛，顾雏军通过其注册于英属维京群岛的个人全资公司 GCL（Greencool Capital Limited）持有其 62.2% 的股份。而格林科尔科技公司同时也控制着一家注册于英属维京群岛的 GPHL 公司，GPHL 又控制着三家注册于英属维京群岛的公司 GTI、GEHL 和 GCHL，这三家公司再控制着位于国内各地的 6 家格林科尔公司。与此同时，顾雏军注册于英属维京群岛的公司 GCT（GCT INVESTMENT INC.）和加拿大格林科尔投资有限公司又共同控制着格林科尔制冷剂（中国）有限公司。值得注意的是，格林科尔在全球各地的上述公司都是相互独立的，不存在股权关系。到 2004 年，顾雏军所控制的这些“岛上公司”已增加到 7 家。

成败的最为关键之处，需要通过商业流程整合、信息系统整合和生产整合等并购后的整合活动来实现。Bruce（1998）明确指出，并购成功与否不是仅依靠被收购企业创造价值的能力，而在更大程度上需依靠并购后的整合等。“系族企业”在收购后的价值管理方面非常薄弱，在快速扩张的同时没有有效整合，这种牵涉面过于广泛的快速扩张方式，在产业链上不能提高经营效率，而在金融链上也同样缺乏有效的资金产出来支持后续的并购业务，因而是金融链条供给上的一个薄弱环节。德隆给投资者描绘出“并购交易完成→销售额增加→利润增加→股价上涨→价值提升→被并购交易完成”的美好图景，但是忽略了最重要的“价值创造”环节。实际上，在企业还处于全面竞争发展阶段时，仅仅通过移植摩根时代的提高生产集中度的做法，无助于竞争能力的真正提高，而没有全面的竞争能力和经营能力的提高，必然会导致规模不经济。这种做法的直接后果是降低了金融链条的支持能力，更加绷紧了金融链条。我们可以看到，德隆在整个汽车产业的并购行为中，实际上是一个典型的战略投机者而非战略投资者。德隆在具体的操作中，通过被收购企业和现有企业的关联交易，扩大拥有企业的经营规模，造成通过一系列行业的收购整合发挥了协同效应的假象。这种并不真实的交易行为以及行业整合的虚张声势的扩张，使德隆的金融需求日益扩大，资金链条日益绷紧，所并购的企业也承担了行业中的更多的风险。这实际上也是产业整合中的一个必须关注的现实：因为实业与金融行业的巨大差异和运作规律的不同，产业整合效益的速度总体上无法跟上金融扩张的速度，因而产生了结构性差异，对风险的把握完全在于其两者之间平衡与否。

从目前一些经营失败的“系族企业”的扩张路径看，“系族企业”并购的企业利润一直无法显示良好的整合效果。例如德隆的番茄酱产业，是德隆一直致力于整合的领域：1999 年受托经营新疆凯泽番茄制品有限责任公司，而后以低成本收购了十几家番茄厂，同年还收购了具有 20 多年经营历史的美国和意大利番茄酱销售商。统计数据表明，这些企业为新疆屯河提供了 1 亿多元的销售收入，但是带来的净利润却不到 800 万元，而同期应收账款和存货反而增加 5672 万元、5819 万元，增幅为 73.31% 和 158.18%。2002 年新疆屯河再次并购了一系列与番茄酱经营有关的其他几家公司，但是效果不明显，如北京汇源当年贡献净利润仅为 1988 万元，金波水泥才贡献了 450 万元，新疆凯泽的净利润为 -225 万元，新疆昌隆白水泥贡献利润为 -175 万元。而格林科尔的科龙电器，在被顾雏军收购后，也出现了很大的效益滑坡。作为中国冰箱产业四巨头之一，科龙被顾收购时净资产 70 多亿元，品牌价值 150 多亿元，在 A 股和 H 股上市，科龙的负债率只有 30% 左右。而据 2005 年 4 月 29 日科龙发布的 2004 年度财务报表，2004 年科龙亏损达 6416 万元。

我们可以看出，德隆和科龙在整个产业扩张过程中，注重的是通过并购企业来争取更多的融资机会，通过产业整合概念寻求更大的融资平台。相比之下，快速扩张的企业没有耐心进行切实的企业协同整合，通过企业的增长而获得增值；在实际操作中，这些快速扩张的企业往往采用更多的，是在短期内转移已经控制的企业的价值，再通过收购下一个关联企业来维持资金和业绩增长的需求，维护产业整合的理念，使企业在产业的价值链上承担了越来越多的风险，资金链条不断延伸。

（三）金融链条供应中的虚假融资、关联交易、违规担保等行为

“系族企业”金融链条供给中的另一个问题就是违规现象的大量发生，包括关联交易、违规担保、虚假出资、挪用资金，等等，通过这些非正常的手段使得上市公司的资金被大股东大量侵占或挪为他用。为关联方提供担保进行关联交易是“系族企业”常见的违规行为，例如 1994 年的“德隆系”两家上市公司同时通过决议，赋予董事会处理对外担保事项的权力：合金股份在 1994 年 4 月 6 日的股东大会上通过“股东大会授权董事会在今后为股份公司直接或间接控股公司提供财务担保事宜中独立决策并负责实施”，湘火炬也修改公司章程，将“董事会可以行使 4000 万元以下项目投资决策权”改为“董事会负责处理对外担保事项并可以行使公司净资产 20% 以下项目投资决策权”。经过这样的改动后，两家公司为上海星特浩公司提供 2 亿元担保，后者同样为“德隆系”企业。这样明显有失公允的关联交易损害了中小股东利益，成为“德隆系”下企业相互输送

利益的便利渠道。这种关联交易广泛地在“德隆系”内存在，粗略的统计见下表五。而格林科尔的主要违规行为除了上文所述的利用信息披露监管标准的不同，采用国际化的“收购三角”外，还涉及专利号可能涉嫌使用两次即重复出资的问题①。“农凯系”的违规担保行为也很严重，同为“农凯系”内的海鸟发展在2002年12月至2003年3月期间为农凯集团、农凯工贸、金凯物资、华信投资、远达进出口、华亭进出口等“农凯系”公司在华夏银行上海分行2.7亿元借款、商业票据贴现提供了担保。2004年6月4日，海鸟发展披露的最新担保数据是，累计对外担保数量为2.874亿元，其中为子公司担保2.774亿元，为大盈股份担保1000万元。如果加上未披露的为“农凯系”公司担保的2.7亿元，则海鸟发展累计对外担保金额高达5.574亿元，是公司净资产的289%。显然，这些违规担保、关联交易、虚假出资等行为构成了“系族企业”金融链条供应的重要组成部分，在完成“系族企业”大规模并购扩张的同时，也损害了中小股东的利益。

表五　德隆系上市公司资产交易与资金占用（截至2004年6月）

	德隆直接占用资金	对外担保、资产抵押情况
湘火炬	直接占用资金3.04亿元	截至2003年12月底，公司累计对外担保达18.38亿元
天上股份	长期以委托理财连年续签方式占用账外银行贷款3.2亿元	截至2004年5月31日，对外担保累计22 820.97万元，逾期担保11 497.97万元，为控股子公司担保累计17 585万元，控股子公司之间的相互担保累计94 774.6万元
新疆屯河	2.9亿元大额存单质押被银行划至德隆国际有关公司	对外担保约8.58亿元，9.96亿元资产被抵押
重庆实业		重庆实业为关联方提供担保3亿多元，为子公司担保5000万元，对外担保则为5.11亿元
合金投资	通过定期存单质押、往来宽限的方式，占用18 062.25万元	关联方占用资金1.8亿元、未披露的担保资金达4.8亿元

［资料来源］德隆残局．财经，2004（12）．

（四）控制金融机构后的不合规运营

很多“系族企业”都有直接或间接参股、控股金融机构的行为，为其维系金融链条提供便利。对于规模尤为庞大的德隆而言，控制大量的金融机构，组建庞大的金融控制体系更是系族赖以生存和运转的重要条件之一。但是，在这个过程中，金融机构已经失去了金融机构的本质功能，而成为“系族企业”筹资、利益输送的工具与平台，通过形成控制性关系或者安排重要岗位人员，“系族企业”实现了对金融机构的完全控制，为其产业扩张服务。从下表六德隆的金融机构布局看，已经涵盖了银行、租赁、证券等在内的各种类型金融机构，这些机构为德隆提供了挪用资金、违规担保、非法融资的便利。从另一个角度考虑，这些金融机构在“系族企业”介入之后，公司治理结构倾斜，经营不规范，造成外部负面效应明显。

① 据报道，在扬州格林柯尔创业投资有限公司13.69亿元总资产中，5.32亿元无形资产的专利号和广东格林柯尔企业发展有限公司出资的专利号完全一致。而通过对国家知识产权局的公开资料进行查阅后发现，顾雏军要么是根本没有真正将89109125.4号专利授权给广东格林柯尔，要么就是将这个已经授权的专利公开再次转移到了扬州格林柯尔。

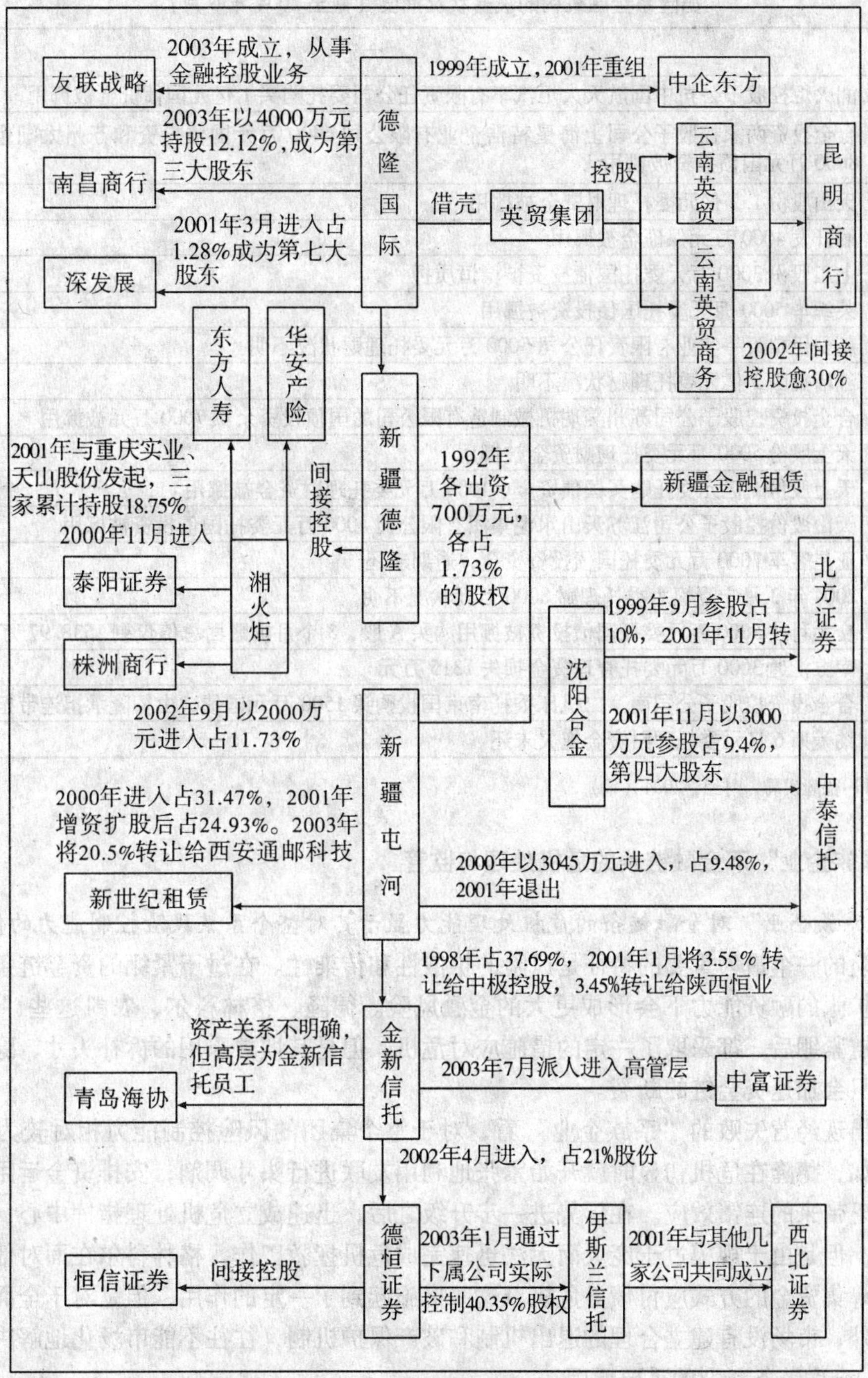

图六　德隆公司金融控制图

［资料来源］李德林．德隆内幕．北京：当代中国出版社，2004：162.

表六　　　　德隆系金融机构的披露状况摘要（截至2004年6月）

机构名称	状况
德恒证券	湘火炬控股子公司中国航天火炬汽车有限责任公司委托购买1亿元国债资金被挪用
	合金投资两家控股子公司上海星特浩企业有限公司6400万元国债投资和苏州太湖企业有限公司8000万元国债投资被挪用
	天山股份1.2亿元委托理财资金被挪用
	渝开发4000万元保证金被挪用
	上工股份3000万元委托国债投资被德恒质押
	茉织华5000万元委托国债投资被挪用
	新疆伊犁天一实业有限责任公司5000万元委托理财状况不明
	红塔集团2亿元委托理财状况不明
恒信证券	合金投资控股子公司苏州美瑞机械制造有限公司的国债投资余额7000万元被挪用
	天上股份5000万元委托理财资金被挪用
金新信托	天上股份1亿元委托购买国债资金、1000万元委托理财资金被挪用
	天山股份控股子公司江苏天山水泥集团有限公司4000万元委托国债投资被挪用
	亚星客车7000万元委托国债投资资金，逾期未还
伊斯兰信托	2004年3月宁夏恒力委托理财8000万元状况不明
南京国投	交大科技5000万元委托国债投资被挪用购买A股，3个月内账面总值仅剩1538.97万元
中富证券	南方汇通3000万元委托管理资金损失1315万元
	合金投资控股子公司南京二机床委托南京国投购买1500万元国债，由德隆承担连带担保责任
	纳爱斯6亿元委托理财资金拖欠未还

[资料来源] 德隆残局．财经，2004（12）．

四、“系族企业”下金融链条的危机处理与监管

（一）“系族企业”对金融链条的危机处理能力显示其对整个系族风险控制能力的低下与滞后

金融风险的一个最为重要的特征是风险的扩散性和传染性。在过于紧绷的资金链条下，资金的缺口在过于扩张的融资能力下会形成更大的金融风险。德隆、格林科尔、农凯这些“系族企业”，在出现资金链紧绷后，都采取了一定的措施应对危机，但是其惯常采用的拆补头寸、隐瞒债券等方式，客观上只会加速资金链的断裂。

从已经出现经营失败的“系族企业”看，对于整个集团的风险控制能力相对较为低下，也较为滞后。例如，德隆在危机初显时就开始紧张地利用友联进行头寸调剂，安排资金运用，尽可能地切断资金匮乏带来的连锁效应。在形势进一步升级之后，迅速成立危机处理指挥中心，进行资产和债务的重组，但是由于规模过于庞大而无法迅速完成危机拯救工作。格林科尔在面对债务问题时也以出售股权筹集资金的方式应付债务危机。这些措施起到了一定的作用，但是对于全面化解危机还是不够。另外，市场没有建立合理的退出机制和破产保护机制，往往不能市场化地解决危机，也是“系族企业”金融链条断裂的重要原因。

（二）“系族企业”金融链条预警的缺失

“系族企业”在资本市场上影响巨大，应当是风险控制和监管的重点对象。但是上述“系族企业”在资本市场和银行市场等的行为却未能得到有效监控，以至于在危急爆发时相关部门才全面介入，显然已经失去了最好的监管时机和处置时机。整个金融体系的约束和监管的缺乏效率、预警系统缺乏是造成“系族企业”非正常扩张导致金融链条绷紧以至于断裂的原因之一。与此形成对照的是，一些成熟市场经济国家的企业也试图进行类似没有效益的快速扩张和大规模的利益输送，但是这种快速扩张往往在起步阶段就难以为继，主要原因就在于金融体系及时识别了这种成长路径中的风险，监管体系也相应采取了对策与措施，因此而避免了对经济金融体系的过大的冲击。

从“系族企业”的发展路径看，在金融体系的游戏规则尚未完善的时候，有的“系族企业”利用监管的疏漏等初步奠定了产业布局基础，其中有一些不规范的行为实际上已经形成了潜在的风险隐患，此时金融部门的识别能力如果相对较高，或者监管部门及时介入监控，就可以避免危机在快速扩张、不断积累之后的全面爆发。而造成这种局面的重要原因，是整个金融体系的分割以及风险管理能力欠缺，使得整个金融体系表现出显著的预警能力欠缺。预警系统的缺失反映了我国在宏观、中观、微观金融体系上的风险管理文化薄弱和制度缺失，银行、证券、保险等在分业经营体制下缺乏有效的沟通渠道；同时，在金融体系中缺乏对“系族企业”风险行为的监控经验。另外，“系族企业”较多依赖民间融资，也使得金融机构难以完整掌握整个企业的投融资状况。

与之相对应，美国实行多头监管的银行监管制度，联邦储备委员会、联邦存款保险公司、货币监理署以及财政部等机构共同负责对银行的监管，各自既有监管重点又有业务的交叉，形成了自成体系又相互关联的预警系统（如下表七所示），这对我国金融体系建设是很好的启示。

表七　　　　美国金融预警系统

联邦监管当局	系统名称	实施年份	系统功能	预警指标或方法
所有监管当局	CAMELS	1979	现场稽核评级	资本充足率、资产质量、管理水平、盈利状况、流动性、市场风险敏感性
美联储	BOPEC 评级体系		衡量银行持股公司的综合级别	其检查和评级类似于 CAMELS 评级体系
	UBSS	1980	财务比率	三类指标：CAMELS 评级指标、跟踪银行的新业务及其发展的指标、监测资本市场的指标；30 余个财务比率。
	FIMS 系统	1993	侧重于数理统计分析模型及预测银行倒闭的可能性	30 个参数以及一些根据地区经济条件设立的附加参数
联邦存款保险公司	CAEL 系统	1985—1999	非现场银行监管评级系统	资本、资产品质、获利能力、流动性
	GMS 系统	1980	监控异常成长的金融机构	依据 4 个财务比率和 5 个增长率，鉴别贷款率超过 5% 的银行
	SCOR 系统	1998	更有效监控银行与储蓄机构之风险	逾期贷款、非增值贷款、取消了抵押赎回权的房地产贷款、流动性负债、流动性资产、净收益、投资证券
货币监理署	BC 系统	2000	监测有可能倒闭的银行	资产组合指标（资产和负债均衡、不良贷款、CAMELS 值等）；内部经营指标（资本金、盈利水平）；外部环境指标（失业率、银行规模、银行成立年限、管理体制变化）
财政部金融局	CBSS 系统	1985	对联邦立案银行的监管	用社区银行评分系统来判定经营状况是否稳定

［资料来源］美国金融预警制度及启示．国际金融研究，2004（4）．

（三）“系族企业”金融链条的监管割裂

对于“系族企业”金融链条扩张的金融监管，存在的最为显著的问题是监管割裂，这种割裂使得对整个复杂而且相互联系的金融链条监管变成了相互隔离的监管，从而大大地降低了监管的有效性。这种割裂表现在：

（1）金融分业经营、分业监管带来的割裂。“系族企业”往往控制多种类型的金融机构，在不同类型金融机构之间进行利益输送，单个领域内的监管机构如果缺乏及时的信息沟通渠道根本无法及时知晓。德隆名下的金融机构涉及银行、证券、信托等各类机构，其繁杂的股权关系、控制链条和市场行为在目前的监管框架下都不是单个监管机构所能完成的，真正发生危机之后显然也迫使各类金融监管机构参与，即使到已经出现问题时，此类“系族企业”往往还找不到一个牵头的主管机关来进行整个风险状况的统计监测。同时，这些“系族企业”实际上有不少已经成为金融控股公司，但是目前中国对于金融控股公司监管法规的缺乏也是导致“系族企业”问题难以及早发现的重要体制原因。

（2）金融监管信息在地域之间的割裂。由于“系族企业”在收购各类企业时跨地域特征明显，在违规担保、质押、贷款过程中，其资产往往不在同一地区，银行在进行信贷业务时未能控制风险或者及时与其他地区机构交流信息，因而无法准确判断企业状况和贷款业务质量。“系族企业”在各地区之间的融资行为往往通过复杂的手段掩盖其违规之处，因而在本地的金融机构无法显示出其质量优劣，一旦风险暴露进行资产追查时，才往往发现其异地的资产早已名不副实。在德隆最初的危机爆发阶段，这一特征尤为明显，各地债权人发现其远在异地的担保资产、抵押资产早已成空壳。

（3）对于监管标准制定或者国际沟通协调缺乏引起的国内外监管体系的割裂。类似格林科尔系利用境外注册机构参与境内产业运营的案例还有很多，在离岸金融中心注册造成了内地监管难以及时涉及，境内外监管标准的不一致时使得国内监管存在很大难度。

五、结论

通过快速扩张形成跨业务领域、跨地区的“系族企业”，已经成为一些企业进行快速扩张的重要路径。有一些“系族企业”目前为止保持了良好的经营业绩，但是一些“系族企业”的经营失败及其产生的巨大负面影响，显示出“系族企业”经营中可能存在的重大缺陷。从已经出现问题的“系族企业”看，作为支持产业运作的核心，“系族企业”的金融链条在其生存和发展中起到了极为关键的作用，“系族企业”的崩溃也往往是金融链条绷紧乃至断裂而造成的。我国的“系族企业”产生于产业调整迅速但融资渠道不完善、金融改革滞后的背景之下，企业融资渠道不稳定、发展模式过于激进也是非常重要的原因。

从“系族企业”金融链条的需求看，过于激进的发展模式成倍地放大了金融需求，负债期限结构和利率结构的不合理增加了金融需求，二级市场违规操作的护盘成本加大了金融链条的需求压力，这些方面本质上反映了金融链条的扩张和绷紧时“系族企业”缺乏有效的风险控制能力。而从“系族企业”金融链条的供给看，融资渠道的缺乏迫使“系族企业”寻求非正规的融资途径，扭曲了金融链条的性质，收购产业之后也缺乏有效的整合，降低了金融链条的供给能力，实际操作中出现的违规担保、虚假出资、关联交易等行为使金融链条运作的风险聚集，另外作为“系族企业”金融链条实际操作平台，金融机构经营上的内控失效也成为金融供给链条中的风险点。“系族企业”金融链条的绷紧和断裂对企业自身、监管机构和市场本身在危机处理上提出了更高的要求，显示出整个金融体系对于快速扩张企业的风险预警能力和控制能力的低下，急需尽早改善。

因此，只要把握好产业扩张和金融支持之间的有效平衡，“系族企业”在当前中国的经济发展和结构调整中是有其存在的合理性和巨大的发展空间的。从已经出现问题的“系族企业”中寻求金融支持方面的隐忧和体制上的缺陷，有助于“系族企业”更好地促进产业发展，形成有效的产融结合。

参考文献

1. 李德林．德隆内幕．北京：当代中国出版社，2004.
2. 李建立．战略德隆．北京：中国发展出版社，2003.

3. 郎咸平．操纵．北京：人民出版社，2004.
4. 干春晖．并购经济学．北京：清华大学出版社，2004.
5. 林翔，等．财务、内控视角的德隆危机解读．财会通讯，2005（3）.
6. 科龙之殇．证券市场周刊，2005－08－02. 转自新浪网.
7. 顾雏军败局．中国新闻周刊，2005－08－04. 转自新浪网.
8. 顾雏军的资本暗河．商务周刊，2005－06－17. 转自新浪网.
9. 德隆残局．财经，2004（12）：26－35.

人民币汇率变化、汇率形成机制改革与金融稳定（综述）

冯用富[①]

一、金融稳定问题的内涵与指标

（一）内涵

从国际经济金融发展的视角来看，一是20世纪90年代以来经济金融全球化进程加快，给各国金融体系带来了巨大的挑战和风险，促使各国政府及国际机构高度重视维护金融体系的整体稳定。艾兴格林和博德（2001）的研究表明，"现在发生金融危机的概率比1973年增加了一倍"。英格兰银行（2001）的一项研究发现，金融危机造成的GDP损失平均为8%，在新兴市场国家则更高。国际清算银行于1999年发起成立了"金融稳定论坛"，世界银行和国际货币基金组织联合开展了"金融部门评估规划"，对一国金融稳定的状况进行判断和评估。近年来定期发表本国金融稳定报告的中央银行也逐年增加。二是近些年来，部分发达国家出现了中央银行货币政策职能和金融监管职能分离的情形，公众越发关注中央银行在维护经济金融体系稳定中的重要地位和作用。三是一些西方经济学家提出了相关理论（如泰勒的"双峰论"等）来划分金融业的宏观金融稳定、监管和微观审慎监管的不同目标函数和实施机制，启迪人们对防范金融风险做系统、深入的思考。

关于金融稳定的内涵，西方国家的学者尚无统一、准确的理解和概括，较多从"金融不稳定"、"金融脆弱"等方面来展开对金融稳定及其重要性的分析。相对而言，金融不稳定的特征更容易被人们觉察，如金融机构大量挤兑、倒闭，金融资产价格剧烈波动，巨额资产损失，社会融资环境发生重大变化等负面影响。Roger W. Ferguson 认为，定义金融不稳定似乎更加容易一些，认为其具有以下三个特征：①一些重要金融资产的价格集合严重脱离了其基础；②国际、国内的市场功能及信贷可得性严重扭曲；③前两项的结果导致总支出或高或低，严重背离了实体经济的生产能力。

尽管国际上还没有公认的关于金融稳定的定义，但关于金融稳定应具备的内涵，各国在理解上则大体相同。

欧洲中央银行对此下的定义，即"金融稳定是指这样一种金融环境：在这种环境中，金融中介、金融市场以及市场基础设施均处于良好状态，面对各种冲击，都不会降低储蓄向投资转化的资源配置效率"，描述的是一种状态，包括机构、市场和金融基础设施三个方面的协调发展，其中基础设施除包括支付体系或网络系统等硬件外，还应包括法律框架等软环境。金融稳定是金融体系功能运作良好的一种标志，最终目的是实现资源配置的最优化。ECB 的定义中没有明确提到货币的稳定，并不表明币值的稳定不重要。事实上，金融稳定的两个基本条件是稳定的价格和安全高效的支付系统，一旦发生货币危机（恶性通货膨胀或汇率大幅波动），错误的价格信号将阻碍储蓄向投资有效转化。除此之外，金融稳定还应该具有以下基本特征：①在一个稳定的金融体系当中，有盈利前景的项目应该能够得到所需的融资；②个人应可以跨时间分配其消费；③市场参与者具有处理（即选择接受或转嫁）风险的可能性；④交易各方可以按合理的价格实现支付。这实际上是一个健

---

① 作者简介：冯用富，西南财经大学中国金融研究中心副主任，证券期货学院院长，教授，博士生导师。

康的金融体系所必须具有的特征。欧洲中央银行有关金融稳定的定义具有一定的代表性。

米什金认为，金融稳定缘于建立在稳固的基础上、能有效提供储蓄向投资转化的机会而不会产生大的动荡的金融体系。国际清算银行总经理 Andrew Crockett 指出：金融稳定性包括金融机构和金融市场的稳定。稳定性是指：①金融体系中的关键机构能够保持稳定，公众对机构的信心度很高，这些机构在无外界援助或干预下就能履行合同义务；②金融市场上不存在一种使经济受到伤害的价格变动，市场参与者在某一价格水平上很有信心地进行交易，这一价格水平能够反映经济基础因素，当基础因素没有变化时价格水平在短期内也不会出现较大波动。亚历山大·莱（2002）认为，金融稳定性是金融体系抵御金融风险或冲击的能力。

吴念鲁（2005）认为，金融稳定性包括以下内容：①货币供求均衡从而币值（通货）稳定；②资金借贷均衡从而信用关系和秩序稳定；③金融体系中的关键机构稳定，在无外界援助或干预下就能履行合同义务；④金融市场稳定，从而金融资产价格稳定并能反映经济基础因素，当基础因素没有变化时价格水平在短期内不会出现较大波动；⑤国际收支内外均衡，从而汇率稳定；⑥金融体系内部不同系统之间结构协调，金融结构稳固合理，并与经济和社会及其发展阶段有良好的适应性，金融运行处于稳定状态。金融稳定性的对立面是金融不稳定性。金融危机是金融不稳定的最后的和典型的外在表现。金融不稳定性作为金融危机的前期状态，如果能够及时解决问题，防止金融不稳定性的进一步恶化，金融危机是可以避免的。如果金融不稳定性不能在短时期内得到有效控制，随着金融不稳定性程度的加深，最终会演变成金融危机。由金融不稳定性到金融危机有一个积累演化和蔓延过程。金融不稳定性不一定必然导致金融危机，金融危机的爆发以金融不稳定性积累到一定程度为条件，但金融危机的发生必然是遏制金融不稳定性失败的结果。

张建华（2004）认为，①金融稳定是一个宏观经济概念，不是指某一具体机构的表现；②稳定的金融体系不一定意味着有效的金融体系，理想的状态是系统在某种程度上稳定且有效，但二者之间的平衡往往比较困难；③金融稳定关注系统性风险，同时，关注对系统安全影响较大的个体或事件；④稳定并非静止，特别是金融稳定应该是金融体系功能的稳定，不应是功能实现方式的一成不变。

段小茜（2004）认为，金融稳定反映的是一种金融运行的状态，体现了资源配置不断优化的要求，服务于金融发展的根本目标。其中，价格稳定是金融稳定的重要条件，银行稳定是金融稳定的核心，金融稳定是金融安全的基础。金融稳定的目标为：保持银行业等金融机构和金融市场的基本稳定，防范和化解系统性金融风险。

孙春广（2004）认为，金融稳定就是基于对现实金融运行中各种金融风险的控制和化解，从而达到稳定金融秩序，促进金融和经济发展的手段和企图。其目标至少涵盖以下三方面：对经济全局而言，要维护金融安全和金融主权，以避免金融危机对经济金融发展的干扰和破坏；对金融部门而言，要防范和化解全局系统性金融风险和局部系统性金融风险，及时切断风险传播，阻止风险的蔓延；对社会经济个体而言，要提供一个合理的金融预期，增强他们对货币和金融体系的信心。

王爱俭（2005）认为，在金融制度变迁中，世界各国更加注重建立和维护良好的金融秩序，进行制度性协调。金融协调可以定义为：在充分把握经济发展变迁中普遍存在的互补性和报酬递增的现实条件下，以金融稳定为目标，以金融效率为核心，运用系统分析和动态分析的方法，研究金融及其构成要素的发展变化规律，揭示金融内部构成要素之间、金融与经济增长、金融与社会协调发展的一般规律，从而构造金融协调运行的政策调控体系，以促进金融与经济稳定、有序、健康发展。在发展中国家建立金融稳定协调机制的必要性在于：发展中国家金融监管的脆弱性、金融监管中存在严重的道德风险、金融市场资产价格的互动性（通货膨胀率、利率、汇率和股价联动效应与相互影响，分别反映货币、资本、外汇和股票等金融资产价格相互作用的关系）。

（二）国内外关于金融稳定研究的指标选择

（1）法国银行业协会的“银行业分析支持系统”（Support System for Banking Analysis，简称SSFBA）。SFBA通过对每家银行详细的信贷资产组合分析，判断其未来支付能力，并对银行体系的健康状况进行综合评价。SSFBA的预警指标包括会计数据、监管数据、资产风险调查、企业逃废债统计、股东素质评价、国家风险、企业信用等级和银行信用等级。SSFBA的特点是较全面地考虑了影响商业银行经营的各个方面并尽可能全面地捕捉各种风险因素。

（2）美联储的“CAMELS现场评级系统”（System for Estimating Examination Ratings，简称SEER）。它主要被用来识别那些有经营恶化倾向的银行。SEER通过建立半年前的金融统计数据与当前CAMELS现场评级值之间的因果关系，预测未来CAMELS。如果预测的CAMELS值比当前有明显的恶化倾向，则该机构被标识并对其进行审查；美联储的“CAMELS非现场评级系统”（Statistical Camels Off-site Rating，简称SCDR）在基本假定、使用技术、预警指标和系统用途等方面与SEER基本相似。SEER和SCDR使用的预警指标主要有逾期贷款、非增值贷款、取消了抵押赎回权的房地产贷款、流动性负债、流动性资产、净收益、投资证券等。不同的是，SEER认为CAMELS的前期值对后期值有影响，而SCDR没有考虑这一影响。

（3）欧洲货币国家风险等级表。国际金融界权威刊物《欧洲货币》（EURO MONEY）于每年9月或10月定期公布当年各国国家风险等级表。该表侧重反映一国在国际金融市场上的形象与地位，从进入国际金融市场上的能力（权重为20%），包括在外国债券市场、国际债券市场、浮动债券市场、国际贷款市场及票据市场上筹借资本的能力，进行贸易融资的能力（10%），偿付债券和贷款本息的记录（15%），债务重新安排的顺利程度（5%），政治风险状态（20%），二级市场上交易能力及转让条件（30%）等方面对国家风险进行考察。

（4）国家统计局课题组提出的国家经济安全指标体系。从1998年开始，统计局内有关单位开展了国家经济安全问题的专题研究，提出了《中国国家经济安全问题研究（征求意见稿）》，从国家经济安全的定义界定开始，到指标体系的设计、每个指标安全系数、权数、安全度的确定，到对中国国家经济安全的演变、评价，到对改进国家经济安全的建议，到实证分析等，进行了全面而系统的研究，取得了阶段性成果。该研究报告从最初的200多个指标，经过反复筛选，最后提出5大类、15小类共计33个指标，作为反映国家经济安全的指标体系。该课题研究的初步结论得到了部分研究机构的认同。

二、国内外学者关于金融稳定与货币稳定关系的研究

Anna J. Schwartz（1988）是较早研究金融稳定与货币稳定之间关系的学者之一。她在《金融稳定与联邦安全网》一文中，认为维护货币稳定（或称价格水平稳定）的货币政策不但可以降低金融不稳定发生的概率，同时也会降低金融不稳定的严重程度。致力于维护货币稳定的中央银行可以使行使最后贷款人的需要降到最小。Schwartz（1995）进一步在她发表的《系统性风险和宏观经济》一文中阐述说，可信赖的以维持货币稳定为目标的货币政策，为经济提供了稳定并且可预测的利率环境，因此有利于保持较低的利率不匹配的风险，从而有利于保持金融体系和金融机构的稳健性。Schwartz认为，货币不稳定经常会引起金融体系的不稳定，并且价格水平的波动会进一步恶化这种不稳定，使它变得更为糟糕。因为持续的通货膨胀促成价格持续上涨的期望，对真实回报率形成过于乐观的预测，因此刺激了投机性的投资和借贷。如果通货膨胀突然地下跌，借款人的财务状况会迅速恶化，其收入可能变得无法偿还依据连续通货膨胀率定价的贷款，从而出现贷款违约，而违约又使得借出贷款的金融机构净值下降，从而形成金融不稳定。如果价格水平是稳定的，金融不稳定的可能性将会降到最低。Schwartz同样从通货膨胀引起信息问题的角度阐述了二者之间的关系。在借贷市场上，借款人和贷款人之间本身就存在着严重的信息不对称问题，从而出现逆向选择和道德风险（Stiglitz 和 Weiss，1981）。Schwartz 认为，通货膨胀的波动使这种信息不对称引起的逆向选择和道德风险问题变得更为严重。因为通货膨胀的存在，使得贷款方在区别借款人和项目的质量上变得更为困难。同时 Schwartz 又认为，借贷双方对于价格水平上涨的错误理解也会使金融机构潜在的风险进一步增加。

因此，Schwartz 对金融稳定与货币稳定关系的阐述可以概括为：维护货币稳定的货币政策同样也可以实现金融稳定。Bordo 和 Wheeloek（1998）将 Schwartz 的这一论述称为 Schwartz 假设。Schwartz假设的成立依赖于两个条件：①通货膨胀率的波动，在某种程度上是不可预测的；②借款人和贷款人不能完全对冲所有因为通货膨胀变动带来的不确定性。在这种情况下，出于实现货币稳定目的的货币政策同样可以保证金融稳定的实现。

Schwartz 假设实际上是把货币稳定作为金融稳定的充分条件，因而是一种非常强的假设。其他学者在此基础上的研究，逐渐放松了这一强假定，并非常谨慎地认为，虽然二者之间存在着某种一致性，但也只是简单地认同货币稳定能够促进金融稳定，或者说货币稳定对于金融稳定是有益的（Issing，2003），而并非金融稳定的充分条件（Bordo 和 Wheeloek，1998，Bordo、Dueker 和 Wheeloek，2000）。Bordo 和 Wheelock 从对 18 世纪末到 20 世纪 80 年代美国、英国和加拿大发生的系统性和非系统性金融危机和通货膨胀现象的观察中，得出结论：从历史上看，不考虑是因为货币因素还是非货币因素引起的价格波动，金融危机通常都出现在由持续的通货膨胀迅速转变为通货紧缩这样的价格水平急剧变化的环境中。因此，货币不稳定确实对金融体系的不稳定有影响。这样他们就部分地验证了 Schwartz 假设，但是他们并不能验证保持货币的稳定一定会实现金融稳定。

Kent 和 Lowe（1997）以及 Brousseau 和 Detken（2001）认为，一个着眼于长期货币稳定的货币政策，不可能避免短期内通货膨胀超过可接受的水平，因为金融体系内不稳定的潜在因素使得短期内必须接受超额的通货膨胀。由于金融危机发生的可能性和损失是不对称的，即金融危机发生的概率很低，但一旦发生便会造成很大的损失，所以货币政策有时要在谨慎性的边缘进行纠正，而这则可能使真实的通货膨胀在短期内超过期望值（Bordo 和 Jeanne，2002）。

Herrero 和 Rio（2003）利用 Caprio 和 Klingebiel（2003）提供的银行危机的数据，使用统计计量的方法，对银行危机的发生与中央银行货币政策目标之间的关系进行了统计回归。结果表明，在其他条件给定的情况下，一般来说，将中央银行的政策目标专注于货币和价格水平的稳定，减少了银行危机发生的可能性。但是依据不同的情形会略有不同。

在货币稳定和金融稳定之间的关系这个问题上，新环境假设持一种与以上完全相反的观点。其认为，以实现货币稳定为目标的货币政策造成了金融体系的动荡，加大了金融体系的潜在风险，不利于金融稳定。Miskin（1996）分析说，对于控制通货膨胀所必需的高利率政策恶化了银行的资产负债表和企业的净值，特别是它们由于吸引资本流入而导致过度的负债和较高的信用风险，或者由于外国资本流入而出现币种的不匹配。Cukierman（1992）认为，保持低通货膨胀的政策要求迅速和实质性地提高利率，如果银行不能迅速地进行资产和负债的转化，就会加大利率的不匹配，从而面临较大的市场风险。这些观点都认为保持低通货膨胀的货币政策会带来金融不稳定的隐患。Sehinasi（2003）还指出，中央银行会面临这样的困境：是为了抑制通货膨胀而将利率提高 300 个基点，从而使一些对利率非常敏感的大银行面临更大的波动性风险，还是为了这些大银行的安全而放松其对货币政策目标的承诺。

Lindsay（1996）提出，中央银行成功地将通货膨胀控制住，可以形成对经济发展前景的乐观预期。但是人们的思想一旦被这样一种观念占据，他们对安全性的错误感觉就可能加大引起资产的波动性，从而形成潜在的问题。Borio 和 Lowe（2002）也分析说，对中央银行保持货币稳定的信任可以减少通货膨胀的压力，使价格和工资保持粘性，但同样可能促使金融不平衡在金融体系内累积。因为价格的稳定如果是在经济高涨时暂时的供给方的正向冲击带来的，会因此产生对于经济前景和资产价格过于乐观的预计，这会导致过度的投资和信贷增长。而资产价格的波动和信贷增长又会互相促进，因为资产价格的上涨使可用于抵押的产品价值增加，导致信贷的扩张。

新环境假设论认为，通货膨胀的压力并不一定都表现为通货膨胀本身，如果：①厂商的定价能力低；②存在宏观经济中供给方的正向冲击；③低通货膨胀的期望。所以，即使在不存在价格大幅波动的情况下，金融体系同样面临不稳定的危险。因而他们认为，中央银行仅仅以货币稳定作为目标是不足够的，而必须直接关注于金融不平衡本身。这种直接的关注由两个部分组成，首先是努力避免金融风险的累积，其次是在上述措施不足够的情况下，尽可能地将发生的金融不稳定造成的危害和成本降到最低（Issing，2003）。

王自力（2005）认为，金融稳定与货币稳定的冲突性和一致性实际上是同时存在的，只是在不同的情形下，从不同的角度来看，表现得不尽相同罢了：金融稳定与货币稳定之间的冲突性，主要表现在短期内；金融稳定与货币稳定之间的一致性，在长时期内表现得更为明显。从长期来看，保持货币稳定有利于创造经济和金融体系的平稳运行环境，促进金融机构和整个金融体系的稳健发展。金融体系长期保持稳健发展也有利于保持货币稳定供给，实现货币稳定。并且，对于短期内为维护金融稳定而向金融体系提供的过多流动性，货币当局可以通过对冲措施在长期内予以收回或者进行抵消。当然其前提条件是，在这个长时期里，影响金融不稳定的因素能够消除；金融稳定与货币稳定之间的短期冲突性和长期一致性并不互相矛盾。为维护一国金融体系的稳定，短期内，如果金融机构的资产对价格的下跌较为敏感，则必须容忍一定程度的通货膨胀率上升。但从长期看，只有保持货币的基本稳定，才有利于企业合理安排投融资和有利于居民平滑消费，从而降低金融机构的风险暴露；货币稳定不会使企业因为价格水准的大起大落而遭受未曾意料到的损失，从而保障金融机构资产的安全；货币稳定意味着较低的利率水平，从而降低资金市场上的逆向选择和道德风险，加强金融机构的安全性。

三、人民币汇率变化、汇率形成机制改革与金融稳定

（一）学术界关于人民币汇率主要观点

1. 关于人民币汇率应升值的观点

最先提出人民币应该升值的学者是日本福井县立大学经济学部的经济学教授凌星光（2002），他认为自1994年来，中国的汇率稳定和经济改革的进展，中国的宏观经济环境发生了重大的变化，企业竞争力亦增强；从国外条件看，发达国家经济丧失活力，东亚国家也面临困难，要求对人民币低汇率进行调整。从短期看，人民币升值会降低出口竞争力和直接投资吸引力，但从中长期看有许多积极作用：能够推动企业的技术经营革新、吸引证券形式的间接投资、有利于中国企业的境外投资和人民币成为准国际储备货币。

其后，日本经济产业研究所高级研究员关志雄（2003）则明确提出中国才是人民币升值的真正受益者，认为在亚洲金融风暴以后，人民币对美元一直保持稳定，采取的是事实上的盯住美元制。在这种情况下，人民币汇率被设定在偏低的水平上，美元的供给超过需求，当局入市吸纳多余的美元，导致外汇储备增加。因此，如果人民币不升值，外汇储备仍然会以较高的速度积累，积累这样巨额的外汇储备需要付出巨大的机会成本。对中国来说，从海外筹集资金的时候，往往要支付高昂的利息，而把外汇储备用于购买美国国债只能获得很少的收益。相反，如果把钱用于国内的投资，回报率要比用于投资美国国债高得多。如果中国继续保持对日本和美国大量的贸易盈余（顺差），我们将会看到越来越大的贸易摩擦。

张志超（2003）认为，从1950年到2000年，人民币大部分时间都被低估了；在20世纪70年代，有时被低估有时被高估，两者交替出现；在中央调控时期出现了高估，在改革时期出现了低估。人民币重估对中国是有好处的，人民币重估是真实经济部门健康发展的需要，它有利于中国的

产业升级，有利于开放资本账户，尤其对金融改革有利。如果不进行重估，中国政府就会不断处于国际国内的压力之下。反对人民币重新估价的观点认为不重估就不需要调整，所以就花费较少的成本。但是，这种观点是错误的。如果人民币不重估，真实经济部门调整的成本更大。而他将人民币重估的政策选择归纳为四种：一是不升值；二是不升值，但采取预防措施；三是大规模升值；四是温和升值。如以上所述，不升值政策不合理，而且难以持续；不升值但是采取防御措施其实等于升值；大规模升值在政治上难以接受。比较而言，温和升值政策最可取。人民币出现了难得的“货币替代”机会，投资者对人民币持有意愿增强，有利于推进人民币区域性国际化。“温和”的概念是指调整时间比较长、波动幅度比较小，每年1%或0.5%，可以用10年甚至更长时间来做这件事，而且可以让名义汇率与实体经济的变化实现联动。对于中国来说，最好的办法是促进人民币“温和”重估的预期，慢慢建立起更加灵活的汇率体系，逐渐改革资本账户。

何帆（2003）指出，人民币低估对中国经济可能会带来一系列不利影响。首先，从资源配置和长期经济增长的角度来看，尽管汇率低估对出口部门和进口替代部门有利，但是损害了非贸易品部门的发展，实际上意味着对两个产业采取了歧视性的差别政策，汇率低估不利于中长期的资源配置和经济可持续增长。其次，从国内宏观经济稳定的角度来看，人民币低估必然会带来自主性国际收支顺差。如果市场形成人民币升值预期，还会引发短期投机资本流入，这非常不利于宏观经济稳定。如果私人部门持续预期人民币升值，中国可能还会面临零利率陷阱的危险。再次，从收入分配的角度来看，人民币低估有利于贸易品的制造业厂商，尤其是国外直接投资厂商，但是将不利于非贸易品部门。这是一种不公平的收入分配政策，尤其不利于那些第三产业的底层工作者。最后，从产业发展的角度来看，持续的汇率低估会延迟国内企业的“走出去战略”，拖延了它们产业升级和技术进步的步伐。他分析了四种人民币汇率政策选择方案：第一种方案是继续保持当前的人民币汇率，并且采取一系列相关措施减少人民币升值压力。这个方案的好处更多地体现在贸易和投资的结算层面，并有助于稳定国内金融部门美元资产收益。另外还可以借助盯住美元稳定国内物价水平。缺陷有以下几个方面：①忽视了实际均衡汇率的趋势性变动；②当美元和世界其他主要货币汇率波动时，会带来人民币有效汇率波动；③受以上两方面因素的影响，货币当局的外汇占款波动剧烈，而且保持上升趋势。外汇占款的不断增加会缩减货币当局政策空间，国内的利率政策和其他宏观经济政策也受到限制。第二种方案是一次性较大幅度的升值，然后继续盯住美元并保持稳定。这个方案的好处在于可以缓解人民币升值压力，减少汇率调整给经济带来的风险和不确定性。但当美元相对于世界其他主要货币发生波动时，人民币实际有效汇率会随着美元价值波动而波动，这等于是将美元和日元、欧元的汇率波动引入到人民币实际有效汇率的波动中。第三种方案是采取一篮子盯住汇率制度。这种方案的好处在与通过盯住一篮子货币而不是单一的某种货币，有助于实现贸易加权的名义汇率的稳定。缺点在于：货币当局会面临操作环节的困难，如果选择完全意义上的盯住一篮子货币，外汇市场上的人民币汇率时时刻刻都要根据世界主要货币的汇率变动进行调整。单纯的一篮子盯住（如果权数根据贸易额来确定）只是稳定了名义有效汇率，如果国内出现相对于主要贸易伙伴国较为严重的通货膨胀或通货紧缩，尽管名义有效汇率不变，但是实际有效汇率还是会随国内外相对物价水平变化而调整，最终影响到国际贸易和投资。第四种方案是名义上实行有管理的浮动汇率制度，操作过程当中实施缓慢的一篮子爬行盯住，并在适当的时机放宽汇率波动幅度。这个方案的好处在于通过一篮子盯住化解了世界主要货币波动对人民币实际有效汇率的影响，通过爬行反映（缓解）了人民币实际均衡汇率潜在升值压力。同时，这也是人民币汇率最终走向浮动的一个转轨方案。

黄有光（2003）也认为人民币升值对中国利大于弊。从国内的情况来看，目前国内不反对或基本上赞同人民币升值的学者在这一问题上并不直接主张人民币升值（因为这有对西方国家让步之嫌），而只是提出应增强人民币汇率的灵活性，或提出应“消除人民币升值恐惧症”（余永定，

2003）及“人民币强势论”（张进，2004）。

陶冬（2004）认为汇率调整取决于中国政府的政策取向和中国经济的走势，人民币汇率调整的时机已逐步成熟。从整体上看，2005年尤其是2005年上半年调整的可能性比较大。一方面，困扰汇市的热钱涌入有所缓和，大量投机于人民币升值的热钱涌入，不仅制造了巨大的金融风险，而且加大了人民币的升值压力，在一定意义上挟持了中国的汇率政策。但这种热钱流入趋势目前已经出现了明显的放缓。因为汇市热钱流入的期望在于人民币升值，而资金流入后主要进入房地产。现实的情况是，随着中国宏观调控的展开，房地产走势的不明朗使整体的热钱流入量明显减少，这就减缓了人民币升值的压力，为人民币汇率及中国外汇政策的调整打下了基础。另一方面，中国的国际收支和贸易收支顺差出现明显减少。同时，出口和外资流入量依然强劲，给调整留下了一定的空间。此外，基于盯牢美元削弱了货币政策有效性、固定汇率不利于人民币国际化进程和经济结构调整以及世界需要中国汇率调整以担负大国责任等因素，今后的12～18个月可能是自亚洲金融风暴以来对人民币汇率和外汇政策进行调整的最佳时机。

摩根大通龚方雄（2004）认为，2005年将成为中国金融市场改革中极为重要的一年。市场焦点将会从宏观调控及有关软硬着陆问题的争论转移至金融领域的重大政策变动及锐意改革进程，人民币汇率体制变动将很可能发生于2005年，将有利于促进区内的通货再膨胀，并大大增加中国经济实现软着陆的机会，同时亦将由出口及投资推动的经济增长逐渐转变为更多地由国内因素推动的增长。因此，中国的汇率体制将于2005年发生改变，第一步会是逐渐放宽人民币波动的幅度。预计这个变化很可能在今后3～6个月内就会出现。摩根大通估计，到2005年底，人民币兑美元将会升值7%。

魏巍、王玥（2004）认为，无论是从资源有效配置，还是从维护国际收支良好状况来看，采用固定汇率制或僵化的盯住制都是不适宜的。从长远来看，资本项目的可自由兑换已成为中国外汇管理体制改革和发展的最终方向和目标。开放资本项目需要更加灵活的汇率制度，现实选择应是如何安排进程和顺序，而不是倒退。从改革时机来看，目前正处于人民币汇率较为稳定且具有一定升值压力时期，人民币汇率应变刚性为弹性，扩大人民币汇率浮动的幅度。中国应建立人民币汇率目标区，根据人民币波动的实际情况和宏观经济情况，设置目标区的上下限。从目前来看，应允许人民币在10%～15%上下波动，这样可以保持人民币长期调节的灵活性及短期汇率的稳定性，而且还有利于货币当局进行有效的监控，促进各市场层次的有效配合和市场效率的提高。

杨帆（2004）主张对人民币汇率进行平价调整，可以让人民币先升值10%，再开始浮动。人民币汇率其他四种走势的不同后果：一是人民币不升值，这样会导致外汇储备越来越多；二是一下子“超升”，这几乎不可能；三是改变定值标准，不和美元挂钩，而和一篮子货币挂钩的方式特别复杂，目前国内还没有精通这种操作方式的管理人才；四是人民币汇率形成机制改革，其中包括自由兑换和扩大浮动幅度。其中的人民币自由兑换在当前是绝不可行的，只能是汇率形成机制向市场过渡，扩大浮动幅度。“浮动”在当前情况下只是浮动升值的一个反映，近两三年会加剧升值预期。他认为，在此期间绝不能让人民币自由兑换。

姚枝仲（2004）则不主张立即单纯调整人民币汇率水平，而主张改变人民币汇率制度。他认为，如果实行盯住一篮子货币的汇率制度的话，随时都可以实行，无所谓时机问题，但是货币篮子汇率制度不符合人民币汇率制度改革的方向，因此不可取。可取的方式是实行区间汇率制度，但是实行区间汇率制度需要基础条件。在基础条件不具备的情况下，只有暂时维持现状。

何帆（2004）认为，在金融全球化潮流下，一国实施资本项目管制的难度越来越大，其机会成本也越来越高。仅仅依靠自己的力量维持固定汇率制从长期来看几乎是不可能的。国外的研究表明，很少有国家能够保持固定汇率制长达5年以上。

郑国汉（2005）认为，人民币升值具有很大的必然性，中国需要提高人民币的汇率。汇率升值与中国目前所进行的宏观调控所要达到的效果是不谋而合的。宏观调控主要是为了给过热的经济降温，降低需求。将人民币汇率进行升值，会使出口产品的价格上升，从而达到降低需求的目的。因此，这与宏观调控达到的效果是相同的。人民币升值还可以使得通货膨胀的压力减小，缓解出口压力。5%～7%的微弱升值是中国目前的金融体系所能承受的，而人民币升值的最佳时机是在"热钱"撤出后。短期的汇率调整可能有两种选择：一次性升值5%～10%之后，再进行较小幅度的调整，趋近目标汇率；或者先将汇率的波动范围扩展10%～15%，然后采用有管理的浮动汇率形成机制。

王建茹（2005）认为，热钱下注加剧了人民币升值压力，中国国际收支的双顺差、美国等国家和经济群体的利益要求等通常被认为是促使人民币升值的主要压力来源；从长期来看，人民币又确实存在改变汇率形成机制的内生要求。

于海莲、谭雅玲（2005）认为，人民币的改革与国家整个金融改革是一体的，尤其是银行改革更为重要。从国外经验看，银行业的支持作用十分重要。同时，在人民币改革中更应重视制度、规则的健全与完善，要运用机制去管理，而不是用人去管理。上述因素应是人民币改革路径的核心。人民币汇率形成机制的改革发展，短期看，依据时机条件增加货币弹性是首先应考虑的举措，以增加市场调节的气候，并可以为人民币走向自由化或浮动化作预备动作，也可以缓解西方升值或机制问题的指责，但扩大弹性的幅度应随着国内外环境而适时推出或调整。中期看，人民币汇率形成机制的健全和完善应逐渐形成，其中应包括经济基础积累充裕，财富效应均衡稳固以及规则制度明确透明，使人民币开放的市场与制度层面健全。长期看，人民币应实现自由兑换的国际化货币，并且采取自由浮动的汇率形成机制，与国际市场融合协调的价格指标，适宜国内经济金融需求的适当水准。人民币逐步、稳定、灵活、均衡、合理的改革应以促进经济、稳定金融为综合目标，协调发展与改革。

何帆（2005）认为人民币汇率存在着一定程度的低估。人民币盯住美元的汇率制度并不适合中国今后的发展需要。对于中国调整汇率政策的最佳时机，选择在贸易逆差或平衡、经济发展较为稳定的时期主动退出，成功的概率更大。汇率制度的调整宜以回归真正的"有管理的浮动汇率制度"为目标。具体建议分两步走：首先一次性调整人民币与美元汇率，使其达到与未来中期内均衡汇率基本一致的水平；然后根据人民币均衡汇率在未来的变化、中国与主要贸易伙伴相对价格的大幅度变化或者是美元与世界其他主要货币相对价值的大幅度调整，低频率地调整人民币对美元汇率。此外，加强资本管制是配合人民币汇率政策调整的重要保障措施。在我国尚未实现资本账户开放的条件下，如果能够有效制止热钱流入，将为人民币汇率政策调整创造更宽松的条件。同时必须防范突发性的资本流出。加快外汇市场发育、培养更多的外汇避险工具，不仅有利于建立汇率决定的市场机制，也有助于减少汇率调整对企业和居民带来的冲击。

梁红（2005）认为，中国2005年的经济增长，关键依赖于政府部门在面对内部和外部压力的时候所做出的政策选择。特别要指出的是，人民币汇率改变的时间和幅度至关重要。在延长经济周期方面，人民币汇率形成机制的改变将会促进中国经济的进一步增长：第一，它将会推动非贸易行业成为促进经济增长的主要因素。第二，它将会减少与无效率的行政控制有关的风险贴水。第三，它将会减少外部需求波动对中国经济的影响，特别是减少受到美国经济衰退的冲击和更多贸易保护主义者的压力的可能性。具体存在三种可能：①人民币升值3%～5%。这将引发市场投机以及人民币进一步的升值。即使人民币小幅升值也有利于经济增长，因为这使得中国政府有机会出台促进内需的政策，从而使中国经济增长更多地转向非外贸行业。②升值10%或以上。人民币以10%或以上的较大幅度升值的概率已经上升，而通过政治僵局和贸易保护主义手段解决全球不平衡问题的风险也在上升。人民币一步升值10%将有利于降低热钱流入的数量。但是，中国经济增长在短期内很可能出现"V"型波动，因为贸易顺差和资本流入的速度均会大幅下降。在这种情况下，中国政府将会采取果断措施刺激内需，例如维持温和的信贷政策、降低税收以刺激国内消费和投资，以及提高政府对基础设施的投资。这些刺激性的政策将在人民币升值后6~12个月内扭转经济增长势头。③保持汇率不变。如果人民币汇率不变，中国内需将继续受到压制，而中国经济以及其亚洲邻国和其他国家将面临风险。具体而言，中国的外贸行业规模将大幅度扩张，远远超出中国的自身需求和全球吸纳能力。这种情况发生的可能性很小。

冯用富（2005）认为，人民币汇率是货币资产的价格，讨论人民币稳定或升值的问题，逻辑上应分析决定人民币汇率的供求的变化，而不是讨论人民币升值后所产生的影响。一国汇率由实质经济层面、金融经济层面、外汇市场中市场参与者的选择行为共同决定。在中国现有给定的约束条件下，人民币汇率主要决定于实质经济层面且在该层面的估值明显偏低，的确存在升值的压力。但是，人民币汇率在金融经济层面的决定却较为复杂，一是现有金融变量的估值不支持人民币升值；二是中国现存的金融经济无法承受人民币升值所带来的若干问题。所以，仅仅以实质经济层面的估值结果为依据来调整人民币汇率是不妥的：①一次性的按照实质经济层面的估值进行大幅升值，这将极大地降低可贸易商品和劳务的竞争力，从而引发出口的逆差，必将直接拉低中国的经济增长。又在中国目前货币政策、财政政策双“稳健”的时候，中国经济增长将出现全面回落和“硬着陆”。②一次性的大幅贬值将引发大规模的外币替代人民币的货币替代行为，一方面使得货币政策的传递渠道不畅，货币政策的预期效果递减；另一方面在国内如果出现通货膨胀等现象，将造成各种形式的资本外逃。在国内A股市场制度性变革没有取得重大进展的情况下，A股市场的赚钱效应就难以体现，在一个投资（投机）没有回报或只是负报酬的市场中必然出现资金枯竭，从而“边缘化”，国内逐利的资本必然要外流。资本大量外逃不仅将引起汇率的过度波动（如果官方的汇率在央行干预下保持不变，就会产生庞大的黑市交易），还会引发金融危机。③小幅的升值会强化对人民币进一步升值的预期。国际、国内持续资本流动，一方面将加大央行的外汇储备数量从而产生经济福利的净损失和加大外汇储备风险；另一方面积弱的、严重超跌的A股市场将为国际资本提供股市与汇市的双重收益，会刺激地下“钱庄”和黑市交易。更为重要的是，在国内金融经济层面，在外汇市场的建设、汇率制度的重构、机构投资者的培育、金融产品的开发、外汇平准基金的成立、金融监管能力和经验等都不成熟的情况下，调整人民币汇率水平的收益是不大的。

孙咏梅、祝金甫（2005）认为我国人民币汇率从20世纪80年代以来主要经过了三个低估阶段：第一阶段在1980—1981年，造成当时低估的主要原因是由于20世纪70年代后期人民币汇率水平不适应进出口贸易发展的要求。第二次低估发生在1986—1988年。这次低估的主要原因还是为了适应全国出口平均换汇成本上升的情况而做出的调整。第三次低估阶段在1991—1994年。这次人民币汇率低估的主要原因来自于外汇调剂市场的迅速发展使其在人民币实际有效汇率中所占的比重不断加大。自1998年以来，我国实行的是单一的盯住美元汇率制度，其实质是一种固定的汇率制度。这种汇率制度的实行使我国的汇率水平一直处于一种长期的低估状态。固定汇率制度使汇率水平未能反映我国经济发展的实质，长期实施固定汇率制导致的汇率低估，加剧了我国经济结构的畸形发展，破坏了产业结构的协调性，抑制了国内消费需求的增长，最终影响到国民收入水平的提高。回归真正的有管理的浮动汇率，实现人民币汇率的有效升值，是一种必然趋势。

2. 关于人民币汇率应保持稳定的观点

谢国忠（2004）认为，中国不太可能根据目前市场的预期来升值人民币，更不可能升值15%~25%。因为人民币升值很可能会导致中国经济“硬着陆”，还会导致国际市场上与中国经济相关的商品价格急速下降，美元的走势也会得到强化。在这种情况下，中国将马上遭遇通货紧缩的巨大压力。因为这种政策安排将导致中国经济的巨大困难，升值这种政策安排出现的可能性较小。中国升值人民币的逻辑有两个基本的支撑性论点：一是中国政府部门需要对国际压力有所回应，二是中国经济的发展需要将中国自己的发展模式从现在以投资和出口为主的增长模式转向以消费为主导的增长模式。但全球采购在美国的大选中已经成为了一个无关紧要的话题。日元的增值已经减少了欧洲对欧元强势的担心。发展中国家现在关心的是中国的经济增长前景如何，而不是中国人民币是不是需要升值。同样，改变中国的经济增长模式的确是符合中国经济长远发展的合情合理的要求。理论上讲，人民币升值的确可以通过降低消费品价格来增强中国家庭部门的购买力。但是，中国消费疲弱的主要原因：一是人口基数过大之下的劳动力过剩导致整体工资水平过低，二是因为市场经济的历史过短导致的财富水平过低。人民币升值并不能解决这两个问题中的任何一个。同时，人民币逐渐升值也不可取。

张茂江（2004）认为考虑到我国目前的实际情况，我们认为至少在中短期内我国仍应继续维持盯住汇率制。第一，较稳定的汇率制度是保持地区经济甚至世界经济稳定的重要条件之一。第二，我国维护盯住汇率制有利于香港地区经济的稳定和繁荣。第三，盯住汇率制度有利于我国对外贸易和国内物价的稳定。盯住汇率制可发挥以下几个方面的优势：一是有利于贸易和直接投资的发展。另外在投资方面，我国是发展中国家中最大的直接投资接受国，盯住汇率制对吸引外资发挥了积极的作用，并有利于保持企业成本和收益的稳定。二是有助于保持国内物价的稳定。在我国现有的经济条件下，盯住汇率制有利于经济的稳定。

张礼卿（2004）认为，在面临强烈升值预期和投机性短期资本流入的时候退出盯住安排，虽然不会促发贬值性货币危机，但却会在短时间内引起货币的过度升值。这对于当前中国经济的稳定发展和结构调整显然也是极为不利的。人民币汇率制度改革（即目前这种事实上的“盯住汇率安排”的退出）的最佳时机应是国际收支取得均衡和强烈升值预期基本消失的时候。从技术层面看，可以考虑将外汇储备增减幅度的明显缩小（比如，连续两年在10%以下）作为判断时机是否成熟的一个参考标志。因此，当前维持现行汇率安排，有助于减轻人民币的升值压力。同时，维持现行汇率安排，有助于继续实行相对低估的人民币汇率政策，从而为贸易自由化的顺利进行创造条件。

巴曙松（2004）认为基于中国金融市场发展的特定走向，在近期乃至较长的一段时期内，讨论一度被视为十分敏感的人民币汇率走向，绝不仅仅是汇率水平的简单重估。在当前的市场环境下，这个过程必然是改革现行的外汇管理体制、完善外汇市场、推进以国有银行为主体的金融体系改革、加大汇率的波动幅度和市场灵活性、推出新的外汇风险产品等一系列措施的组合。与可能出现的有限的名义汇率水平的波动相比，汇率形成机制改革的力度可能会更大，对于金融市场的影响可能会更明显大于可能出现的有限的币值重估。因此，应当逐步改变不对称的外汇管理体制，对流入和流出采取相对中立的政策倾向，放宽强制结售汇的管理体制，减缓体制性放大的升值压力。同时，从保持国际收支平衡的角度出发，适当扩大中国市场所需的高技术等的进口，控制一些资源性出口；扩大资本的适当流出，抑制投机性资本的流入，特别是要防范短期外债的比率过高，制约汇率调整的灵活性和主动性。在体制性的缺陷消除之后，人民币的升值压力就可能没有想象的大，在此基础上逐步放松汇率的波动幅度，推出有利于规避汇率波动风险的金融产品，促进外汇市场的发展，将是一个必然的趋势。

刘霞辉（2004）认为，人民币汇率在今后一段时间内并没有可持续的升值预期，这是由中国作为一个新兴国家的地位和汇率风险升水平价所决定的。目前对人民币汇率的升值预期不是来自真实的市场压力，而是来自有关利益集团。对利益集团的反应要客观评价，贸易收支差额是一个基点，但压力来源可能更多地集中于中国的外贸政策。这一点应引起我们政府部门的重视，汇率只是导火索而已。而由此引发的一个更深层次的问题是，作为一个不断崛起的大国，以出口为导向来维持经济的长期发展，其可持续性如何？日本已给出了反例。而美国则是一个开放度很低的国家，作为大国，倚重外部的风险很大。

徐豪杰（2004）认为，随着中国的经济和贸易对外界开放程度的持续增加，人民币汇率将发挥越来越关键的作用。为此，允许人民币在一定范围内有弹性，将使得中国在国内经济变化的情况下得到额外的缓冲。这也将使得中国可以更好地处理与贸易伙伴的关系。同时，更灵活的汇率在冷却中国经济方面也将发挥作用。利率调整已经显示出政府在宏观经济管理方面迈入了新的阶段。政府将更多地采取市场驱动型工具，而不是以行政管理的方式管理国内经济。以市场为基础的汇率变化将更适用于这种政策变化。因此，应逐渐扩大人民币波动的范围，并在合适的时候转而采取盯住一篮子货币的政策。

杨涤（2004）认为目前中国坚持人民币不升值，保持人民币汇率基本稳定，从根本上说是为了维护国家利益，也是为维护中国和世界经济金融稳定而作出的重大抉择。在现阶段，由于中国金融体系还比较脆弱，国际竞争力还不够强，难以承受浮动汇率制的冲击。过快开放资本项目，完全由市场决定人民币的汇率，会给脆弱的金融体系带来严重的后果。可以预见，汇率一旦自由浮动，会使人民币汇率的波动加大，根本不会达到所谓的“市场均衡汇率水平”，还可能导致人民币贬值、国内的商业银行不良资产大幅上升，甚至导致金融危机。因此，中国还不能够采取汇率自由浮动的做法，升值也没有必要立即进行，人民币需要维持稳定，这是由现阶段中国的国家利益所决定的。此外，中国经济一直快速增长，经济国际化的部分也在快速增长。因此，国家外汇监管部门利用自己的地位和现行汇率制度干预汇率水平尤为必要。目前保持人民币汇率稳定，并不意味着汇率水平长期固定不变。从长远看，由市场决定人民币的汇率肯定是中国汇率制度改革的方向，在相对较长的一个阶段保持人民币汇率稳定无疑是正确的选择。在确定一个国家认为合理、市场可以接受的汇率水平后，应当设定幅度不是很大的一个波动空间，保持汇率水平一定的弹性，为应对市场正常的供求变动留下汇率调整空间。在汇率制度上，也就是选择“有管理的浮动汇率制度”，在外汇市场上坚持市场供求和政府干预相结合的“混合机制”，这是最为有利、可行的汇率制度选择。

李庆云（2004）认为，人民币汇率在3~5年的短期内不应该改变，主要有以下理由：首先，国际货币基金组织的协议上规定，一个国家可以选择浮动汇率，也可以选择固定汇率，选择怎样的汇率制度是一个国家的主权问题，应该由各个国家根据自己的情况来决定。其次，从中国的国际收支平衡表各个项目来看：第一，中国目前的贸易顺差是由许多条件支持的，而这些前提条件一旦失去，顺差不一定能够持续。第二，平衡表中，经常收支中的收益项存在很大的逆差（200亿美元左右），中国在国外的收益明显少于外国在中国的收益。第三，经常收支项目中的经常转移保持顺差，大致为100多亿美元。综合这三项的考虑，如果贸易转向平衡，或者贸易出现逆差，国际收支项目中的逆差是肯定的。随着根据WTO规定进行的贸易政策放宽，中国的贸易顺差不会一直维持目前的水平，所以现在人民币升值对中国经济的发展没有好处。再次，从中国的直接投资项来看，虽然2004年上半年的直接投资是300亿美元，但这并不意味着有300亿美元现汇流入，中间不全是现汇，不小的一部分是在华所获利润的再投资，并且这些投资有的可能是技术入股，也有的可能是设备入股。所以直接投资里有一部分还是要大打折扣的。最后，应该看到，在2003年的国际收支平衡表中，误差遗漏项由负号变成正号，说明有大量资本流入，其中短期的比较多。综合上述原因，中国目前更应该用明确的态度来对付升值预期之下的热钱，外汇储备不正常的增加就会受到限制。

樊钢（2005）认为，虽然自2004年8月份以来，不断有国际游资涌入中国赌人民币升值，但是由于有诸多因素的存在，使得人民币近期不会升值。主要有三大原因：首先，通货膨胀还在继续，2005年CPI涨幅还将维持在4%左右，而2004年以来汇率未调整，等于人民币已经变相升值6%~7%左右；其次，美国的利率预期会继续上升，这也将缓解人民币升值的压力。最后，外汇市场赌人民币升值的投机氛围很浓，在国际游资的投机背景下，更应保持汇率的相对稳定。

吴庆（2005）认为考虑未来的汇率决定机制时，应考虑与汇率相关的利益：人民币升值将造成外汇储备的贬值，大部分将成为投机者的收益。

连平、周昆平、仇高擎（2005）认为从中长期来看，我国经济的发展水平和基本特征决定了人民币以保持基本稳定为好：①我国的经济发展水平和经济结构在一个时期内不支持人民币大幅度升值；②不利于我国发挥劳动力禀赋的相对优势，不利于促进就业和保持社会稳定；③目前中国经济的主要问题不是调整汇率所能够解决的；④应当有分析地看待中美贸易不平衡和外汇储备水平问题。从短期来看，比较稳妥的做法是，进一步客观分析形成人民币升值压力和预期的各种原因；采取有针对性的措施来加强和改善宏观调控，促进国际收支平衡，减轻人民币升值的压力；冷静观察国内外经济金融形势的变化和已出台政策的效果；放宽汇率波动幅度，运用市场机制减轻人民币升值预期对货币政策的压力。当然，汇率稳定也存在一系列不利影响，这本身就是个极其错综复杂的问题。但两害相权取其轻，人民币汇率应该基本保持稳定，同时适度增加弹性，以减轻升值预期对货币政策的压力。

（二）关于人民币的均衡汇率及其形成机制

主要观点如下：

（1）在固定汇率制度下没有办法来判断什么样的汇率水平是合理的，因为在这种硬性规定的汇率制度下，对于任何水平的汇率都无法评价其合理还是不合理，要确定正确的汇率水平是非常困难的，应该把出口换汇成本作为决定人民币汇率水平的依据。日本的经验和中国一些地方的数据都证明，出口换汇成本是决定人民币汇率水平的合理依据。出口换汇成本作为决定人民币合理汇率水平的优点在于：第一比较简单，第二也比较符合我们国家的国情。现在我国的对外贸易依存度已经达到60%，人民币汇率对国民经济的发展和就业的影响应该是非常大的，所以出口换汇成本可以作为确定人民币均衡汇率的一个重要依据，在此基础上再作灵活调整。如果人民币升值压力是短期的，当然可以不用考虑，但如果是中长期的压力，就必须要考虑升值。长期看，人民币升值应该是利大于弊，因为在很多国家或地区（如日本、新加坡和中国台湾地区等），如果货币在较长时期内稳中有升，那么企业竞争力就会不断加强，产业结构也会不断优化。

（2）人民币汇率问题应该回归到一价定律，从货币哲学角度研究人民币汇率问题。目前的人民币出现了“一张货币两张皮”的现象，即人民币对内有贬值压力，对外有升值压力，所以研究人民币汇率问题时应该回到货币价值论层面来研究，解决人民币汇率这个问题则应首先解决市场机制的问题。我国的市场化政策是明显的不对称政策，我国在内部市场与外部市场衔接的过程中，制定和实施政策不是双边的，而是单边的和不对称的，造成我们国内市场与外部市场分离。在这种情况下，作为一种支付手段和清算工具，人民币必然出现内外价值的偏离，从而对中国经济金融的稳定和发展产生很大的危害，即：一是阻碍国内市场与国际市场的有效衔接；二是严重削弱货币政策的有效性；三是容易诱发国际游资的冲击。

（3）人民币升值的中长期压力来源于国内的贸易品价格比非贸易品价格下降得快，出口价格一直在下降，因而人民币汇率应该升值。人民币三年左右升值30%是可行的，升值会导致国内一般贸易企业优胜劣汰，促进一般贸易企业技术进步；同时会使加工贸易企业把一些生产链条放到国内，这两方面对中国经济增长都有好处。此外，人民币小幅升值策略还可以缓解国内的通货膨胀。在人民币升值阶段，要加强外汇管制，限制投机资本，适当调整收入分配和地区分配政策，维持出口退税政策，防止房地产泡沫。通过实施一些配套政策来解决升值的弊端，我国就不会重蹈日本的覆辙。

（4）人民币汇率虽然是市场汇率，但是境内交易每天只有6亿~7亿美元，其中最大的买家是中央银行，因而目前的人民币汇率形成机制主要存在以下几个问题：一是不能灵活反映市场的供求；二是压制了汇率变动提高资源配置效率的积极作用；三是不利于经济主体提高外汇风险意识，因此有必要进一步发展外汇交易的零售市场和批发市场，增加市场交易的主体（如让国内企业、国际企业甚至国际金融机构来参与外汇市场均衡汇率的决定），开发避险工具，改进交易方式，研究和改革银行的结售汇制度，适当扩大银行间市场汇率浮动幅度，推动贸易和投资便利化，稳步推动资本账户的开放，拓宽人民币汇率的形成基础。

（三）人民币汇率制度改革

1. 汇率制度理论发展综述

①关于固定汇率制度的有关理论

在金本位货币制度下，各国货币都有法定含金量，汇率由铸币平价决定，在“价格—现金”流动机制下的汇率变动微小，所以汇率问题不在关注视野内。金本位货币制度崩溃后，国际货币体系一度混乱，各国竞争性货币贬值时有发生，对国际贸易造成了极其不利的影响。为此，经济学家对汇率制度问题展开了争论

Heterli（1928）等人主张恢复第一次世界大战以前的金本位货币制度和固定汇率；Cassel（1929）从购买力平价出发，认为一国的金平价应当变动，主张实行浮动汇率制度。布雷顿森林体系的建立，使固定汇率制度成为了一项国际性制度安排，固定汇率制度理论由此占据了主流经济学地位，产生了一系列关于汇率的理论，包括 Marshall（1947）的弹性理论及 Sidney（1952）建立在凯恩斯宏观经济理论基础上的吸收理论等。其中，R. A. Mundell（1953）的影响最大，认为在固定汇率制度下，自动连续的利息率和物价水平调整，能够引导国内商品市场、劳动力市场和外汇市场达到均衡，而汇率波动会给一国经济发展带来极大的不便和影响。此外，Mundell（1953）和 Kindleberger（1954）从国际间相互合作的立场进行了分析，认为固定汇率制度能使各国经济连成一个稳定的体系，有利于世界经济的稳定协调发展。值得注意的是，虽然固定汇率制度作为一项国际性制度安排得到了广泛的认同，但以 Friedman（1953）为代表的货币主义学派从货币政策的稳定性和“隔离墙”角度对它进行了猛烈的抨击，主张浮动汇率制度，认为浮动汇率制度更具有优势。

②关于中间和浮动汇率制度的主要理论

20 世纪 70 年代布雷顿森林体系崩溃之后，各国都面临着汇率制度选择的问题。由于经济学家研究的角度和对象不同，对于汇率制度得出了不同的结论，主要包括：“经济结构决定理论”、“经济冲击决定理论”、“政策搭配理论”、“货币决定理论”、“成本—收益决定理论”和“政府信誉理论”等。

Kenen（1969）的货币决定理论，从国际货币本位制度的角度对汇率制度选择进行了论述，提出了在国际信用本位制体系下，各国实行浮动汇率制度是一种必然的选择。

以 Heller（1978）为代表人的经济结构理论指出，发展中国家汇率制度的选择与经济结构因素有关，包括国家整体规模、经济开放程度、国际金融一体化程度、通货膨胀率、贸易格局等。即汇率制度的选择取决于一国经济结构特征，小型开放经济体及出口产品结构较为单一的国家，实行固定汇率制度较好。其后，Aizenman 和 Hausmann（1999）对这一理论进行了发展，提出了一国的汇率制度选择与金融结构相关，金融一体化程度越高，越适合采用灵活的汇率制度。

与此同时，发展中国家的经济学家 Frankel、Schmukler & Semen（2000）提出了“依附理论”，认为发展中国家汇率制度取决于其经济、政治等对外的依赖关系，因而应使其货币与某一关键国家的货币（锚货币）挂钩，以稳定经济发展。至于采用何种货币作为锚，则取决于该国经济发展、对外贸易、政治关系等。

Yoshitomi & Shirai（2000）及 Wolf（2001）的经济冲击决定理论，提出根据经济冲击的不同类型来选择汇率制度。如果经济冲击主要由国内需求和货币因素造成，应采取固定汇率制度；如果经济的不稳定多是由国外市场变动的实际冲击所致，则浮动汇率制度更能起作用。

Krugman（1996）以“三元冲突”为论据的政策搭配理论指出，汇率制度的选择应与宏观经济政策以及与之相关的资本管制进行合理搭配，认为资本自由流动、固定汇率与货币政策独立性三者不可同时实现。后来人们称之为“不可能三角”。Frankel（1997）在这一基础上提出了“半稳定、半独立”的组合。易纲、汤弦将“不可能三角”扩展为“三角假说”，指出汇率制度取决于多种汇

率制度形式并存与相互转换。

Krugman & Obstfeld（1998）的成本—收益决定理论则认为，一个开放经济国家选择何种汇率制度，取决于该国实行这一制度所产生的经济利益和成本比较。

Agenor & Masson（1999）提出的政府信誉理论认为，一国汇率制度是否能够维持，关键在于政府信誉与公众的预期。如果政府在维持汇率制度方面享有强信誉，会影响到市场预期增加汇率制度的维持能力。

Frankel（2000）提出的中间汇率制度理论，提出了维持该汇率制度的“可检验性”：如果中央银行宣布汇率作为中间目标，公众就能通过观察到的数据来判断货币当局是否守信，所以，政府信誉直接关系到汇率制度的维持和选择。Wolf（2001）指出，当中央银行有激励制造通货膨胀时，盯住汇率制度比浮动汇率制度更好；反之，当政府信誉没有问题，实际冲击占据主导地位时，则浮动汇率制度可能更好。

③关于两极汇率制度的理论

20 世纪 90 年代国际货币体系出现了两大焦点，即新兴市场经济国家金融危机和欧元的诞生，为汇率制度的选择拓展了新思路。

Eichengreen（1994）首先提出了中间制度消失理论（the Hypothesis of the Vanishing Intermediate Regime）或中间汇率制度理论，他指出：“在 21 世纪，为达到特定汇率目标而酌情处置的政策规则，将不再可行。各国将被迫在浮动和固定汇率统一之间做出选择。”随后 Obstfeld & Rogoff（1995）也做了相关论述，断言“在浮动汇率和采用一个共同货币之间，不存在一条舒适的中间地带”，“跨过峡谷深渊的最好方法就是简单一跳”，认为唯一可以持久的汇率制度是自由浮动制，或者是具有非常强硬承诺机制的固定汇率制（如货币联盟和货币局制度）。而介于两者之间的中间性汇率制度（如水平调整的盯住、爬行盯住、爬行带浮动等）都在消失或应该消失，所以，将来各国不是选择完全自由浮动就是选择“硬”的盯住汇率制。由于这一理论强调中间汇率制度的消失，汇率制度的最优解是两极汇率制度，所以，又称为“两极汇率制度论”。

Calvo & Reinhart（2000）提出的害怕浮动理论指出，一些实行弹性汇率制的国家，将其汇率维持在对某一货币（通常是美元）的狭小幅度内，反映了这些国家对大规模汇率波动存在一种长期害怕。

Eichengreen & Hausmann、Hausmann、Panizza & Stein（2000）都对原罪理论做过论述。原罪是指一种状况，即一国的货币不能用于国际借贷，甚至在本国金融市场上也不能进行长期借贷。由于金融市场的这种不完全性，国内投资可能会发生货币错配或者期限错配，企业面临一种“魔鬼的选择”，要么借美元导致货币错配，要么用短期贷款做长期用途而出现期限错配。原罪的产生不仅是由于该国货币不可兑换，更是由于该国金融市场发展滞后，直接后果是一国金融变得脆弱，汇率稍有波动便会有一批企业应声倒地，进而将银行拖入债务泥潭。由此得出的政策结论是：对发展中国家来说，干脆没有汇率，应该实行美元化或某种类似欧元的制度。

2. 人民币汇率制度改革

主要观点如下：

（1）虽然我国在 1994 年汇率并轨时就实行了有管理的浮动汇率制度，但是这一进程因 1997 年的亚洲金融危机而中断，随后中国实行了实质上的盯住汇率制度，这是由国际特殊原因造成的。因此我国下一步的人民币汇率制度改革，不是要去创造一个新的汇率制度，而是要如何把管理浮动汇率制度恢复起来。

长期以来，人民币汇率政策基本上是相机抉择的，我们需要改变这一现状，应该确定人民币汇率制度改革和发展的长远方向。另外，人民币汇率政策和利率政策没有协调起来，主要表现在利率市场化不断推进，但是汇率始终固定在一个水平，汇率并没有市场化，因此利率政策和汇率政策应该更加紧密地互相配合。

（2）当前人民币汇率制度的改革不应操之过急，应该尽量稳定人们的心理预期，在人民币的升值压力和贬值的实际压力减轻后，人民币汇率可以尝试小规模浮动，进而推动资本项目逐步放开，最后过渡到浮动汇率制度。我国目前正处于经济转轨时期，既不宜选择适合以前计划体制的固定汇率制度，也不宜选择完全自由市场体制的浮动汇率制度，而应选择中间汇率制度，逐步加大浮动幅度。

（3）管理浮动汇率制度要分阶段实现，即应分近期、中期和长期三个阶段。长期目标就是市场因素要占主导地位，中期目标就是市场因素要占一定地位，近期目标就是要在现在基础上逐步增加市场因素。总体看，人民币汇率制度的发展方向就是要不断增加市场因素。

（4）在具体操作时汇率制度改革要尽可能做到简化和量化。如汇率波动幅度的决定问题，有的与会学者提出按照黄金分割原理来确定，即按 1/3 与 2/3 来确定；有的专家则提出应该在 1% 或 2.25% 之间。如果人民币汇率设立目标区，在隐性的和非公开情况下，人民币汇率调整就有较大灵活性，调控的余地相对较大，一旦遇到冲击，人民币汇率波动幅度也可以较大（如威廉姆森提出的上下 10%，共 20%）。

（5）既然是有管理的浮动，那么央行就要实行干预。央行除了把稳定汇率作为目的之一外，还应积极寻求适合国家经济发展的汇率水平。汇率问题不仅是一国的问题，它涉及多个国家，各国出于各自的经济利益，对汇率的变动都会进行干预，而且干预的方向往往是相反的，这是一个动态博弈的过程，央行在博弈过程中对汇率的调控能力至关重要。如果确定一个均衡汇率，央行能否维持这一均衡汇率，在对汇率进行干预时，是直接干预还是间接干预，干预的程度多大，干预的手段又是什么？这对央行的调控能力提出了很高的要求。以国外中央银行为例，日本央行干预次数较多，但效率不高；而美国央行对汇率干预较少，但效率很高。我国央行应该学习其他国家的先进经验，看准干预时机，降低干预成本。

（6）关于盯住美元还是盯住一篮子货币的问题。盯住一篮子货币很复杂，需要模型和计算各货币比重，可操作性较差，而盯住美元相对较为简单，可操作性相对较强。

Mckinnon（2004）认为在目前根本没有必要改变盯住大国货币（如美元）的固定汇率制度，人民币与美元 8.28 : 1 的比价关系也不需要调整，只需要保持一个上下浮动 1% 的范围，明确反对一次性的大幅升值或者小幅多次升值。同时建议非常谨慎地、逐步地开放资本项目和允许资本外流。

Goldstein（2004）提出了一个“两步走”的方案：第一步维持目前的固定汇率制度不变，但由单一盯住美元改变为盯住一篮子货币，同时让人民币升值 15% ~25%，将汇率的浮动范围由目前的不到 1% 扩大到 5% ~7%，同时保持对资本项目的控制；第二步待银行体系的改革取得成效，银行竞争力增强之后，实行资本项目的自由化并采用有管理的浮动汇率。

胡祖六（2005）的方案是立刻改变目前的固定汇率制度，采用有管理的浮动汇率，汇率的调整不需要等到银行改革完成之后再实行，但是目前必须保持对资本项目的控制，不能资本项目开放在前、汇率浮动在后。在胡祖六的建议中，由于汇率浮动，调整汇率水平的措施就没有意义了。

李善同、刘云中（2005）认为，人们对于人民币是否被严重低估并没有取得十分一致的结论；人民币的汇率调整涉及人民币汇率水平的升降、从事实上的盯住美元的汇率制度改变为较灵活的可以浮动的汇率制度、改革结售汇制度和资本项目的管制三个方面。

谢国忠（2005）则认为人民币升值的机会已经过去了，而且只有等到投资体制和金融体系改革比较完善之后，才能由固定汇率制度向浮动汇率制度转化。

张斌、何帆（2005）认为人民币汇率政策的目标应该包括以下三个方面，每一个政策目标均应有其相应的监测指标：①维持内外部均衡，将汇率调整到与内外部均衡相一致的水平，是国内宏观经济稳定和经济可持续增长的必要保障（Montiel 和 Hinkle，1999）。宏观经济管理当局主要依据的监测指标是均衡汇率。②降低汇率风险，确保金融市场与宏观经济安全。新兴市场经济体在选择汇率政策的时候往往倾向于保持更稳定的汇率水平。这种现象被称之为“害怕浮动”。害怕汇率浮动的国家一般会呈现出三个特征：拥有大量的国际储备、汇率的波动性很小、国内利率的波动性很高（Calvo and Reinhart，2002；Reinhart，2000）。中国具有“害怕浮动”的特征和理由。中国经济的市场化进程远没有结束，国内金融体系依然非常脆弱，国有商业银行以及其他类型的银行和非银行金融机构距离真正意义上的商业金融机构还有很大距离，监管体制及相关的法律法规也很不完善，各种类型市场的发育还非常浅，这从根本上限制了金融市场为汇率制定合理价格的能力。如果市场存在缺陷并妨碍了其找到合理的汇率水平，浮动的汇率会对国内金融市场安全与宏观经济稳定带来巨大风险和不确定性。宏观经济管理当局主要依据的监测指标是人民币对美元的双边汇率稳定。③稳定出口国际竞争力与进口成本，宏观经济管理当局主要依据的监测指标是人民币对主要贸易国家真实的贸易加权汇率的稳定。

冯用富（2005）认为，考虑到在金融经济层面约束下国际、国内热钱所带来的冲击，目前应该暂时保持人民币汇率稳定。但保持稳定的目的不是为稳定而稳定，而是为人民币的长期升值、为人民币的国际化和成为世界货币做好准备。把人民币汇率的调整与外汇市场改革、汇率形成机制改革相联系的思路是可取的：①培育外汇市场主体。在培育市场主体过程中，要借鉴国际外汇市场中的交易商制度，首先以大银行为依托建立中国外汇市场的交易商。交易商制度将为货币汇率定价、熨平汇率的过度波动起到重要的作用。②研究、开发新的金融产品。中国加入 WTO 与金融对外开放不仅是市场与信息的开放，更重要的必定带来市场交易规则的“国际接轨”。规则的接轨意味着采用行政管理的方式来稳定汇率、规避汇率波动引发的风险的“传统模式”已不能适应新规则的要求，市场交易引发的风险更主要的是采用市场交易的方式来解决，即通过金融衍生产品来规避风险是市场必然的选择。③改革汇率生成机制。1994—1996 年间汇率制度改革不彻底、不完善的弊端在中国金融进一步开放中将更彻底地暴露出来。所谓的“有管理的浮动汇率制”事实上就是单一盯住美元的固定汇率制（冯用富，1999、2001、2002）。其新汇率制度的改革和设计应采用过渡型的方式——即汇率目标区制度。该制度一方面与渐进式的改革相适宜；另一方面与强势政府干预的偏好亦吻合；同时又易于操作。以目前的汇率水平为中心汇率，确定一定的波动区间，然后逐步扩大波动区间，最终过渡到有管理的浮动汇率制。④改革外汇管理体制。其改革的基本起点应该：一是逐步取消现有的“结售汇制”，让决策经济主体——企业按照自身的判断“意愿”地持有外汇并承担相应的风险与收益；二是放开国内居民的外汇管制限制，让居民根据自身的判断或委托理财的方式“意愿”地持有外汇，“藏汇于民”。让决策经济主体——企业和居民“意愿”地持汇可以分散中央银行外汇集中持有所带来的风险并且为外汇银行的委托理财提供更丰富的资金来源。⑤提高金融监管水平与能力。

（四）关于人民币汇率变动对我国各主要经济变量的影响

主要观点如下：

（1）有学者通过对 1984—2003 年汇率与就业相互关系进行实证研究，得出了 1984—1993 年人民币汇率与就业变动很大程度上表现出了正相关关系的结论，也就是汇率贬值，劳动需求增加，那么就业人数增加。1994 年以后人民币汇率变化和就业的相关系数不是特别的明显，1994 年以后人民币汇率开始贬值，后来再是升值，但就业一直保持比较平稳的增长；1994 年人民币大幅度的贬值没有带来就业大幅度的增加；1984—1993 年汇率对就业增长率的影响系数达到了 0.963，也就是说汇率贬值一个单位，就业增加 0.613 个单位，汇率调整对就业的影响比较大；1994 年以后人民币汇率对就业增加的影响系数是 0.438，也就是汇率升值一个单位，就业增加 1.55 个单位，表现出负相关关系。但是从 1984—2003 年总体情况来看，汇率对就业增长率的影响系数是 0.883，也就是说汇率贬值一个单位，就业增加 0.36 个单位。把理论分析和实证分析结合起来，如果人民币能够小幅度升值的话，尽管短期内会对国内就业产生一定的压力，但影响不会特别大，而从较长时期来看，可以促使企业提高生产力，加快技术进步和资本密集型产品的出口，改变出口产品的结构。

（2）通过模型计算进出口弹性，结果为出口弹性 0.87，人民币升值不会打击出口，进口弹性 1.1，稍比 1 高。另一个结果是人民币升值 3% ~10%，出口不但不下降反而上升 2% ~4%（该数字为 20 多个行业的综合）。即便是那些劳动密集型的一般贸易行业的出口额也会增加，虽然出口量有可能下降。人民币升值对 FDI 没有太大影响，它是中性的，因为很多外企可以利用在中国赚取的人民币利润作为再投资资金。这么多年来外企赚取的人民币利润巨大，且 90% 没有汇出，这部分资金是存在于中国国内的一大隐患。FDI 每年有 1/3 是利润再投资，2/3 是新流入的，人民币升值对新流入的 FDI 会有负面影响。

（3）随着外资企业所占比例越来越大，生产大量外包，我国经济结构呈现出越来越强的内部化贸易倾向，这种贸易结构的变化使得汇率对经济的影响力逐渐变小，本币优先的原则影响着未来对汇率政策的选择。

周茂清（2005）认为，人民币如果适度升值，可以给我国带来四大好处：①扩大国内消费者对进口产品的需求；②减轻进口能源和原料的成本负担；③有利于促进我国产业结构调整，改善我国在国际分工中的地位；④有助于缓和我国和主要贸易伙伴的关系。如果人民币升值的幅度过大，或时机把握不当，将会带来五大弊端：①将对我国出口企业特别是劳动密集型企业造成冲击。②不利于我国引进境外直接投资。③加大国内就业压力。④影响金融市场的稳定。人民币如果升值，大量境外短期投机资金就会乘机而入，大肆炒作人民币汇率。在中国金融市场发育还很不健全的情况下，这很容易引发金融货币危机。⑤人民币升值会使以美元衡量的银行现有不良资产的实际金额进一步上升，不利于整个银行业的改革和负债结构调整；巨额外汇储备将面临缩水的威胁。对于人民币升值的负面影响，要进行客观分析，并采取必要措施加以化解。适度升值虽然会对出口造成一定冲击，但要看到我国出口产品尤其劳动密集型产品的价格竞争优势是很强的，即使人民币升值 10%，也不能从根本上动摇这一优势。再说，升值可以促使企业将压力转变为动力，通过挖潜革新来提升竞争力。亚洲金融危机期间，在出口结构与我国大致相同的东南亚国家的货币纷纷大幅贬值的情况下，我国出口贸易仍然取得了骄人的增长业绩，就是一个有力的证据。又如，适度升值虽然会使我国外汇储备面临缩水威胁，但通过控制储备规模、优化储备币种、调整储备形式等措施，亦可将这一威胁减至最小。

彭兴韵（2005）认为，短期内，人民币升值会阻碍对国有商业银行的改革，它会直接或间接地降低中国商业银行的资本充足率：首先，直接降低了已获得注资的三家国有商业银行外汇储备资本折换为本币的价值，从而直接减少了三家国有商业银行资本充足率计算公式中的分子。其次，如果不是选择升值，而是扩大人民币汇率的浮动区间，也即人民币汇率更加市场化，那么，汇率的波动会更加频繁，这直接加大了商业银行持有外汇资产或负债的汇率风险；如果商业银行为了规避汇率风险而利用衍生品交易，按照巴塞尔资本协议的要求，这些外汇资产或者外汇衍生品交易的风险权重都比较高，从而扩大了商业银行资本充足比率计算公式中的分母，会降低中国银行业的资本充足率。而为了避免人民币汇率升值或仓促地扩大浮动区间会降低商业银行的资本充足率的后果，商业银行的选择便是缩减信贷等风险权重较高的资产比重，扩大库存现金、债券等风险权重较低的资产的比重。这在宏观上会带来以下几个方面的影响：第一，在资本总额一定的情况下，为了提高资本充足率，商业银行就只有缩减风险权重较高的信贷资产，从而造成信贷紧缩。第二，信贷紧缩可能会导致商业银行新一轮的不良资产的积累。第三，由于商业银行的信贷紧缩增加了商业银行的库存现金或者增加了对债券的需求，这又会导致货币市场利率持续下降，从而扭曲金融体系中的资金价格。

梅新育（2005）认为人民币汇率调整的主要正面影响是有利于缓解对外贸易不平衡，改善贸易条件，扩大内需，增强货币政策独立性，提高金融调控的主动性和有效性；促使企业转变经营机制，增强自主能力，加快转变外贸增长方式，提高国际竞争力和抗风险能力；有利于优化利用外资结构，提高利用外资效果，等等。从负面来看，由于以下原因，就总体而言，只要短期内不继续大幅度提高汇率，这次汇率调整对我国对外经贸和整个经济的冲击就不会太大。第一，此次升值幅度很小，对美元升值幅度仅 1.9%，而此前普遍预期的是只要升值幅度在 5% 左右就完全能够承受。第二，此次汇率调整的配套措施限制了其负面冲击。这次人民币汇率波动幅度并未扩大，人民银行宣布从 2005 年 7 月 22 日起上调境内商业银行美元、港币小额外币存款利率上限，此举增加了外币投资机会，提高了人民币投资的机会成本，削弱了境内居民将自有外币计价资产转换为人民币的内在动机，从而有助于稳定汇率，遏制人民币汇率进一步上调的趋势。第三，汇率变动对不同贸易方式的影响不一样，对一般贸易出口影响大，对“大进大出”的加工贸易进出口的影响，在很大程度上自相抵消，而我国对外贸易至今仍以加工贸易为主，加工贸易尤其是加工贸易出口占我国外贸实绩的一半以上。第四，2005 年前 6 个月我国连续出现可观的贸易顺差。在这种情况下，汇率调整即使对我国国际收支有负面影响，也只不过是缓解我国贸易顺差和外汇储备过快增长的压力，而不至于导致我国贸易收支发生根本性转折。第五，中国引进的外资中，很大一部分属于对出口导向型企业的投资，对此，我国内地可以作好充分准备，抓住一部分投资从沿海转移的机遇，从而部分化解成本上升的冲击。由于内需扩大，我国对外资的吸引力还会增强。第六，在人民币升值条件下，已有海外投资存量面临按人民币计价价值缩水的风险。第七，人民币汇率升值最大的风险之一是其潜在的通货紧缩效应，但上半年我国价格仍然在温和上涨，尽管涨幅比 2004 年有所下降，因此其通货紧缩效应的负面影响也不至于太大。

武锋（2005）认为人民币升值虽然会给我国经济发展带来一些不利因素，但它的好处也十分明显：①减轻我国偿还外债的压力。截至 2004 年底，中国外债余额达到 2286 亿美元，增长 18%，其中短期外债增长更快，数额已占到总额的 45.6%，超出了国际公认的 40% 警戒线。人民币升值以后，将会在一定程度上缓解我国偿还外债的压力。②降低我国进口商品的成本。③降低我国央行的冲销成本。④提高我国货币政策的独立性，面对经济“过热”的局势，我国政府实行了“稳健”的（实际上是紧缩性的）货币政策。与此同时，面对外汇的不断流入，央行又不得不被动地发行大量的基础货币，而基础货币的过度发行必然会带来通货膨胀的压力，从而在一定程度上削弱了我国货币政策的有效性。人民币的升值使得我国这种被动性的货币发行数量减少，这样我国货币政策的独立性就得到了一定的保证。⑤降低我国发生通货膨胀的可能性。⑥减少我国遭遇的贸易制裁。⑦带动我国股市上涨。⑧提升我国的产业结构。⑨提高我国企业海外并购能力。⑩增加我国百姓的财富。

政策性金融立法的国际比较与借鉴

——兼论中国国家开发银行与进出口银行的战略定位

白钦先①

政策性金融和商业性金融是彼此对称、平行并列的两大金融族类。在中国金融体制改革不断深化的过程中，从1994年我国正式组建国家开发银行、中国进出口银行、中国农业发展银行三家政策性银行以来，各类专门的政策性银行机构和非银行金融机构已经在我国运作了十多个年头，其业务活动在加强宏观经济调控，保护和支持各项产业发展、对外经济贸易发展，稳定国民经济运行中发挥了不可替代的重要作用；同时也进一步优化了我国的宏观经济调控体系和宏观金融调控体系。但同时，政策性金融机构的运作过程中也暴露出一些矛盾和问题，尤其是在政策性金融机构的设置、业务领域的限定、资金来源的渠道等方面，引起了商业性金融机构的诸多微词甚至不满。当然，产生这些问题可能来自于多方面的原因，但最根本的原因却是由于对政策性金融缺乏明确的法律界定，包括对政策性金融机构和政策性金融业务，其集中表现就是政策性金融立法的缺失或不足。作为中国金融体系重要组成部分的政策性金融，至今仍然没有一部正式的法律来规范与维护它，这是令人难以想象的。于是，缺乏权威的正式的法律规范而在实际运作过程中出现诸多混乱也就不难理解了。欲使我国金融体制改革进一步推进，必须解决这个问题，为此政策性金融立法在我国被提上了议事日程②。对我国来说，这是一项从无到有的开创性工作，需要进行周密的准备与创造性思考，但与此同时，也要大力借鉴其他国家的成功经验和适当模式，以减少不必要的摸索成本和纠错成本。

一、不同角度的国际比较

政策性金融立法在世界各国立法体系中都占据了十分重要的位置。如前所述，由于金融分为商业性金融和政策性金融两大族类，二者是相互对称且高度平行并列的，在资源配置目标、业务宗旨、资产负债结构、运行机制等方面具有本质的不同③。世界上近两百个民族国家和经济体的立法当局也是严格地将金融类法规分为针对商业性金融的一般银行法、证券法、保险法及期货法，以及针对政策性金融的单一的特殊的开发银行法、农业发展银行法、进出口银行法、住房银行法和中小企业政策性银行法、社会保障保险法和出口信用担保保险法两大类。作为一个完整的金融立法体系，必然包括商业性金融立法和政策性金融立法两大类。但在有些国家（主要是发达国家）其体系相对完备，条文规定细致入微，具有很强的操作性，而在另一些国家则显得不足甚至缺失。通过对政策性金融立法的国际比较，可以较为清楚地把握我国所处的位置和所应该采取的对策，并对我国的政策性金融立法工作提供有益的借鉴。

（一）政策性金融立法的基本原则

纵观世界各国政策性金融立法的基本原则，虽然说在表述形式方面存在一定的差别，但在本质

---

① 作者简介：白钦先教授，辽宁大学国际金融研究所，联系电话：13940010600，024-88553535（H），邮政编码：110036

② 本文多处引自：白钦先．国内外政策性金融理论与实践发展若干问题的思考．广东金融学院学报，2005（1）．

③ 关于商业性金融与政策性金融之间不同质的规定性的详细探讨可以参见：白钦先，王伟．政策性金融监督机制与结构的同时比较．国际金融研究，2005（3）．

内容上是基本一致的。一般来说，世界各国进行政策性金融立法的基本原则包括以下四点：

1. 单独逐一立法原则

也可以表述为专业性原则，意思就是在政策性金融立法过程中，针对不同类型的政策性金融机构用不同的专门法律法规来进行限定。这是由于政策性金融机构大多属于专业性专门金融机构，而且任何政策性金融机构都是根据国家特定的政策意图和战略目标在某一特定领域或行业内从事融资与担保等金融活动的，不同领域或行业所处的自然条件、发展水平、外部环境等各方面都存在巨大的差异，很难用相同的政策性金融业务方式进行扶持，因而不同的政策性金融机构需要采取不同的业务方式或者至少是侧重于不同的业务方式以实现对不同领域或行业的某一种特殊扶持目标。纵观世界各国，政策性金融机构种类繁多，但各机构都依据特定的单一法律法规开展活动，不受适用于商业性金融的普通银行法的制约。这一点在美国、日本等国表现得极为明显。作为日本政策性金融体系主体的"二行九库"，其每一个机构都有一部专门的法律法规。我国也逐步在这一原则上形成了共识。据《国际金融报》报道，中国人民银行副行长吴晓灵 2003 年提出，必须为每一家政策性银行单独立法，使其依法经营。而商业性金融机构只在一般银行法、证券法、保险法规定的业务领域内开展活动，并不是一个机构就有一部法律。

2. 以国家信用为基础和承担最高国家风险原则

这一原则的主要意思就是在政策性金融立法中，都强调该机构的国家信用性质以及由国家来承担政策性金融机构的最后风险。一方面，从政策性金融机构的设立动因来看，政策性金融机构都是政府为实现特定目标而设立的；另一方面，政策性金融机构与政府存在紧密的资本与资金联系，或所有，或控股，或参股，是政策性金融机构的坚强后盾。可见由国家来承担最高风险是十分自然的事情。日本政策投资银行除由日本政府拨付资本金外，还在预算中设立公积金，用于补偿由于不可见原因导致的亏损，公积金从每个财年决算后的利润中按规定提取。目前该行的资本及法定准备金为 16 689 亿日元，资本充足率为 11%。加拿大联邦实业开发银行在 1944 年经加拿大国会通过特别法案而建立时，其资本全部来自联邦政府的直接出资，1980 年又经国会批准，财政部授权将银行的资本额增至 4.75 亿加元。根据对世界各国情况的考察，一般来说，发展中国家的政策性金融机构都由政府全额出资，国家也承担最高风险；而发达国家由于市场经济体制相对发达，国家承担的风险相对较小。随着各国经济的不断发展，这一原则出现了一些变化，但总体来说，政策性金融机构由国家承担一定风险的原则没有改变，也不会改变①。

3. 协调均衡原则

政策性金融机构设立的主要目的是为了实现政府的特定目标和弥补市场失灵，为此必须在政策性金融立法中贯彻协调均衡原则。当然并不是说要有明确的条文来表示，但它是制定具体法律条文所必须遵循的基本指导原则。具体来说，政策性金融立法必须贯彻以下六个方面的协调均衡：①必须实现商业性金融与政策性金融总量与结构的总体协调均衡；②实现国家资源配置宏观主体（政府与政策性金融）与微观配置主体（工商企业、商业性金融机构、证券市场与保险市场）的协调均衡，以及资源配置宏观目标的社会合理性与微观目标的经济有效性之间的协调均衡；③实现赋予它的特殊宗旨、目标、任务与其拥有的资本与资金综合实力之间的协调均衡；④实现其性质职能的特殊公共性、政策性、非营利性（不以利润最大化为目标，但这并不意味着其不盈利、总赔钱）与其具体业务运营管理的市场性之间的协调均衡；⑤实现履行其公共性职能而产生的财务缺口与其自动补偿机制间的协调均衡；⑥实现国家对政策性金融的全力综合配套支持与适度监督之间的协调

① 如果国家不承担任何风险，则这一机构已经转化为民间机构。即使在美国，由于某些政策性金融机构已经偿还了所有政府出资而成为特殊公法法人机构，但在业务上仍然要受到政府和相关法律法规的保护、支持与约束，国家为此仍然会对政策性金融机构的业务承担相应的风险。

均衡（白钦先、王伟，2004）[①]。需要说明的是，政策性金融并不是赤裸裸的政府干预，而是以财政为后盾，采用金融的办法来实现特定的政策目标，它是“金融与财政、市场性与行政性、宏观与微观、间接管理与直接管理、有偿与无偿的巧妙结合体”（白钦先，1998）。而这六大协调均衡原则就是对这一“巧妙结合体”在配置主体、配置目标、运行机制等方面的进一步展开和系统化。从最本质的资源配置机制上来说，政策性金融立法必须实现政府与市场这两种不同的资源配置机制的有机结合即协调均衡，以此克服资源配置主体（宏观主体与微观主体）和资源配置目标（经济有效性与社会合理性）之间的错位与失衡，从而实现政策性金融的可持续发展。

当然，不同国家可能侧重于不同的原则，一般来说，市场经济国家由于具有较好的制度设施，因而更侧重于抽象的政府承担最后风险；而发展中国家由于制度设施的欠缺，因而更侧重于相对具体的六大协调均衡原则。

4. 不同于商业性金融的特殊监督权力与结构

在政策性金融“一行一法”这一特殊体制之下，法律对国家开发银行和进出口银行的定位、宗旨、性质、任务、资本构成与总量、资金来源与资金运用、业务种类与原则、赋税减免和其他优惠、内部权力结构、主要领导人的任免、董事会的组成与权力、与政府各相关实际部门的关系、外部监督等都有相关的具体规定，这与商业性银行法、证券法与保险法有根本的不同。所以，世界各国通常所说的金融监管，即国家对各种商业性银行、非银行金融机构、证券市场与保险市场的外部强制性监管，是不包括各种类型的政策性金融机构的。而我国 1994 年以来将政策性金融机构与商业性金融机构统统归于中国人民银行或中国银监会监管，这其实是一种误解，在全球各国中也是十分罕见的，亟待厘清与纠正。这种客观现实的存在究竟是混淆、误解抑或是误判？金融监管一般是指国家的外部强制性监管，是“官”对“民”（金融企业与市场）的、居高临下的外部强制性监督管理与控制调节，是国家代表公共利益对追求利润最大化的机构与市场的强制性监管。而作为政策性金融机构的国家开发银行和中国进出口银行是官方或准官方机构，是政府的一部分，不是“民”，它们以贯彻执行国家产业政策、经济政策、社会改革、外交战略或意图、维护国家资源安全和经济安全为第一任务，不以利润最大化为第一追求目标。故不应将对商业性金融机构与市场的国家强制性监管与对政策性金融机构的特殊监督机制与结构相混淆。关于这一问题笔者已有专文论述[②]。

（二）政策性金融立法体系

这里的立法体系主要是指由各种不同法律法规所组成的一个整体，政策性金融立法体系则是指由针对不同政策性金融机构的法律法规所组成的一个整体[③]。从政策性金融立法体系这个角度来进行国际比较分析，可以较为明确地把握政策性金融立法体系的不同类型以及不同类型之间的区别与联系。政策性金融的主要目的是实现政府的特定目标和弥补市场失灵，为此可以根据世界各国政策性金融立法体系对不同目的的侧重点不同而划分为两个类型：引导型和补充型[④]。

（1）所谓引导型的政策性金融立法体系，主要是指该国的政策性金融立法侧重于实现政府特定的战略目标和政策意图，尤其是强调经济开发与实现快速发展。这个类型主要出现在发展中国家。由于发展中国家经济相对落后，民营经济发展与积累不足，难以发挥主导地位，所以国家在当今世界激烈的竞争形势下面临着繁重而迫切的赶超发展任务。同时，由于发展中国家市场经济体制不完善的原因不仅仅是法律制度以及思想意识上的缺陷，更为基本的仍然是经济发展水平的限制，所以为了完善市场经济体制、提高资源配置效率，也必须首先加快经济发展。所以对于发展中国家

---

① 白钦先，王伟．政策性金融可持续发展必须坚持的六大协调均衡．金融研究，2004（7）．

② 白钦先，王伟．政策性金融监督机制与结构的国际比较．国际金融研究，2005（5）．

③ 之所以先做这样一个界定，是因为对于立法体系还有一些不同的理解，而先进行界定可以使我们的研究对象更为明确。

④ 关于这种分类的依据，可以参见谭庆华（2005）对政策性金融功能的讨论。

的政策性金融体系来说，加快经济开发与快速发展、实现政府的赶超发展目标是居于首位的。反映到政策性金融立法体系上，就表现为侧重于对开发性金融机构的立法。例如《菲律宾开发银行法》、《韩国产业银行法》、《巴西国民经济开发银行法》、《德国复兴信贷银行法》、《日本开发银行法》（现在已经重组为日本政策投资银行，相应的由《日本政策投资银行法》对之进行规范）等。我国的政策性金融体系也属于此种类型，国家开发银行居于整个政策性金融体系的主导位置，只不过我国在政策性金融立法体系上显得落后，还没有专门的《国家开发银行法》。当然，侧重于开发性金融机构立法并不是说仅仅针对开发银行立法，也包括其他开发类的政策性金融机构，例如巴西东北部开发银行东北银行、日本冲绳振兴开发金融公库、日本北海道东北开发公库等地方性开发机构、金融公司、工业发展公司等，甚至也还包括一定范围上的其他类型政策性金融机构立法。属于这一类型立法的一个普遍事例是各国针对进出口政策性银行的立法。此类法律是国家针对国际市场竞争，着眼于增强一国国际竞争力和贯彻外交战略意图而制定的，“引导”的色彩更为明显。

（2）所谓补充型的政策性金融立法体系，则主要是指该国的政策性金融立法侧重于弥补市场失灵，对市场经济体制运转起到查缺补漏的作用，而不对经济发展进行主动的干预和调节。这个类型主要出现在发达国家。由于发达国家的经济发展水平相对较高，市场经济体制较为完善，资源配置具有较高的效率，因而政府没有紧迫的发展任务，也不需要过多地干预经济运行。但由于市场失灵始终存在，政府仍然需要发挥一定的作用去弥补市场失灵，政策性金融就是政府弥补市场失灵的一种有效方式。例如美国的政策性金融立法体系就是典型的补充型政策性金融立法体系，其立法领域主要集中在农业、中小企业、住房、进出口等行业，相应的有《联邦土地银行法》、《联邦中期信贷银行法》、《1932 年住房贷款银行法》、《美国进出口银行法》以及美国小企业管理局（SBA）的相关法案等。而这些行业都属于市场失灵区域，或者说是完全通过市场机制发挥作用将难以发展或对整个国民经济有重大影响甚至威胁的行业，在这种情况下，就有必要通过政策性金融机构进行扶持以弥补市场失灵。再看其他发达国家例如英国、法国等，其政策性金融立法体系都显示出类似的特点，都属于补充型的政策性金融立法体系。当然，强调此类立法的“补充型”，并不否认也同时存在政府的刻意支持与引导，例如发达国家的农业政策性金融机构法、中小企业法也具有扩大就业、促进经济增长和着眼国际竞争的意图，其突出表现是各种巨额农业补贴。

需要说明的是，虽然从现时的观点来看，德国和日本都属于发达国家，但由于德国、日本是第二次世界大战的战败国，在战后也面临着急迫的发展任务，为此设立了一系列开发性金融机构来振兴经济，例如德国复兴信贷银行和日本复兴金融公库，并取得了明显效果，其引导型的政策性金融立法体系也基本维持了下来。但随着德国、日本经济的战后崛起，其政策性金融立法体系出现了一些细微变化：一方面是开发性职能的弱化，例如德国复兴信贷银行主要转向弥补市场失灵，而不是着重于产业开发；另一方面是对补充型政策性金融机构和业务的重视，例如日本政策性金融体系的业务转向更加注重于国民福利与环境保护。这在一定程度上可以视为向补充型政策性金融立法体系的转变。

由上述分析也可以知道，政策性金融立法体系之所以可以分为这两种类型，主要是由于世界各国经济发展水平有差异。当然，这种区分主要是理论研究和分析的需要，在实践中可能是二者紧密地融合在一起而难以进行如此明确的区分。

（三）政策性金融立法的先后顺序

纵观世界各国政策性金融体系，政策性金融立法相对于政策性金融实践而言有先有后，即有的国家是先立法后建机构，而有的国家是先建机构后立法。这是由多方面的原因所决定的：一是不同国家具有不同的立法传统和立法程序；二是不同国家具有不同的传统文化，尤其是不同国家对法律的重视程度不同；三是不同国家具有不同的经济发展水平和不同的外部环境，有时甚至取决于某些特定历史事件。正是由于这些方面的共同影响，使政策性金融立法在先后顺序上也表现为不同的模式。具体从世界各国的情况来看，先立法后建机构的国家主要集中在发达国家，特别是后发达国家，例如日本、韩国等，这些国家都是在一个机构建立之前已经立法完毕，或者说任何一个机构的建立都是依据已经颁布的法律。像美国这样的发达国家，这些国家的经济相对发达，文化传统中尤其重视法律的作用。当然这两种模式都具有各自的优点与缺点，并不能绝对地说孰优孰劣，所以有必要对世界各国的实际情况进行考察和比较分析，以得出有借鉴意义的结论。

（1）先立法后建机构。这种模式的主要优点是在建立机构之前会进行周密详细的思考和准备，建立机构及相关运作过程可能相对有条不紊，尽可能地避免使建立的机构成为下一步改革的对象甚至阻碍；其主要缺点是不论事前的思考与准备多么周密详细，总是难以与实际情况完全对应，并由于立法在先所导致的惯性而使立法内容难以与多变的实际情况及时协调一致。通过对世界各国情况的考察，我们发现政策性金融立法在先这一模式较为多见，实际应用得也比较成功。例如，日本于1951年3月先颁布了《日本开发银行法》，同年4月才正式成立日本开发银行。日本开发银行是运作比较好的政策性金融机构，对日本经济在战后崛起发挥了重要作用。韩国于1953年12月颁布《韩国开发银行法》，次年4月1日才正式成立韩国开发银行。同样，韩国开发银行也为韩国经济发展做出了重要贡献。美国早在1923年就制定颁布了《联邦农业信贷法》，直到1985年才设立农业金融公司等政策性金融机构（白钦先、曲昭光，1993）。之所以会出现这样一种优势尽显的良好效果，可能是由于以下几个方面的原因：随着立法数目的增加，立法经验也不断丰富；从已有的现存事物出发，降低了政策性金融立法的难度；立法组织和立法人员尽职的事前准备工作等。

（2）先建机构后立法。这种模式的主要优点是存在一段时间的事先实践过程，通过事先实践可以尽可能地减少立法过程中的失误以及与实际不相符合之处，从而使立法更加合理也更加符合实际。其主要缺点是已经建立的机构容易形成特殊利益集团，它可能为了自身利益而阻碍立法过程的正常展开，甚至阻碍改革的顺利进行。根据对世界各国实际情况的考察，我们发现政策性金融立法在后这一模式较为少见。例如英国的出口信用保险机构很早就开始运作，但相关的政策性金融立法却拖后了几十年，不过该机构的运作取得了较好的效果（白钦先、徐爱田、欧建雄，2002）。这其中，英国发达的市场经济体制和相对完备的金融服务体系可能发挥了主要作用。另外，比较明显地采用这一模式的就是我国。我国的三家政策性银行已经运作了十多个年头，至今却仍然没有一部正式的法律法规来对其进行限定，争议长达两年之久的《政策性银行管理条例》草案有望在2005年完成[①]。从我国的实际来看，这一模式的优势难以发挥，相反却存在较多的弊端：业务领域定位不准，经营范围随意调整，导致一定程度的混乱以及商业性金融机构的诸多不满；资金来源渠道单一，且缺乏法律规范，造成财务补偿机制不畅；经营目标不明确，不同目标之间缺乏协调机制，经营亏损严重等。

虽然上述分析并不能得出孰优孰劣的结论，但显示出政策性金融先立法后建机构是一种发展趋势，以发挥政策性金融的立法先导作用。

二、对中国政策性金融立法的思考与借鉴

随着经济金融化的发展，金融日益显现出在整个经济社会发展中的极端战略重要性，金融问题引起了社会各界的广泛关注。同时随着法治观点的逐步深入人心，金融立法的范围越来越广泛和细致，自《国务院关于金融体制改革的决定》（国发［1993］91号）发布以来，随着商业性金融与政策性金融的分离分立以及三家政策性银行及各类政策性非银行金融机构的建立，金融立法的速度明显加快。1995年3月颁布了《中华人民共和国中国人民银行法》，5月颁布了《中华人民共和国

① 关于这一过程的详细介绍可以参见《政策性银行改革有望破题，第四家银行可能启动》中的相关内容。http://news.sina.com.cn/c/2005-03-20/15135411808s.shtml.

商业银行法》和《中华人民共和国票据法》，6 月又颁布了《中华人民共和国保险法》和《中华人民共和国担保法》，1998 年 12 月颁布了《中华人民共和国证券法》，由此初步建立了规范我国商业性金融领域各类经济主体行为的法律法规体系，为我国金融体制改革和经济金融发展创造了良好的法制环境。但需要注意的是，接连颁布的这一系列法律都是针对商业性金融的，而对于分离出来的政策性金融（银行）仅在《国务院关于金融体制改革的决定》中做出了相关规定，《银行业监督管理法》和《中国人民银行法》也仅对政策性银行的金融业务的指导和监督有规定（吴怀农，2004）。这些规定就其将对政策性银行的监督与对商业性银行的监管相等同或混淆这一点来说，是不妥的，将来是需要修改的。除此之外，我国目前没有专门针对政策性银行的法律、行政法规或较高立法层次的规范性文件。可见，对政策性金融立法的重要性显然还没有得到我国政府足够的重视，仅仅只是把它当作可有可无的例外而用商业性金融立法来替代政策性金融立法。这种政策性金融立法缺失的状况正是造成现今诸多问题的根源。不过这种状况正在改变，争议长达两年之久的《政策性银行管理条例》草案有望在 2005 年完成；国家开发银行和中国进出口银行的管理条例草案已经拟就，并由人民银行、银监会、财政部、发改委联合将修改稿送至国务院法制办；中国农业发展银行的管理条例也正由人民银行牵头起草。这表明我国已经逐步认识到政策性金融立法的重要性，并已经迈出了实质性的步伐。前面对政策性金融立法的国际比较分析，对我国加强政策性金融立法工作、完善政策性金融立法体系有着重要的借鉴意义。

借鉴一：重视政策性金融立法，贯彻政策性金融立法的基本原则。根据我国近年来一系列举措，表明我国已经逐步认识到政策性金融立法的重要性，并采取了实质性行动。但对政策性金融立法的重视不能昙花一现，而应该长期坚持。根据我国政策性金融立法的具体行动，可见我国基本贯彻了单独立法原则，并有所发展与创新，把单独立法与整体立法相结合，把政策性金融立法的专业性与全局性相结合，这应该说是有益的探索。但在政策性金融立法过程中，要对不同政策性金融机构进行周密详细的限定，充分体现出单独立法的专业性原则，并注意实现政策性金融发展所必需的六大协调均衡。这将是十分细致和繁琐的工作，需要我们付出艰辛的劳动。至于国家承担最高风险原则，我国的特殊国情使这一原则的贯彻显得相对较为容易。

借鉴二：结合我国实际选择合适的侧重点，构建完备的政策性金融立法体系。根据我国的经济发展水平以及我国的特殊国情，经济发展水平相对较低，区域间发展极不平衡，则我国的政策性金融立法体系整体而言，仍然属于引导型。所以我国政策性金融立法的侧重点仍然是开发性金融，尤其是区域开发性金融机构的立法，例如在 2005 年“两会”中提出的组建西北开发银行和组建中部银行的提案，可以视为一种有益的探索。但值得注意的是，开发性金融也如进出口金融、中小企业金融和农业金融一样，是分为商业性和政策性两类的，不能把开发性金融等同于或混淆于开发性商业性金融和开发性政策性金融，相对比较现实的问题也许是迅速制定《国家开发银行法》，以规范国家开发银行的运作，更好地实现国家快速发展经济的战略目标。当然，随着我国经济的向前发展和各地区经济的协调发展，政策性金融立法也必将逐步转向着重发挥政策性金融的补充功能，即转变为补充型政策性金融立法体系。这符合经济发展的客观规律，也符合世界各国的实践经验。但需要注意的是，既然已经认识到这样一种发展趋势，就有必要提前进行周密的准备，而不是等到问题无法收拾的时候才想到进行处理，例如对于经济开发中的环境污染问题，不要硬是等到污染了、破坏了再来寻求治理的办法和途径，包括立法途径。为此有必要适当发挥政策性金融立法的先导作用。

借鉴三：充分发挥政策性金融立法的先导作用，减少不必要的纠错成本。虽然从世界各国的具体实践来看，既存在政策性金融立法在先的模式，也存在政策性金融立法在后的模式，但根据前面的国际比较分析，政策性金融立法在先的情况较多，效果也比较好；从发展趋势来看，随着法治观点的深入人心，各主要国家几乎都在逐步转向政策性立法在先这一模式，以发挥政策性金融立法的支持、促进、先导与制约作用。但要能够发挥出政策性金融立法的先导作用，需要更好地借鉴其他国家的成功经验和做法，需要对本国国情有深入细致的研究和把握，也需要对政策性金融机构与业务发展进行尽可能准确的预测。只有做到以上三点，才能使政策性金融立法相对完善并发挥政策性金融立法的先导作用，从而促进我国整体经济社会的协调可持续发展。

三、中国国家开发银行和进出口银行的战略定位

在中国政策性金融机构建立11年之际，中央有关部门高度关注在新形势下国家开发银行、中国进出口银行和中国农业发展银行的战略定位及立法问题。这是一件意义重大而又影响深远的大事，也表明中国政策性金融即将迈入依法和健康有效运行的新阶段。

政策性金融与商业性金融是一个民族国家和经济体经济与社会发展中，完整的金融统一体中不可或缺的两翼，二者相互对称，彼此平行、并列，是相互补充的而不是替代的，是平等协调合作的伙伴而非对立的或从属的或竞争的对手。在当代各国经济金融体制中，只有同时存在这两翼，才是协调与均衡的，才是稳定和有效的，否则，就将会是扭曲的、非均衡的、不稳定的和低效的。

当然，所谓彼此对称、平行、并列是就整体和全局性定位而言的，彼此平等、同等，而没有主次的从属关系；但这并不意味着二者在微观上、具体上，例如机构数量、市场份额、人员数量等也是绝对相等或相近的。

具体就市场定位与份额而言，就市场经济总体而言，商业性金融是主体，政策性金融是辅助与补充；但就某一特定领域而言，则政策性金融更可能是主体或主角而非配角，例如基础设施领域和区域开发中的开发银行，或进出口和对外投资担保保险服务领域中的进出口政策性金融机构，社会保障领域中的社会保障保险机构，外汇投资管理中的外汇投资管理机构，银行不良资产重组中的资产管理公司，等等。在这里，所谓的主与辅，也是相对的或辨证的，要避免做绝对化的理解，或者为了某一方的某种利益或需要，抓住“我为主你为辅”来为我所用，这是不妥当的和片面的。

市场是一个动态的过程，政策性金融和商业性金融的活动领域也是一个相对的不断变动与调整的过程，资源配置主体与目标的错位，以及市场选择或不予选择或滞后选择的领域或项目，也不是绝对的而是相对的，相关法律或法规也是与时俱进地不断调整的。因此不同国家同一时期，或同一国家不同时期，上述二者的界线，有些是清楚的，有些是模糊的；有时是清楚的，有时是模糊的；有些是限定的，有些是交叉的。

选择或不选择或滞后选择有时合法不合理，有时合理不合法。假如以追求利润最大化为目标的商业性金融机构愿意牺牲自身利益，自动承担某些标准的公共性政策性项目，那是应当欢迎与鼓励的；假如某些政策性金融机构涉足某些标准的商业性项目，那么可能是法律或政策允许的，或者是市场供给严重短缺的，或者是该国金融结构性缺陷亟待纠正的，是应谨慎地处理的①。然孰是孰非、孰优孰劣，最终的判断标准只能是由代表国家最高利益的最高立法当局制定的政策性金融法。由此可见逐一制定与实施各类政策性金融法的重要与紧迫。

（一）关于中国国家开发银行战略定位相关问题

1. 开发性金融是开发性政策性金融与开发性商业性金融的总称

开发性金融，如同农业（农村）金融、中小企业金融、住房金融和进出口金融一样，是出于某种方便或需要，从金融机构或金融业务的服务对象或服务领域的角度而做的某种划分，它并不是金融基础理论或基本实践中的一种基础性的规范性的标准划分。显然，上述几种金融，每一种又分为商业性与政策性两类，例如开发性商业性金融和开发性政策性金融、农业（农村）商业性金融和农业（农村）政策性金融、中小企业商业性金融与中小企业政策性金融、住房商业性金融和住

① 白钦先．国内外政策性金融理论与实践发展若干问题的思考．广东金融学院学报，2005（1）．

房政策性金融、进出口商业性金融和进出口政策性金融，等等。所以在金融理论研究与市场定位及业务开展的宣传报道中，相关用语与提法应是科学规范的，尤其不要有意无意地模糊或混淆开发性金融同开发性政策性金融与开发性商业性金融的区别。

2. 开发性金融的基本含义与类型

所谓开发金融（Developing Finance）是特指为一国或经济体经济与社会发展中的基础设施、基础性产业或领域（如能源、电力、交通、水利、环境），或落后的地区，或在新形势下又延伸至具有某种特殊战略重要性的产业或部门，提供信贷等金融服务的金融机构或金融业务活动的总称。尽管“开发”与“发展”是同一个英文单词，但在中文中，“开发”与“发展”的含义与侧重点是有区别的。

如前所述，开发性金融是分为开发性政策性金融和开发性商业性金融的。就开发性政策性金融而言，可以从不同角度划分为开发性政策性银行和开发性政策性非银行金融机构、国别或地区开发性政策性金融、全球性开发性政策性金融（如世界银行、国际开发协会等）和国际性区域性开发性政策性金融（如亚洲开发银行、非洲开发银行），等等。

3. 国家开发银行的战略定位与特征

中国是一个后发的、赶超的、东方的、正在发展中的、转轨的、大的和社会主义的国家，已经过二十六七年的改革与开放，并取得了历史性的巨大发展与进步，正进入全面建设小康社会和由经济金融大国向经济金融强国转化的历史进程中。这些都决定了中国国家开发银行的特殊战略重要性和艰巨的历史使命。

在全球各国各类政策性金融体系中，尤其是在中国的政策性金融体系中，开发性政策性金融是更为基础性的、实力更为强大的、业务对象和业务种类更为多样化的一类。它在各民族国家或经济体经济与社会发展中的地位和作用是基础性的、战略性的和绝对不可或缺的。特别是对那些后发的、赶超的、正在发展中的和转轨的国家而言，就是更为重要的和更为不可取代的。

在中国的金融体系（即商业性金融与政策性金融）总体功能中，开发性政策性金融在资源配置与经济调节功能方面要比商业性金融更为直接、更为强而有力，从而更为有效。中国的开发性商业性金融和开发性政策性金融二者都正在形成与发展的过程之中。迄今为止，中国还未正式建立专门的开发性商业性金融机构，开发性政策性金融也还缺少区域性的或地方性的开发性政策性银行机构和非银行金融机构（例如中西部、东北区域性开发性政策性金融机构等），这种政策性金融领域的结构性体制缺陷与失衡，已经和正在对中国的经济与社会的发展稳定产生明显的不良后果与影响。这是值得高度关注的和应逐步完善的。人们期待决策者对此给予更大的关注、更多的支持和更为宽松的政策。

4. 基本的开发性政策性金融定性定位与对开发性商业性金融业务的兼营

不可否认，近些年来，关于国家开发银行与国有商业银行等商业性金融机构业务的某种交叉与竞争，已经引起了种种矛盾与问题。造成这一情况的原因很复杂，但最根本的一条是双方都无法可依，没有明确的判断“是”与“非”的法律依据与标准，此外，并无法律明确规定国家开发银行不可以从事开发性商业性金融业务，而中国现在又缺乏专门的国家开发性商业性金融机构，国家开发银行填补这一市场“空缺”也在情理之中，无可厚非。关键是国家最高立法当局要对国家开发银行有明确的定性与定位，一切即可迎刃而解了。

我的意见，中国国家开发银行的基本定性与定位是：以国家信用为基础的开发性政策性金融机构，但可以视需要与可能适度兼营开发性商业性金融业务，即以开发性政策性金融业务为主，以开发性商业性金融业务为辅。这个“适度”、这个“主”与“辅”应有一个较为明确的比例界线，例如政策性金融业务占2/3、商业性金融业务占1/3……例如《日本开发银行法》规定该行可以经营某些有限的商业性投资银行业务，这对于把握市场信息、市场动态和需求，触摸市场最新动态与发展趋势、丰富业务技术与经验、优化内部激励与管理、减少财政补贴与开支将是有利的。但直到前两年，该行的商业性投资业务仅占其业务总量的 3.5%，还是极为有限的。

5. 国家开发银行的开发性政策性银行业务与开发性商业性银行业务“分账户经营”

以政策性金融业务为主，适当兼营商业性金融业务，二者严格地执行“分账户经营”的原则，二者的机制、项目选择的原则与自主程度都不同，所以二者适用的政策与承担风险的主体及税赋优惠等也应不同。

（二）关于中国进出口银行战略定位相关问题

1. 时代、形势与指导思想

经济全球化、经济金融化和金融全球化日益深入，知识经济已见端倪，各民族国家和经济体彼此相互渗透、相互依赖、相互制约与影响的程度空前提高，经济与贸易的游戏规则也日益全球一体化，这是我们讨论中国进出口银行的战略定位和相关立法时面对的时代背景。恰逢此时，作为以和平姿态崛起的东方大国，中国正进入全面建设小康社会和由经济金融大国向经济金融强国迈进的历史性转折时期，与此相适应，中国也正处在由对外经济贸易大国向对外经济贸易强国，由传统计划经济政府直接补贴和以出口卖方信贷为主导的直接支持体制向取消一切形式的政府直接补贴转向依赖 WTO 规则认可的进出口政策性金融支持和出口买方信贷为主导的间接支持、促进的新体制转换期，正处在由多种形式的经济与社会发展受援国向对外纯援助国转换的新时期。在上述历史性时代巨变和一系列重大转折期背景下，当我们在讨论与制定中国的进出口政策性银行战略定位与立法的相关问题时，必须对时代与诸多历史性转变有最大限度的感应、呼应和反应，并与之相协调；必须从中长期和战略高度考虑与制定相关法律与政策；必须使相关法律与政策同我国的总体战略目标、历史任务与对外义务责任相适应、相协调。一句话概括，就是我们的目标与任务必须是明确的，行动应该是谨慎的，操作应该是分阶段的。

2. 关于中国进出口银行的定位

依据世界大多数国家的通例，中国进出口银行应定位于：①支持与促进国家的进出口贸易；②承担与进出口及对外投资相关的信用担保与保险；③从事国家对外经济援助相关的业务和国外对华援助贷款的转贷业务。

3. 关于进出口政策性金融的战略地位与巨大作用

在经济全球化的条件下，对外经济贸易活动的特殊战略重要性空前提高，进出口贸易特别是出口及对外投资，对一国经济发展、国家安全、经济与资源安全、扩大就业、社会发展稳定以及提高国民福利等方面的作用与贡献，是重要的、独特的和不可替代的。然而在世界贸易组织框架之下，严格禁止各种形式的政府补贴，但默许进出口政策性金融的存在与支持，形成了一块特殊的保留地与例外，从而事实上成为各国间的一个特殊竞争领域。因此，进出口政策性金融体制发展与完善程度，既是一国综合国际竞争力的重要构成部分，又是该国综合国际竞争力的重要表现与标志之一。

4. 关于中国进出口银行的资本与资金实力

作为一个正在发展中的经济金融大国和位居全球前三位的贸易大国，在面临全球日益激烈的竞争和担负着国家对外经济贸易、外交战略与意图的中国进出口银行，50 亿元的资本金与其巨大而繁重的任务相比，目前的资本额是远远不够的，是不对称和不均衡的，从某种意义上讲，甚至仅仅是象征性的、相对微弱的。所以，必须：①迅速而大幅度地一次性扩充其资本额。②可以考虑从中央银行持有的巨额外汇储备中筹集。③还可以规定定期或不定期地根据需要与可能进一步扩充资本。④可以在法律条文中规定将盈余中的一定百分比纳入公积金，形成第二储备，假以时日，积少成多，逐渐稳步地扩充资本。例如，20 世纪 90 年代，日本国家开发银行的第二次资本就是其第一次资本的 2.3 倍。以上我们指出的扩充中国进出口银行资本实力的四种可能途径，第一种是一次性的特殊方法，其余三种途径可以形成一种资本与时俱增的、稳定的自动扩充机制，这一机制比第一种方法更为稳定也更为重要。

参考文献

1. 白钦先，王伟．政策性金融监督机制与结构的国际比较，国际金融研究，2005（3）．

2. 白钦先，王伟．论政策性金融可持续发展必须实现的六大协调均衡．金融研究，2004（7）．

3. 白钦先，徐爱田，欧建雄．各国进出口政策性金融体制比较．北京：中国金融出版社，2002.

4. 白钦先．白钦先经济金融文集．第2版．北京：中国金融出版社，1999.

5. 白钦先，曲昭光．各国政策性金融机构比较．北京：中国金融出版社，1993.

6. 谭庆华．政策性金融功能的再界定．打印稿，2005.

7. 龚明华．发展中经济金融制度与银行体系研究．北京：中国人民大学出版社，2004.

8. 何自云．商业银行的边界：经济功能与制度成本．北京：中国金融出版社，2003.

9. 黄俊青．政策性银行运行中的经济关系．财经科学，1994（6）：68－69.

10. 孙双锐．政策性金融之我见．财贸经济，1994（6）：41－45.

11. 吴怀农．我国政策性银行的改革与发展．浙江金融，2004（8）：11－13.

12. 吴晓灵．政策性银行应独立立法．国际金融报，2003－04－23（4）．

13. 张长利．论政策性银行立法的有关问题．中央财经大学学报，1999（10）：47－50.

14. 政策性银行改革有望破题，第四家银行可能启动．http：//news. sina. com. cn/c/2005－03－20/15135411808s. shtml.

治理结构与金融稳定

论当前我国股份制商业银行发展中的若干问题

邱兆祥[①]

从1986年组建第一家股份制商业银行——交通银行，我国先后成立了11家股份制商业银行。股份制银行由于成立时间短、负债率低、包袱轻、机制灵活、市场化程度相对较高，因而曾备受中外投资者的青睐以及众多媒体的推崇，被奉为四大国有银行的榜样。从20世纪80年代末到90年代中期的七八年间，被称为股份制商业银行发展的黄金时段。这期间股份制商业银行资产规模迅速扩张，经济效益明显增长，很快成为中国金融市场上一支不可忽视的力量。

然而，进入20世纪90年代后期，股份制商业银行在经历了初期的辉煌之后，纷纷步入战略调整过程，好景不再。进入21世纪初，由于综合金融环境的变化和国有商业银行改革步伐的加快，股份制商业银行的经营环境遭遇到前所未有的困难，面临的竞争压力和金融风险越来越大。中国股份制商业银行正在失去昔日的光彩。中国香港出版的美国《亚洲华尔街日报》2004年6月7日发表了一篇报道，正题为《小银行失去光彩》，副题为《管理部门提醒说，曾被奉为银行楷模的银行有可能丧失偿付能力》。该文写道：坏账的增加和腐败及欺骗丑闻使其对外资吸引能力下降。近年来，中国金融界包括曾经为自己不断叫好的股份制商业银行圈内，也对股份制商业银行存在的问题满腹狐疑[②]。本文拟针对当前我国股份制商业银行存在的主要问题，就股份制商业银行的发展模式、市场定位及金融风险防范等问题谈点看法。

一、股份制商业银行高速扩张，金融风险加大

我国的商业银行，特别是股份制商业银行，多年来一直具有很强的规模扩张冲动。这种冲动主要来自于同业竞争的压力和内部的激励机制。有数字显示，1992年时我国股份制商业银行的资产总额为2645亿元，在全部吸收存款类金融机构中的占比为4.9%。至2003年末，我国11家股份制商业银行资产总额为3.8万亿元，其在全部吸收存款类金融机构中的占比已达到14%左右。11年的时间中，资产总额扩大了近15倍。2004年，在国家实施宏观调控政策和中国银监会加强资本充足率管理的背景下，面对来自国有及外资银行日益激烈的竞争，股份制商业银行虽然不同程度地放慢了扩张势头，但增幅仍不低。

尽管十多年来，股份制商业银行规模增长很快，但其市场份额仍远远无法与四大国有银行相比，受规模过小或规模不经济的困扰，拉存款、上规模、设网点，仍是一些股份制商业银行的首要任务。拉存款的艰辛，凡是担任过客户经理的人都会有深切的感受。股份制商业银行要从别的银行特别是要从国有商业银行把存款户拉过来，从人家“口中夺食”，就必须付出更高的成本代价。拉存款需要付出巨额的营销费用，这已是造成金融腐败的源头之一。

银行是负债经营的企业，但与其他企业不同的是，银行的负债率要远远高于一般企业，这就决定了银行所面临的风险要比其他企业大很多。在资本额不变的情况下，银行资产迅速扩张，资本充足率就会随之下降。因此，银行的发展如果与其资本总额脱节，当它面临风险时，就有可能失去对

---

① 作者简介：邱兆祥，对外经济贸易大学金融学院教授，博士生导师。

② 参见：万安倍.小的，真的美好吗——兼论中国中小股份制商业银行的走向.中国经济观察，2004（1）。

风险的控制。2003 年末，我国股份制商业银行平均资本充足率为 7.35%，虽然高于四大国有商业银行，但离巴塞尔协议规定的 8% 的资本充足率要求仍有一定的差距。2005 年几家上市银行的半年报尚未公布，但根据各家 2004 年年报显示，资本充足率达标情况不容乐观，浦发、民生、华夏、招商勉强过线，但很难继续维持支撑资产增长，而深发展的形势更为严峻，资本充足率仅为 2.3%。这说明 11 家股份制商业银行并没有从根本上解决随着经营规模的扩大的资本金补充机制问题。

股份制商业银行规模驱动的结果是积聚了潜在的资产质量的风险。国际优秀银行的不良贷款率大约是 3%，而我国 11 家股份制商业银行则高出很多，2003 年末约为 6.5%。五家上市银行 2004 年末平均不良贷款率为 4.4%，比 2003 年同期升了 0.58 个百分点，其中深发展不良贷款规模居高不下，不良贷款率达 11.41%。任何银行如果只注重扩张资产和风险业务，而不能相应扩大资本规模和降低不良贷款率，就意味着承担的风险越来越大，业务经营的安全程度越来越低。股份制商业银行面临的风险不容忽视，从规避风险的角度而言，股份制商业银行也必须牢固树立科学的发展观，克服内在的扩张冲动，保持一个合适的资产扩张速度。

二、股份制商业银行应转变发展模式

现代银行间竞争的最终胜利者，很有可能不是谁最大，而是谁最强、谁最好。银行业应当由过去以资产规模增长为中心转变到以提高资本收益为中心上来。

由于多方面的原因，我国银行资产运用以贷款为主，银行主要靠利差收入，收入总量要增长，就得靠扩大资产规模，因而使得我国的机构普遍存在重资产、重存款规模的心态。对中小股份制商业银行而言，适度的规模也是必要的，没有一定的规模就没有利润增长空间，不仅难以发展，也难以化解不良资产。但是，扩大规模并非股份制商业银行的唯一选择。

现代银行业的竞争，不是简单地看资产规模，而主要是取决于资产质量、资本实力和盈利水平。“银行不以大小论英雄”。现代银行业间竞争的最终胜利者，很有可能不是谁最大，而是谁最强、谁最好。规模已不再是决定银行生存发展的唯一要素。例如，资产规模中等的英国标准渣打银行，由于其单位资本金和资产额的盈利能力最强，2000 年被评为全球业绩最佳银行。又如，据报载，《亚洲货币》在 1999 年底对亚洲最重要的 88 家银行进行评比，在被评为最佳的 5 家银行中，有 4 家资产规模远小于居 88 家参评者前列的所谓“十大银行”。

在过去我国特有的经济金融环境下，追求资产规模、忽视资产质量提高，曾经是长期存在又难于治愈的痼疾。目前，我国商业银行业的发展进入新的阶段，情况发生了变化，客观上需要在发展的理念上进行调整。我国的银行业应当摆脱粗放式的经营，由过去以资产规模增长为中心转变到以提高资本收益率为中心上来。目前我国银行业存在的一个重要问题就是资产结构过于单一，银行资产主要是贷款，约占 80% 以上。从 5 家上市银行收入结构来看，2004 年各上市银行利息收入平均占主营业务收入的 76.65%。这仍是一个不低的数字，说明银行经营对贷款资产的依赖程度过高，贷款规模及贷款利息收入的增长依然是推动这些银行利润增长的主要动力。银行资产结构过于单一，不仅风险过度集中，而且盈利水平也不高。我国各商业银行的资产利润率一般在 1‰以下，资本利润率在 1% 左右，而在国外的好银行，这两个利润率分别为 1% 和 10% 左右，相比之下，差距不小。我国银行的盈利能力过低，使之没有足够的能力核销呆账并积累资本，结果只能是风险越积越高。

那么，如何增加盈利以提高资本收益率呢？首先，通过资产优化资本运营效率，降低业务成本，特别是降低固定成本，可以大大增加银行的盈利收入，提高银行的盈利水平。其次，我国银行业的发展还有一个重要途径，就是通过加大业务创新，大力发展中间业务，拓展新的利润增长点。据统计，美国银行的中间业务收入（除存贷款业务以外的收入）占总收入的比例为 45% 左右，欧洲银行约为50%，而我国尚不足15%，这说明我国银行业在中间业务上还有很大的发展空间。特别是在银行的资产规模扩张受到资本充足状况、资产质量以及风险管理水平等许多条件越来越严格的约束的情况下，更应当通过大力开拓中间业务来获取更多样化的、更持续稳定的利润增长。中间业务作为金融创新的重要内容，理应受到重视。包括股份制银行在内的我国银行业应从发展和生存的高度，对中间业务系列、客户结构、经营体系和管理体制进行调整，集中人力物力向中间业务领域倾斜，努力提高中间业务的收益率。只有致力于金融创新并大力发展中间业务，改变资产收入单一的状况，包括股份制商业银行在内的我国银行业才有可能进入更高的发展阶段。

三、股份制商业银行的市场定位

首先，股份制商业银行应以中小企业生存作为自己的主要服务对象。中小企业是国民经济中的重要而又活跃的力量。它具有市场适应能力和创新能力强以及经营管理机制灵活等特点。由于中小企业在国民经济中具有大企业无法替代的作用，因此大力促进中小企业的发展已成为当今世界上许多国家和地区推动经济发展的一种潮流。

包括股份制商业银行、城市商业银行以及城乡信用合作社等各种地区性的中小银行，它们具有经营灵活及地利、人缘等方面的优势，特别适宜为中小企业提供金融服务。各种地区性的中小银行有条件比较充分地利用本地区（乃至社区内）的信息存量，比较容易克服“信息不对称”和因信息不完全而导致的交易成本较高这一开展金融服务业的障碍。因此，不仅能省去大量的调研费用，还可以减少审核批准程序，从而使金融服务付出的成本相对较少，服务价格也可随之降低，这显然有利于资金供求双方的发展。正是由于中小银行在为中小企业服务方面具有较强的比较优势，因而成为中小企业的主导服务机构，股份制商业银行应责无旁贷的把中小企业作为自己的主要服务对象，在促进中小企业发展中发挥特殊的杠杆作用。包括股份制商业银行在内的中小银行与中小企业之间有着天然的联系，它们在为中小企业提供服务中具有不可替代的作用。因此，解决中小企业融资难的关键之一，就是要明确中小银行的市场定位，促使它们集中精力全心全意地为中小企业提供金融服务。受自身综合实力的限制，大多数股份制商业银行不宜以大企业作为主要服务对象，这就如同不宜把所有鸡蛋都放在一个篮子里一样。中小银行采取“傍大款，垒大户，过独木桥”的做法，风险很大。一家资产规模不大的股份制商业银行，如果出现数量较大的不良资产，很可能在几年内都难以恢复元气，但对于资产规模巨大的大银行来说，化解数量较大的不良资产相对来说就比较容易。从防范金融风险的角度而言，股份制商业银行也应当把服务对象主要定位于中小企业。

我国股份制商业银行的服务范围还存在一个合理的区域定位问题。股份制商业银行应重在做好，而不在做大。盲目追求扩大规模，勉强做大，根基不牢，只会加大风险。全国性金融与地方性金融应和谐发展。如果所有中小银行都力争做大，就会加大全国性金融与地方性金融的结构性失衡。金融学界有的学者提出，我国股份制商业银行应当重新考虑空间定位问题，逐步放弃某些全国性市场，退而着力发展地方性或区域性市场，争做一家名副其实的地方性或区域性的银行。笔者对这种主张颇为赞同。股份制商业银行的多数原本就是地方性或区域性的银行，在服务范围重新定位后，虽说立足于某一省或地区，其活动的舞台仍然是很大的。我国经济发达的东部沿海地区，有的省面积十多万平方千米，人口数千万，存款总量高达数亿元甚至超过万亿元人民币。立足于这些省或地区的股份制商业银行，其发展空间并不小，完全有条件演出有声有色的“大戏”。

当今世界许多国家都十分重视金融机构的区位结构配置问题。美国一般不允许商业银行设立分支机构，以防止垄断，所以美国的银行数量很多。在20世纪90年代，还有11个州禁止、21个州允许、18个州有条件地限制商业银行设立分支机构。在美国银行中，少量是州际大银行，美国全国性银行机构基本上都是地方性的银行，60%的银行是只有一个营业机构的单一银行。和美国不同，日本的银行都是广设分支机构的。日本的商业银行，主要是垄断财团控制的大银行，如三井、三菱、住友、富士和第一劝业等。上述跨国大银行是所谓都市银行，数量不多。另外，还有分布在中小城市的地方银行，约有60多家，服务对象主要面向中小企业。德国的大银行也只有几家，此外还有上百家地方性银行及上百家独资经营的私人银行。

如何借鉴国外的成功经验，根据中国的国情进行准确的空间区间定位，是我国的银行业改革和发展中应当认真思考的一个问题。我国银行业必须改变传统官僚式行政机构化的管理体制，依经济区域对现有的分支机构进行战略性改组和调整，向大中城市和效益好的经济区域集中。从世界上的主要发达国家来看，大都是大银行不多、小银行不少。现在四大国有银行除农业银行而外都已从县以下城市和农村地区撤出，以便为中小银行让出发展空间。而作为中小银行的股份制商业银行，其大多数也应当从远离总部所在地的城市和地区实行战略性撤退，立足总部所在的城市及周边地区，适当向外扩张，办出特色，做好做强，力争为所在地区的经济特别是中小企业的发展发挥应有的助推作用。

四、股份制商业银行必须完善公司治理结构

股份制商业银行改革和发展的关键，是建立和完善良好的公司治理结构。有的学者认为，实行了公司治理改革特别是经过产权制度改革并已上市的股份制商业银行，公司治理结构问题已基本解决。实际情况却不尽然。目前，我国仍有不少国有控股或参股的股份制商业银行（包括上市公司），其公司治理结构还不够完善，治理水平还不够高。因此，有必要进一步完善公司治理结构，提高治理水平。完善公司治理结构要做的工作很多，就我国股份制商业银行目前的情况来看，笔者认为，应着重抓好以下两个方面的工作：

首先，要切实加强对中小股东利益的保护。我国现有的股份制商业银行以及证券、保险和基金等金融机构的高层管理人员的年薪待遇过高，有的高到简直令人难以置信的地步，有的甚至平均每天有10 000多元的人民币收入。此外，还有数额很大的“埋单权”，常常用于个人吃喝玩乐或招待亲朋好友。中国是个发展中国家，人均GDP刚刚超过1000美元，还有相当多的人没有解决温饱问题。这些金融系统特别是股份制商业银行的高管人员的年薪如此之高，不仅严重脱离了中国的国情，违背了市场规律，还确确实实地损害了中小股东的利益。有人也许会说，股份制商业银行高管人员薪酬高是因为业绩好。这里且不论有的行长或董事长素质并不高，不是真正的银行家，而且他们的年薪也并没有与业绩相挂钩，亏本照样拿高薪。例如，有家上市公司2003年每股加权平均收益下降27%，高管人员的薪酬总额却增加了72%。有家股份制商业银行不良资产巨大，高管人员的薪酬仍旧高得出奇。眼下国内股市创6年新低，一跌再跌，但有的上市银行高管人员的薪酬却一升再升。

金融企业收入拉开差距、档次，要合情合理。上市公司、股份制企业特别是诸如银行等关系到社会公众利益的企业，高管人员的年薪到底拿多少，社会公众完全有权“说三道四”。因为这直接关系到维护中小股东甚至社会公众的利益。事实表明，收入差距的不合理扩大，不仅会严重挫伤广大员工的工作责任心和积极性，从而影响企业的效率，还会诱发腐败，加大经营风险，并导致社会的不稳定。笔者认为，凡是关系到中小股东特别是社会公众利益的企业，绝不允许少数人将公众利益个人化。

我国现有的股份制商业银行高管人员薪酬确定不合理，归根到底说明这些上市银行的公司治理结构还不完善。公司治理中的一个核心问题，是中小股东的利益能否得到更加切实维护的机制。同时，还要建立健全对管理层的长期激励和约束机制。应借鉴西方国家金融监管的成功经验，通过外部力量强化监管来约束经营者的行为或提高高层管理人员的素质。中小股东和投资者有权知道董事会成员和高层管理人员的薪酬情况，任何股权性质的薪酬均应经股东认可。商业银行作为经营货币的特殊企业，其经营行为在受到监管机制约束的同时，还应当受到股东特别是中小股东的制约。只

有这样，才能规避风险，实现对股东的合理回报。

其次，要加强制度建设，健全制衡机制，抑制金融腐败。我国股份制商业银行完善公司治理所要解决的根本问题较之有同样股权结构特征的其他国家和地区而言，显得更为复杂，即不仅要努力解决控股股东或大股东以及高管人员侵占中小股东利益的问题，而且还要解决约束行长或董事长即所谓“一把手”的权力过大的问题。作为金融部门，防范风险，加强内控制度建设，特别是防范道德风险十分重要。

近年来，国内银行犯罪步入高发期。金融大案频发的主要原因就在于经营管理上的制度缺失。执行各项规章制度不力，内部管理不严，基础管理薄弱，给一些人特别是一些高管人员提供了犯罪机会。目前我国包括股份制商业银行在内的金融机构普遍缺乏有效的制衡机制，造成个人权力过大，内部人控制严重，为腐败提供了滋生的肥沃土壤。当前银行、企业实行的“一长制”，是从前苏联搬过来的，这种制度扼杀了银行、企业经营管理权限的制衡机制，主要责任人（行长或董事长）（通常称为“一把手”）权力过大。有的“一把手”素质不高，缺乏民主作风，在行内独断专行，加之又控制人事生杀予夺之权，其近者如左右部门老总，远者如外地分支机构头头，稍有触犯，就很有可能被降职甚至下岗，使得一些人敢怒而不敢言，内部审计、纪检监察部门失效，形同虚设，还使作为银行内部信息与控制系统的会计不能很好地发挥作用。由于银行实行“一长制”，权力过于集中，显然增大了导致腐败的几率。一旦“一把手”出现道德风险，就不可避免地会出现权力寻租、钱权交易等情况。因此，有不少专家提出了取消“一长制”的意见。

股份制商业银行虽然先行完成了股份制改造，基本上实现了产权多元化，但大多数仍然是由地方政府和国有法人控股，董事长和行长实际上还是实行任命制。他们还是具有一定级别的官员，公司治理仍沿袭国家行政治理模式。这充分说明，对银行仅仅进行股份制改造还远远不够。股份制商业银行还需要进一步深化改革，着力建立现代公司治理机制，银行的股东大会、董事长和行长层次要形成各负其责、相互制衡、高效运营的治理机制。中国银行业的有关监管部门应当采取行之有效的措施，通过加强和完善公司治理机制，用规章制度制约每一位银行从业者，尤其是要加强对“一把手”人、财、物权力的分解和制约，规范“一把手”的权力运作机制。加强对现有股份制商业银行的制度建设，健全制衡机制，不仅有利于抑制金融腐败，而且还有助于促使股份制商业银行朝着办成真正现代金融企业的目标前进。

银行系统性风险测度最新研究比较及在中国的应用前景

范小云　马君潞①

20世纪末，金融业全球化的迅速发展成为世界经济令人瞩目的特征。作为推动金融全球化的微观主体——银行机构取得了长足发展，这使得全球银行之间相互关联并与各国的利率、汇率等经济指标紧密相连。单个银行或一国银行业的倒闭必然引起一连串的金融机构和市场指标的波动，引发银行业的系统性危机，系统性风险日益成为全球银行业关注的焦点。经济学家对系统性风险的原因和本质的认识并不统一，但对系统性风险通过不同的渠道出现在银行系统中这一点基本达成了共识。近年来，经济学家发展了一些测算系统性风险的新方法。本文力图阐释系统性危机的最新的研究成果，并对不同测算方法进行比较，试图为测算中国银行业的系统性风险提供方法上的指导。

一、银行系统性风险的识别分析

在现有文献中，对系统性风险的定义并不唯一。一般认为，系统性风险是指整个系统受到单部门倒闭的影响而面临冲击的风险和概率，整个系统中各个部分相互关联，从而导致系统性风险的爆发（Kaufman 2000）。也就是说，系统性风险是指一个事件在一连串的机构和市场构成的系统中引起一系列损失的可能性（范小云，2004）。对银行业系统性风险的识别主要有两种途径：特征判断和过程分析。

范小云（2004）将系统性风险的特征概括为外部性特征、风险与收益的不对称性特征、传染性特征、损害实体经济的特征和与投资者信心有关五大特征。这五大特征是识别银行系统性风险的基准。一般来说，银行业系统性风险的发生过程中，各大特征将逐步显现。但是在系统性风险的形成过程中，以传染性时间跨度最大、最为明显。因此，判断是否发生银行业系统性风险也主要以此为标准。

过程分析主要考察系统性风险发生的不同的传染渠道，也是对传染性特征的细化分析。银行业系统性风险的传染渠道主要有三条：被动式传染、实际业务传染和信息传染。对系统性风险的识别主要视其传染是否遵循这些途径。

第一种为被动式传染。此传染渠道强调诱发银行系统性风险的因素为外部因素，这些因素主要有利率的变动、油价的波动、汇率制度的变动等。各国之间的贸易联系和货币联系导致危机在各个国家之间传播。这些经济层面的波动影响到一国实体经济，进而影响实体经济的还款能力和贷款额度，银行的资产负债业务受到严重影响，从而引发大规模的银行业系统性风险的发生，使银行业受到严重的冲击。

第二种为银行业系统性风险通过银行间的实际业务传染。这个定义强调系统内各机构之间的相互联系是危机传染的渠道。在国内传染方面，国内各大银行、整个银行也之间在存款、信贷和支付体系上相互联系，一家银行倒闭势必引起与之有交易的银行发生支付困难，如果其自有资本也不能补偿损失，该银行可能将随之倒闭，链式反应以此传递，引发银行业系统性危机。在风险的国际传染方面，一国发生银行业的系统性风险，导致该国资产价格降低，国际各大银行和投资机构必然调

① 作者简介：范小云，南开大学学院教授。马君潞，南开大学经济学院副院长，教授，博士生导师。

整其资产组合，减少或放弃与危机发生国相似的资产，从而给其他国家的银行带来冲击，引发跨国银行业的系统性危机。

系统性风险的第三种传染渠道注重由信息引发银行系统性风险，强调倒闭银行的溢出效应。系统性风险在这些机构中的传染不是依赖不同银行间的业务联系，而是投资者的信息分析和信息的不对称性导致传染的发生。当一家银行金融或非金融机构倒闭时，投资者为了减少自己的损失，将会考察与自己利益相关的其他银行是否将被传染；如果银行资产风险暴露与倒闭银行相似，投资者为避免风险将会提前将资金撤出，给银行带来流动上的困难，引发倒闭。银行的信息获得成本和信息的处理成本决定了投资者是否会对银行进行分类；并非所有的投资者都会付出成本获得和处理信息，只有大的投资者在平衡收益与成本后才会对银行做出鉴别；其他的中小投资者则采取“跟随策略”。这种“羊群效应”会扩大投资者对银行的鉴别对银行造成的影响，从而深化系统性风险的规模。

对系统性风险的识别越早，政府和金融机构准备和调整的时间就越长，银行系统性危机发生的可能性就越小。因此，如果能对诱导因素做出预测和识别，将大大减小危机发生的概率。但是不同国家的政治经济体制不同，诱导因素的发生往往是随机的，难以进行预测，因此通过诱导因素发生后的传染过程来识别系统性风险成为最主要的识别路径。

二、银行系统性风险测度方法及其适用性分析

随着经济学家对系统性风险认识的深化，经济学家对银行业系统性风险的测度也体现出多样化的特征，出现了一些测算系统性风险的方法。但总的来说，对银行业系统性风险的测度主要有三种研究思路：综合法、基于实际业务的传染度量法和经验分析法。其中综合法不考察银行间存在的实际业务关系，只对银行间数据做时间序列方法分析以度量银行间的传染性，分为风险管理法和多变量 GARCH 模型法；基于实际业务的传染度量法有：利用银行间市场数据分析系统性风险的发生、以支付系统为传播渠道的系统风险的发生和由信息导致传染从而引发的系统性风险三种。

（一）综合法

该方法综合分析危机的三种传染方式，是对银行系统性风险的综合考察，主要有：

1. 风险管理法

其主要的思想方法为：通过模拟多家银行资产的波动，考察满足一定的资产条件和数目条件下，系统性风险发生的概率；使用银行资产间的相关系数测度系统性风险的传染。这种方法主要的测算过程为：模型首先对银行系统性风险的诱导因素和倒闭的发生作定量上的描述；用极大似然估计法估算资产的波动率 σ 和资产的收益率；使用债务价值、资产的波动率、期限和股票的市场价值 E，利用 Black - Schloes 模型和 Merton 模型就可以得到时间序列；银行资产的市场价值的波动由几何布朗运动给出；模型使用蒙特卡罗模拟法模拟发生单个银行倒闭的时间序列，得出诱导因素发生的概率和超过银行系统中某一特定数量的银行同时倒闭的可能性，即整个银行业系统性风险发生的概率。

Alfred Lehar① 提出此方法后，对全球 149 家大银行的数据使用此模型进行了历史数据的分析；Helmut Elsinger、Alfred Lehar、Martin Summer and Simon Wells（2004）对欧洲商业银行的系统性风险进行了分析。由此得出的结论基本与经济情况相吻合，对现实有较强的解释力度，且简单易行。Alfred Lehar 还对由存款保险公司引起的系统性风险进行了分析，深化了对系统性风险的研究。但是 Alfred Lehar 的方法在原理上存在缺陷。首先，Alfred Lehar 模型的研究对象为上市银行，且要求银行有完善的长期历史数据。这对于易发生系统性风险而数据积累时间比较短的发展中国家来说，

---

① ALFRED LEHAR. Measuring Systemic Risk: A Risk Management Approach. SSRN Working Paper, July 26, 2003.

是不可能使用的；其次，Alfred Lehar 模型中对系统性风险发生的诱导因素的定义和系统性风险的定义，其发生指标各个国家并不统一，将负债超过资产的期限定为多少，才能判定为银行倒闭在发展中国家和发达国家有很大的不同。发展中国家很多国有银行存在政府隐含担保，以此定义这类银行的倒闭概率不合适。同样，多少家银行倒闭才能视为系统性风险的发生，也需要经验性的总结。最后，以银行间资产的相关性来判定系统性风险的传染并未对伪相关作剔除显得过于简单了，对银行间的传染应以银行间的实际业务为基础进行考察。

2. GARCH 模型法

其主要的思想方法为：对系统性风险的研究不仅仅注重危机爆发后对其的考察，只要主导银行业务的经济因素在各国间趋同，潜在的系统性风险就会加大；股票价格反映的是市场对未来累积收益的预期，包含了和其他机构的相关关系对此银行的影响，银行股票收益相互关系的明显增强意味着潜在系统性风险的加大，相互关系没有变化或者降低意味着潜在系统性风险没有增加甚至有所减小。主要的数学方法为：选取银行股票综合分析指数来综合分析该国的银行状况，然后利用双因素的 GARCH 模型分析各国之间银行股指的相互关系，考察整个银行业的系统性风险。一般定义的 GARCH 回归模型有两个解释变量：各国股指的超额收益和短期利率。回归的残值代表各个国家特有的银行风险。各国残值之间的相关关系的大小和变动反映了各国银行的潜在系统性风险的大小。Michael Schroder 和 Martin Schuler 在使用此法测度欧洲银行业一体化以后潜在的系统性风险时，考察了残值的固定效应相关性的检测结果、加入反映欧洲银行结构性变动的虚拟变量后的残值相关性的检测结果和加入时间序列后的残值相关性的检测结果，并对三大检测结果进行了检验、调整和分析，得出了欧洲商业银行间的潜在系统性风险近 20 年来有所增加的结论。

该方法是着重对银行业系统性风险做事前分析，适用于测算各国银行间的系统性风险的大小和各大银行间的系统性风险的大小。GARCH 模型法剔除了银行所面对的风险暴露中宏观经济因素引起的部分，只考察银行自身所具有的特殊的风险暴露，避免了伪相关的问题。但该模型并未将银行间的相互关系和银行间实际发生的交易联系起来，以此考察银行间的联合变动仍有不足。该模型只考察了银行间的联合变动，并未对系统性风险发生的诱导因素和系统性风险的发生标准做出描述。银行间的联合变动程度大，只能说明诱导因素发生后传染的速度和规模，至于会不会发生系统性风险，则要视诱导因素是否会产生以及产生后外部因素阻断传染链的能力而定。

（二）基于银行间具体业务联系的测算方法

基于银行间的具体业务联系的系统性风险的传染进行测算，主要有三个方面：利用银行间市场数据分析系统性风险的发生、以支付系统为传播渠道的系统性风险的发生和由信息导致传染从而引发的系统性风险。

1. 利用银行间的市场交易分析系统性风险的发生概率

这是国际上研究系统性风险的常用方法。该方法认为系统性风险的传染取决于银行间关联的方式。传统上，银行之间的结构有三种：完全的市场结构、非完全的市场结构和货币中央银行制市场结构。Allen 和 Gale（2000）使用三阶段流动性偏好模型分析了三种市场结构下系统性风险发生概率的差异：完全的市场结构系统性风险发生的概率小，非完全的市场结构发生危机的概率较大，货币中央银行制基本不会发生系统性风险。测算方法主要有矩阵法和网络分析法。

矩阵法的主要思想为：银行间存在信贷关联；单个银行的倒闭势必给其他银行带来流动性冲击，如果损失额超过资本总额，该银行倒闭，依此对其他银行产生冲击，最终导致系统性风险的发生。其主要的数学方法为：银行间的放贷额用 X 表示，银行间的存贷相互独立，从而得到矩阵 X 中的 N2 个元素，调整矩阵 X 对角线上的元素使其值为零，最小化 X 的实际熵，利用 Blien Uwe 和

Friendrich Graef（1991）提出的 RAS 法[①]，进而求解出银行间的贷款结构；以一家银行的倒闭所带来的其他银行倒闭的家数来估计系统性风险传染的程度。其传染的过程为：第一阶段，银行 j 的破产引发银行 i 的破产；第二阶段，银行 j 和银行 i 的倒闭引发 k 银行在 j 和 i 的债权得不到偿付而引发损失，如果损失额超过银行的资本总额，k 银行倒闭。传染依此进行，随着银行累加负面效应的增大，银行倒闭的速度和倒闭银行的规模越来越大。最终引发系统性风险。

Jeannette Muller（2003）第一个将网络分析方法应用于测算银行业系统性风险的传染模型，主要的方法思想为：在银行间市场上存在一个或者几个的银行间交易的中心点，这些中心点与银行间市场上的多家银行进行交易，存在潜在的传染渠道；使用网络分析法识别出不同银行类型的不同的网络结构，然后根据银行间市场的网络形状，利用模拟法测算系统性风险的传染。其测度方法为：首先分析确定银行间市场的网络形状，Jeannette Muller（2003）在文章中提出了挑选中心银行的五条标准[②]。它们是对银行间市场系统相关性的不同侧面的考察，通过这五个指标就可以得到银行间市场的网络形状。然后使用模拟法评估特定银行的系统相关性和银行关系结构对银行体系稳定性的影响。一般认为，单个银行影响其他银行的渠道主要有两条：风险暴露传染渠道和贷款限额传染途径。Jeannette Muller 使用 Eisenberg 和 Noe（2001）提出的递归算法[③]利用瑞士银行间的数据对两个传染渠道进行了模拟分析，结果显示两种渠道都与系统性风险的传播相关联，使用模拟法还可以识别由于相关银行破产致使相关贷款限额枯竭而缺乏流动性的银行。

矩阵法和网络分析法所用数据比较容易获得，并将系统性风险的传染与银行间的实际交易相联系，避免了只分析银行数据而未对银行间业务进行考察所带来的分析上的失误，这是此分析方法最大的优点。同时，该模型还可以考察现有的银行业的系统性风险的潜在传染的程度，这将有利于政府等外部力量对系统性危机进行监管，调整银行间信贷的结构，阻止诱导因素的发生，以避免系统性风险的爆发。但是矩阵法和网络分析法也存在缺陷：模型未对系统性风险诱导因素的发生作定量描述，而且该矩阵法不能考察危机发生后在银行间传染的其他途径；诱导因素发生后往往通过各种渠道传播，最终系统性危机的爆发是各种传染渠道共同作用的结果。

2. 通过支付清算系统传染的系统性风险的测度

Diamond 和 Dybvig（1983）首先提出研究支付系统的系统性风险的三阶段模型，后来 Bhattacharya 和 Gale（1989）对其模型进行了进一步的发展，将银行间市场资金加入模型之中，Sujit Chakravorti（1996）在 Bhattacharya 和 Gale（1989）的模型基础上提出了四阶段模型。此类测算方法的主要研究思想为：银行系统性风险通过支付系统的传染，实际上就是考察支付系统的系统性风险。由于支付系统中存在着类似 CHIPS 的 ASO 协议[④]，单个银行发生支付困难，必然对其他银行的自有资金状况产生负的影响，从而改变现有银行的最佳资产选择，减少银行间市场信贷资金的供给数量，必然出现银行间信贷市场供求缺口；资产状况差的银行就会发生倒闭，随着倒闭银行数量的增加，对银行间信贷的需求数量也将逐步减少，当银行间信贷资金的供给与需求相等时，银行倒闭不再蔓延，支付系统能有效运行而不发生支付系统的崩溃。四阶段模型求解出了存在银行间市场资金的情况下，保证银行不发生银行传染的倒闭银行的最大数目。一旦银行倒闭数目超过此标准，系统性风险爆发。

Sujit Chakravorti（1996）的四阶段模型是国际上解释由支付系统传染的银行系统性风险的一个

---

① U. BLIEN, F. GRAEF. Entripieomierungsverfahren in der empirischen Wirtschaftsfor schung (Entropy Optimization in Empirical Economic Research). Jahrbuch Nationalekonomie und Statistik, 1991, 208 (4): 399-413.

② 判断银行间市场的网络形状的指标主要有：与单个银行相关联的银行数目、银行间相互持有头寸的大小、中心银行到其他银行的距离、与相关银行的重要性（邻近集中度）、银行在网络中的位置。

③ EISENBERG, LARRY, THOMAD H. NOE. Systemic Risk in Financial Systems. Management Science, 2001, Vol. 47, No. 2: 236-249.

④ 即当一家银行倒闭时，剩余银行必须偿付倒闭银行的债务。

比较成熟的模型。该模型实际上是对 Diamond 和 Dybvig（1983）的三阶段模型的补充和完善，将中央银行的行为纳入到模型中对支付系统中的银行作局部的均衡分析。但该模型存在以下缺陷：该模型研究美国的银行，对于其他的易发生危机的发展中国家并不存在类似 ASO 的协议，大多数的发展中国家的银行归国家所有或得到了政府明显的担保，当银行发生流动性危机的时候，除银行间市场资金，它们还可能直接得到政府的资金支持。即使在发达国家，银行倒闭的数目具有随机性的假设也很难实现，银行间的传染渠道是多样化的，单个银行的倒闭必然会影响到其他的银行，倒闭银行的数目随机性难以满足。这就大大限制了 Sujit Chakravorti 模型的实用性。

3. 对于由信息引发的银行业的系统性风险的测算

这方面的文献较少，Yehning Chen 曾对由信息引发的银行业的系统性风险进行了比较全面的论述。其主要的思想为：银行间不存在存款联系，不同银行的收益存在相关性，单个银行的倒闭会改变投资者对其他银行存续能力的预期；每家银行存款者中的部分人能得到银行投资风险资产的收益状况的完全信息，当部分银行的风险资产发出负信号时，得到信号的存款者必然对银行发生挤兑，引发银行倒闭。其他银行的存款者收到倒闭银行所发出的噪音信号，出于对所有资产的忧虑，就会在没收到自己银行风险资产信号时挤兑银行，引发健康银行倒闭。“后知”存款者对倒闭银行所做出的反应是导致银行传染的主要原因，一旦“先知”的存款者预期到“后知”存款者的行为将导致银行恐慌，就会在得到银行风险资产信号前将资产兑现，从而引发系统性风险。

利用银行间市场数据分析系统性风险的发生、以支付系统为传播渠道的系统性风险的发生和由信息导致传染从而引发的系统性风险，分别考察了银行业系统性风险发生的三条主要渠道。从以往的系统性风险事件来看，由银行间业务联系导致的传染往往在危机的初期占主导地位，信息导致的传染加速了系统性风险的发生，支付系统传染往往在危机后期出现。一个银行系统性风险的发生往往是多渠道共同作用的结果，各种渠道之间相互影响，从而加速银行体系的崩溃。

但是各个国家之间银行体系结构存在差异，系统性风险发生时所实际传染的渠道也有所差异；三条主要渠道外，其他渠道（如存款保险制度）也会导致系统性风险的爆发。

（三）经验分析法

对银行业系统性风险研究比较丰富的方法就是经验分析，从事这方面研究的经济学家有 Kaminsky、Reinhardt、Demirguc - Kunt、Detragiache、Glick、Eichengreen 等。经验分析就是利用历史的数据分析系统性风险发生前、发生后和发生过程中的各个经济变量的变动特征，以及银行业系统性风险发生后对实体经济的影响程度，以达到预测系统性风险的目的。经济学家利用不同的数据对全球发生的银行业的系统性危机进行了考察分析，得出了一系列的导致系统性风险发生的因素，并利用跨国的宏观经济面板数据对各种因素作回归计量分析，确定了各因素对系统性风险的解释力度。由于不同的经济学者利用的数据和分析的危机银行不同，得出的分析结果也各异。但大量的回归研究表明银行系统性风险的发生与经济的慢速增长、高通货膨胀率、高真实利率、贸易额的减少、法律和会计制度的缺陷和低资本收益率有关。Demirguc - Kunt（2000）认为金融自由化程度、存款保险、财政货币政策的执行情况对系统性风险也存在一定的解释力度。这些影响因素可以作为指标构建银行系统性风险的预警系统，监测银行系统性风险的发生。但是现有的经验分析方法还不能对系统性风险的传染作出测算。

经验分析法是一种传统的系统性风险的研究方法，其优势在于：①方法简单，数据易于收集，可行性比较高。②适合对各个国家的风险进行测算，如果本国没有经历过银行业的系统性风险，可以借用与本国经济结构相似的国家数据进行分析。该方法的测算结果还可以进行国际间的比较。方法的适用面比较广。③可以利用经验分析的结果对系统性风险进行实时监控，这是其他方法所不能做到的。但经验分析的缺陷也很明显：首先，对于系统性风险影响因素的设定，不同的经济学家观点不同，没有具体的标准对影响因素的优劣作出区分。其次，数据质量问题一直是经济学家对这种方法的质疑之一。采用不同的统计机构得出的差异数据会对分析的结果产生比较大的偏差，而难以找到公认合适的方法对数据的筛选和过滤。最后，对样本的选择也是学者对这种方法质疑较多的地方。各国本身的银行体制不同，导致样本之间的差异。尽管 Demirguc－Kunt、Detragiache 等经济学家提出了“配对模型”① 为样本选择提供标准，但是“配对模型”的合理性仍需要经济学家进一步验证。

三、各种银行系统性风险的测度方法比较

测算银行业系统性风险的各种测算方法之间的差异性很大，在数据选取、依据的原理和分析方法、传染渠道、对系统性风险发生的尺度定义、适用面积、对政策的指导方面有所不同。

（一）测算数据的选取

与银行有关的数据主要分为两类：反映银行自身特征的数据（如银行的资产负债信息）和反映银行交易的数据。选取的数据不同决定了对数据分析的方法的差异。由于银行间数据难以获得，对银行业系统性风险的研究很多以数据为基准选择研究方法，而不是根据银行的特征选择方法再收集数据。尤其是对于潜在系统性风险较大的发展中国家银行，银行数据储蓄时间短，难以选择合适的方法进行测算。而发达国家数据较为容易获得，但由于各国之间银行结构和交易结构的差异，选择合适的角度测算本国的系统性风险也促进了测算方法的发展。Alfred Lehar 的风险管理方法、GARCH 模型法、经验分析法使用银行的资产负债数据。矩阵法、网络分析法、支付系统的阶段分析模型和信息传染模型使用银行间交易数据。使用银行资产负债数据难以避免的问题就是脱离实际业务，容易造成银行间的虚假相关。

（二）依据的原理和分析方法

作为一个新的研究领域，对系统性风险的研究多借助于其他问题的研究方法。因此不同的方法之间理论基础差异很大。总体来说，对数据的分析主要有两种研究思路：动态数据分析法和静态数据分析法。动态数据分析法主要有蒙特卡罗模拟法、压力测试等，该方法利用现有数据的规律性进行数据的模拟，将静态的数据转变为动态的数据进行分析，从而得出满足条件的事件发生的概率。Alfred Lehar 的风险管理方法、网络分析法属于此类分析法。静态数据分析法主要是利用线性回归、相关分析、ARCH 和 GARCH 等计量方法对历史数据进行分析，是 GARCH 模型和经验分析法的分析基础。支付系统的阶段分析模型、信息传染模型与 Allen 和 Gale 的传染分析的理论基础是 Diamond 和 Dybvig（1983）的三阶段模型分析法。

（三）银行系统性风险传染的渠道

Alfred Lehar 的风险管理方法、GARCH 和经验分析法是对各种传染的综合测度；矩阵法、网络分析法、支付系统的阶段分析模型和信息传染模型则是对各种不同渠道的传染的具体分析。

（四）各大方法对系统性风险发生的尺度定义不一

对于多少家银行倒闭或者银行倒闭引起了多大的外部性才称之为银行系统性风险的爆发，还没有一个统一的标准。部分研究方法将整个银行系统的崩溃作为系统性危机的爆发标准，比如支付系统的阶段分析模型考察了整个支付系统崩溃的可能性。一些研究方法则试图避免设定一个简单的标准，只分析在出现 n 家银行倒闭的情况下第 n＋1 家后的银行倒闭的概率，例如 Diamond 和 Dybvig（1983）的三阶段模型、信息传染模型。Alfred Lehar（2004）的风险管理方法对系统性风险的爆发给出了明确的标准：倒闭银行的数目占总银行数目的比重和倒闭银行的资产占总银行资产的比重，并对倒闭事件进行了定量的描述，是对系统性风险研究的最新进展。

---

① DEMIRGUC－KUNT，A. E. DETRAGIACHE，P. GUPTA. Inside the Crisis：An Empirical Analysis of Banking Systems in Distress. IMF Working Paper，No. 00156，2000.

（五）不同方法的适用面状况

以上分析的各种方法均可用于分析市场数据完善的发达国家银行。但如果应用于发展中国家，矩阵法、网络分析法和风险管理法因其受数据限制较小，其分析可行性较大；对于系统性风险频发的国家，经验分析法更为适用。风险管理方法、GARCH 分析法和经验分析法比较适合于研究跨国银行间的系统性风险。

（六）能否为政府对风险的实施监管和危机后救助提供时机和政策上的指导

Alfred Lehar（2004）的风险管理方法和经验分析优势较大，经验分析法能挑选一系列的指标实时监测系统性风险，而风险管理法则能够提供银行实施救助的标准：政府可以设定倒闭银行的数目占总银行数目的比重和倒闭银行的资产占总银行资产的比重，当检测的比重超过设定值时，政府可以组织救助或进行干预，从而抑制系统性风险的进一步传染。

综合以上的分析，现有的对系统性风险测度最大的困难在于研究样本数据的获得，越是危机频发的国家，数据越难以获得。在分析方法上，各种方法都存在缺陷，至今仍不存在一种通用性高、分析稳定的方法。世界银行、国际货币基金组织正试图提供一种能对各国的系统性风险进行度量和比较的方法，以方便各国政府的监管和适时救助。随着对银行业系统风险的认识的深入，银行业系统性风险的测度正呈现以下趋势：①数据处理逐渐从历史数据的静态分析向动态分析转变，以便于解决数据稀缺的问题；②从单传染渠道分析向多传染渠道联合测度转化；③逐渐将银行业的系统性风险与货币危机、汇率危机等联合考察，更加全面地考察系统性风险。④更加注重为危机的救助和政府的实施监管提供理论上的支持；⑤系统性风险的测度技术更加现代化并体现为多学科的交叉，很多应用于其他学科的方法被尝试用于分析银行业系统性风险，如网络分析技术、高级计量分析方法、探测追踪技术等。

四、银行系统性风险的测度方法在中国的应用前景

近年来，国际研究机构和经济学家对银行业系统性危机的关注日益增加，货币基金组织和世界银行也专门组织机构对银行业的系统性风险进行研究，试图寻找一种合适的测算方法，对各国银行业存在的系统性风险进行测算和监控，防止系统风险的爆发。这也从一个侧面说明，现有的系统性风险的测算方法都存在明显的缺陷，还没有一种方法能适合各个国家对系统性风险进行测算。主要的原因就是虽然各个国家都不同程度地存在系统性风险，但由于各个国家的金融体制类型各异，发展程度不一，各国的实际情况的差异导致数据收集、分析和数学建模的困难，易于发生系统性风险的发展中国家构建测算模型的难度更大。因此，尽管系统性风险的潜在威胁一直存在，但难以计量。

中国的金融体制建立时间短，银行的各方面数据积累时间比较短，数据的质量不高，给数据收集带来很大的困难；大部分的银行并没有上市，不能使用国际上经常采用的利用市场信息对银行的风险做出评估。我国的银行体系中，国有银行发挥主导作用，是政府调节经济的一个重要手段，造成银行大量的不良资产；而银行与政府的非独立性关系，增加了银行倒闭的韧性。这些因素给测算中国银行业的系统性风险造成了很大的困难。但是现今国内新兴的股份制银行发展迅速，资产状况良好，对国有银行的资产负债业务形成竞争；同时随着 WTO 协议的生效，外资银行将进入中国市场，并被允许从事人民币业务，这将对国有银行形成新的挑战。在这些挤压下，国有银行的利润空间必然下降，发生倒闭的概率增加。国有银行作为中国业务量最大的银行，与各银行之间的联系密切，如果发生倒闭，将对实体经济和公众信心造成巨大的影响，故亟须对我国银行业的系统性风险做出评估，以便于政府适时地对银行业进行改革，以减小系统性风险。

但是现有的方法中难以找到合适的方法对中国银行业的系统性风险做全面的测度。中国现存数据的类型和时间跨度限制了各种方法的应用，发展适合我国国情的测算方法仍需长时间的摸索。本

文只提出了一些寻找测算中国银行业系统性危机的方法应注重的问题：①我国的银行数据时间短，对数据进行分析时模拟法更具优势。②由信息不对称引起的系统性风险传染，将是主要的传染形式；我国四大国有银行在投资者和存款者心中具有同质性，我国的居民储蓄率高，储蓄资金多为“节欲资金”，同时存款者预测能力差，任何一个银行倒闭必然会引发对其他大规模银行的挤兑，甚至会引发社会动荡。③利用银行间信息测算中国银行的系统性风险，比较易于实施；但不能反映中国银行总体的风险水平。④考察系统性风险的发生须注重政府的隐含担保，这将大大减少银行倒闭的可能性，从而存在延缓和抑制危机发生的可能性。⑤注重银行危机和财政危机的关系。目前财政资金是支持银行体系稳定的重要保证，一旦财政危机出现，银行危机在所难免。

为了有效地对系统性风险进行测度，以控制系统性风险，目前我国必须着手建立银行业信息产业数据中心，以积累银行业的基本数据。同时完善银行业的信息披露制度和审计制度，以克服我国银行业数据质量低下的问题。同时我国还应积极与国际货币基金组织和世界银行合作，开发新的测算方法，以完成对我国银行业系统性风险的测度。

参考文献

1. ALEXANDRA LAI. Modeling Financial Instability：A Survey of the Literature. Bank of Canada Working Paper，2002（12）.

2. ALFRED LEHAR . Measuring Systemic Risk：A Risk Management Approach. SSRN Working Paper，July 26，2003.

3. ALLEN，GALE. Financial Contagion. Journal of Political Economy，2000，Vol. 108，No. 1：1－33.

4. BHATTACHARYA，SUDIPTO，DOUGLAS GALE. Preference Shock，Liquidity and Central Bank Policy//ed. by William A. BarnetandKenneth J. Singleton. New Approaches to Monetary Economics. Cambridge ，England：Cambridge University Press，1987：69－88.

5. U. BLIEN，F. GRAEF. Entripieomierungsverfahren in der Empirischen Wirtschafts for－schung Entropy Optimization in Empirical Economic Research. Jahrbuch Nationalkonomie und Statistik，1991，208（4）：399－413.

6. M. BLAVARG，P. NIMANDER . Interbank Exposures and Systemic Risk. Sveriges Riksbank，Economic Review，2002（2）：19－45.

8. CHENYEHNING. Banking Panics：The Role of First－Come，First－Serve Rule and Information Externalities. Journal of Political Economy 1999（107）：946－68.

8. DE NICOLO，GIANNI，MYRON L. KWAST. Systemic Risk and Financial Consolidation：Are they Realted?. Mimeo，June 2001.

9. DEMIRGUC－KUNT A. ，E. Detragiache. The Determinants of Banking Crises－Evidence from Develpoing and Developed Countries. IMF Working Paper，1997，No. 99147.

10. DEMIRGUC－KUNT，A. E. Detragiache，P. Gupta. Inside the Crisis：An Empirical Analysis of Banking Systems in Distress. IMF Working Paper 2000，No. 00156.

11. H. DEGRYSE，G. NGUYEN. Interbank Exposures：An Empirical Examination of System Risk in the Belgian Banking System. National Bank van Belge，Working Paper，No. 43，March 2004.

12. E. DETRAGIACHE. Banking Fragility and International Capital Mobility. IMF Working Paper，1999 No. 99113.

13. DIAMOND，DOUGLAS，PHILIP H. DYBVIG. Bank Runs，Deposit Insurance，and Liquidity.

Journal of Political Economy, 1983, Vol. 91, No. 3: 401 - 419。

14. EISENBERG, LARRY, THOMAD H. NOE. Systemic Risk in Financial Systems. Management Science, Vol. 47, 2001, No. 2: 236 - 249.

15. ERIC SANTOR. Banking Crises and Contagion: Empirical Evidence. Bank of Canada Working Paper, 2003 (1).

16. HELMUT ELSINGER, ALFRED LEHAR, MARTIN SUMMER, SIMON WELLS. Using Market Information for Banking System Risk Assessment. Working Paper, University of Vienna, 2004.

17. IMAN VAN LELYVELD, FRANKA LIEDROP. Interbank Contagion in the Dutch Banking Sector. SSRN Working Paper, July 2004.

18. JEANETTE MULLER. Two Approached to Assess Contagion in the Interbank Market. Swiss National Bank Discussion Paper, December 23, 2003.

19. KAUFMAN, G. GEORGE. Bank Contagion: A Review of the Theory and Evidence. Journal of financial Services Research, 1994: 123 - 150.

20. KAUFMAN GEORGE. Banking and Currency Crises and Systemic Risk: A Taxonomy and Review. Financial Markets, Institutions and Instrument, May 2000: 69 - 131.

21. LEHAR ALFRED. Measuring Systemic Risk: A Risk Management Approach. Mimeo, University of British Columbia, June 2003.

22. MICHAEL SCHRODER, MARTIN SCHULER. The Systemic Risk in European Banking - Evidence from Bivariate GARCH Models. Centre for European Economic Research, Working Paper: August 2003.

23. MISHKIN FREDERIC. Comment on Systemic Risk // George Kaufman, ed. Reasearch in Financial Services: Banking Financial Markets, and Systemic Risk. Vol. 7. Greenwich: CT JAI Press, 1995: 3 - 45.

24. NGUYEN, GREGORY. The Belgian Interbank Market: Interbank Linkages and Systemic Risk. National Bank of Belgium Financial Stability Review, 2003: 105 - 123.

25. SCHOENMAKER, DORK. Contagion Risk in Banking. Proceedings of the Second Joint Centeral Bank Research Conference, Tokyo, 1998.

26. G. SHELDON, M. MAURER. Interbank Lending and Systemic Risk: An Empirical Analysis for Switzerland. Swiss Journal of Economics and Statistics, 1998 (134): 685 - 704.

27. M. SUMMER. Banking Regulation and Systemic Risk. Open Economies Review, Fourthcoming, 2003.

28. SUJIT CHAKRAVORTI. Analysis of Systemic Risk in the Payment System. Working Paper, Federal Reserve Bank of Dallas, 1996.

29. UPPER, CHRISTIAN, ANDREAS WORMS. Estimating Bilateral Exposures in the German Interbank Market: Is there a Danger of Contagion?. Deutsche Bundersbank Discussion Paper, 2002 (9).

30. WATKINS, J. JOHN, ROBIN J. WILSON. Graphs - An Introductory Approach. John Wiley & Sons, 1990.

31. WELLS, SIMON. UK Interbank Exposures: Systemic Risk Implications. Bank of England Financial Stability Review, December 2002: 175 - 182.

监管体系与金融稳定

对国有商业银行引进战略投资者及上市的评析

吴念鲁①

中共十六届三中全会对深化金融改革提出了基本要求，要求各类金融企业建成资本充足、内控严密、运营安全、服务和效益良好的现代金融企业，选择有条件的国有商业银行实行股份制改造，加快处理不良资产，充实资本金，创造条件上市。

2004年初，中国银监会对国有商业银行股改提出了新的考核标准和实现标准的时间表。一年多来，国有商业银行纷纷加快了股份制改革的步伐，在各方面发生了很大的变化。

截至2004年底，中国银行（中行）、建设银行（建行）的资本充足率分别达到了10.04%和11.29%，超过了巴塞尔协定8%的资本充足率的要求，两行的不良贷款率也分别下降至5.12%和3.92%，营业利润分别为578.41亿元和669.59亿元，资产回报率分别为0.61%和0.88%，所有者权益分别为2054亿元和1947亿元，权益净回报率分别为10.04%和17.28%。工商银行（工行）和农业银行（农行）的各项指标也大有改进，营业利润分别高达736.79亿元和319.74亿元，工行不良贷款率降至19.33%。2005年4月工行经财务重组，6月底资本总额达2806亿元，资本充足率为9.12%，不良贷款率下降至4.58%。

一、引进境外战略投资者的好处

按照我国银监会的要求和政策指引，国有商业银行股改上市，必须先引进境外战略投资者。这是一项复杂并具有战略意义的工程。当前，在引进过程中，由于有必须引进的要求，也就产生了一种倒逼机制，促使国有商业银行不得不加快改革，改变股权单一的局面，实现投资主体多元化，改善公司治理结构，增强透明度，为公司上市做好准备。一般认为，引进境外战略投资者有如下好处②：

（1）引进真正的战略伙伴，除增加资本外，能带来一个很好的合作效益和合力效益，这个合力效益就是能够更好地推动中国银行业的改革，更好地提升中国银行业的国际竞争能力。

（2）改善公司治理结构，特别是引进公司治理完善、管理经验丰富、经营业绩良好的国际一流金融集团，可以帮助加快完善治理结构，获取更大进步。

（3）能提供产品和技术方面的有效帮助。

（4）为IPO（首次上市）成功增加重要砝码，能提升国际资本市场对上市商业银行的信心。

二、引进境外战略投资者的主要问题

如何实现国家利益和国有商业银行利益最大化，同时也要给境外战略投资者好处，实现双赢是件难事。如何评析引进境外战略投资者的得失？笔者提出以下问题供思考：

（一）双方如何定价

从交通银行（交行）和建行引进战略投资者的投资价格来看，基本上是按净资产来定价的。

---

① 作者简介：吴念鲁，中国人民银行研究生部教授，博士生导师。

② 详见：孙凌燕．国有商业银行上市一定要引进境外战略投资者吗？．金融时报，2005-02-05.

汇丰银行（汇丰）持股交行 19.9% 的股权，出资 144.61 亿元，每股为 1.86 元。交行 2005 年 5 月在香港上市，IPO 的定价区间为 1.95 ~ 2.55 港元，最高价为 2.9 港元，每股约为账面价的 1.05 ~ 1.36 倍。

2005 年 6 月 17 日，建行与美洲银行达成协议，美洲银行首期投资 25 亿美元购买建行 9.1% 的股份，第二阶段将在建行计划海外首次公开上市时，认购 5 亿美元的股份，未来数年内股份增至 19.9%。双方定价也是按净资产来计算的。

以 2004 年底建行所有者权益为 1947 亿元计算，美洲银行投资 25 亿美元，按 8.27 元兑 1 美元计算为 206.75 亿元，每股定价约为 1.17 元［206.75 亿元 ÷（1947 亿元 ×9.1%）］，其价格大大低于交行的每股价格。

另据报道，2005 年 7 月 1 日，建行与淡马锡控股（私人）有限公司结成战略合作伙伴关系，淡马锡通过其全资控股的亚洲金融控股私人有限公司对建行进行投资，在建行首次公开上市时，以发行价格认购 10 亿美元。该报道虽然没有透露建行何时何地上市以及上市的价格区间，但如按交行的价格模式，亚洲金融持股建行大约为 4%。据悉，亚洲金融将帮助建行完善公司治理结构，包括向建行推荐一名合适的董事人选，提供技术援助。

2005 年 8 月 18 日，本着长期持股、优化治理、业务合作与竞争回避的原则，中行与苏格兰皇家银行在京签署了战略性投资与合作协议，苏格兰皇家银行出资 31 亿美元，收购中行 10% 的股权。31 亿美元仍按 8.27 元兑 1 美元计算为 256.37 亿元，以 2004 年底中行所有者权益为 2054 亿元计算，每股定价约为 1.25 元［256.37 亿元 ÷（2054 亿元 ×10%）］。如果按 8.11 元兑 1 美元计算，31 亿美元为 251.41 亿元，每股定价约为 1.22 元［251.41 亿元 ÷（2054 亿元 ×10%）］，其价格高于建行但低于交行。

从以上三家引进战略投资者的定价来看①，完全是按净资产（所有者权益）倒算出来的。笔者认为，净资产是定价的基础，这是不容置疑的。但是还应考虑其他方面的因素，这些因素有：它们的品牌、机构、市场、产品、客户、职工，特别是国家的支持。据有关方面估计，海尔的品牌价值为 560 亿元。目前，中行、建行、工行的资产负债、利润等指标大大超过海尔，其品牌价值应远在海尔之上。

（二）利益冲突如何衡量

建行董事长谈及引进境外战略投资者时把握的三项原则是：①投资者要足够大，能满足投资建行的资金要求；②在业务领域具备专长和领先优势，愿向建行转让技术和分享管理经验；③这些外资机构与建行没有利益冲突。

美洲银行在我国设有代表处和分行，但业务规模很小，不是建行的竞争对手，两者没有利益冲突，而整个美洲银行在零售业务上非常强，建行在住房信贷、信用卡业务上也名列前茅，在经营上可以形成互补。

但是汇丰入股交行，从整体看可能会出现利益冲突。目前，汇丰在华业务居外资银行首位。它在我国有 12 家分支机构。汇丰入股交行后，派去了几名高管人员协助管理，今后还可能派出一些技术人员，这对交行提高管理水平和产品技术更新是有裨益的，但是它们由此可能获得交行更多的信息。而汇丰在华机构的业务发展，可能与交行的业务发展存在利益冲突。因为交行每获利 1 元，汇丰只能得 0.2 元，而汇丰在华机构的获利百分之百属于汇丰。为此，要特别防止交行的客户向汇丰转移。汇丰银行主席郑海泉表示，交行在香港上市后，汇丰将再注入资金，使其持股仍保持 19.9% 的水平。他还进一步表示，愿意将持股扩大到 40%。如果此目标实现，那么交行将成为汇丰的子公司。这与中国银监会规定外资银行持股中资银行的股份不得超过 25% 是相抵触的。

---

① 建行、中行引进战略投资者的股票定价，系笔者根据有关数据推算，仅供参考。

（三）防止套利变现、恶意收购

所谓战略投资者的标准是：①在业务上有共同的战略方向与合作目标；②有足够的资金购买相当数量的股份；③投资后，其股权冻结期在1年半以上。

上述不成文的规定，并不等于说战略投资者保证永远不出售或转让其持有的股权。因为任何战略投资者的目的都是盈利，当股票价格上涨，溢价达到十分高的水平时，出于其集团利益的整体考虑，盈利变现的例子不胜枚举。

几年前，当中石化、中石油在香港发行的H股跌破发行价时，英国石油公司（BP）、壳牌（Shell）都作为战略投资者持股该公司，但是冻结期满，股价成倍上扬时，它们脱手部分股权，拿走了几十亿港币。

假如今后交行的股价上涨到3.72元，汇丰只需脱手9.9%，就可以拿回本钱，从而不花分文地持股交行10%的股份。这仅是一种简单的算法，不涉及利率、汇率、市场等因素。除非交行与汇丰签订有长期持有协议，才不会出售或转让。

（四）鼓励相互持股、换股

相互持股、换股，这是近年来跨国银行进行整合的重要方式之一，在引进战略投资者时，也不失为一种好的办法。我们的目标不一定紧盯世界前50家大银行。其实对具有专业特长、效益稳定发展的中等银行也可以考虑作为战略伙伴。双方可确定各自股份的价格，按市场价格相互换股。也即双方不花一分钱，各自得到良好的投资伙伴。这样做的好处是：你中有我，我中有你，共进共荣，互补性会更强。当前，西方不同国家的大银行，在业务上特别是某些专门性的业务上联合经营，结成伙伴关系的例子也不少见。

（五）境内战略投资者的引进

当前，我国境内的大企业，有的没有上市，而上市公司正在进行股权分制的改革，这在一定程度上影响了国内企业对商业银行的投资。但是从我国大企业的实力来看，完全具备投资条件，而且通过对银行的持股，有利于其对资金的有效运用，也有助于国有商业银行壮大资本实力。如果可以相互持股，这就意味银行可以投资参股企业。这对实行分业经营的银行业来说是不允许的。笔者认为，应加快实行混业经营，允许银行从事证券投资与保险业务，应鼓励商业银行进行并购整合，允许商业银行引进境内战略投资者。

三、对商业银行如何上市的进一步探析

（一）关于境内上市的问题

以往的一般看法是，国有商业银行上市，由于盘子大、溢价的倍数高，加之国内证券市场容量小，可能出现崩盘，于是基本否定了在境内上市，主张在中国香港、美国或欧洲上市。但交行在香港上市后，其定价并不高，数额也不大。特别是从建行、中行引进战略投资者所定的价格来看，溢价的比例非常之低，建行为1.17元，中行为1.22元。按交行在中国香港IPO的定价区间为1.05~1.3倍计算，建行和中行的发行价格也就在1.21~2.1元之间。如果筹资200亿~300亿元，国内市场是毫无问题的。国有商业银行是蓝筹股，本应在国内上市。目前，在西方国家的证券市场上，金融股所占比重一般都在50%以上，因此市场行情比较稳定。而在我国的市场上，金融股只占5%。为此，要大力增加金融股上市，使股市具有发展的稳定性。同时，金融股上市，特别是作为蓝筹股的国有商业银行在国内上市，不仅能吸引国内机构投资者和广大股民购买，也能吸引国外投资者购买。笔者呼吁，应选择国有商业银行在中国香港和上海同时上市。

（二）关于中资投行做保荐人的问题

据有关报道，中国银行（香港）在港上市，其费用花去十几亿港币。有人估计，建行、中行上市的费用一般为1.5亿~2亿美元，约为十几亿元人民币。这是一笔可观的费用，而这些费用都

被外国投资银行赚去了。而这些外国投行，具体干事的人都是中国人。这说明，我国并不缺乏做投行业务的人才。

然而，让我们看一看我国的国家证券公司的经营状况。从 114 家的统计数据来看，截至 2004 年底，总资产为 3293.7 亿元，净资产 669.08 亿元，净资本为 453.41 亿元，营业收入 169.44 亿元，但利润为负 103.64 亿元，亏损 150 亿元。特别是几大证券公司，由于经营不善，正面临国家拯救和重组的局面，这就是我国可以从事投行业务机构的现状。它们缺的不是人才，也不是业务，而是管理层的经营理念、风险意识。笔者盼望我国有真正的投资银行出现。同时，也应放开手脚，让它们与国外投行进行竞争。而准备上市的企业也不必迷信外国公司，非把此业务交给它们不可。最近世界知名会计师事务所普华永道涉及做假账被我财政部处罚。德勤会计师事务所对科龙电器的审计报告也存在失职之嫌，引发了社会的普遍关注。

四、评定商业银行上市成功与否的主要指标

不能为上市而引进战略投资者，更不能为上市而上市。上市成功与否，只能从具体营运中考察。

（1）看其存款的市场占有率是升高了，还是降低了。存款占有率的高低，很大程度上反映了客户是扩大了还是流失了，这是一个十分重要的指标。

（2）税前利润是上升了，还是下降了。利润指标很大程度上反映了银行业务的发展状况，业绩的好坏是考察的重要指标。

（3）不良贷款率是下降了，还是上升了。如果不良贷款率继续上升，表明上市后的商业银行在经营管理、风险控制上存在较大的不足。同时也要注意，如果该项指标有所下降，是因资产规模增大造成的，而不良贷款的余额仍在上升的话，这就表明此问题并未彻底解决。

（4）对职工的凝聚力是增强了，还是减弱了。商业银行经过股改，引进了境外战略投资者，进而公开上市。上市后，商业银行的业务经营和发展只有靠该行职工努力才能实现。对职工的凝聚力增强，企业文化进一步发扬，是商业银行成功的根本保证。反之，该行效益肯定低下。

参考文献

1. 郦锡文．五大看点解读四大商业银行年报．金融时报，2005－07－19.
2. 中国银行 2004 年年报．
3. 建设银行 2004 年年报．
4. 李利明．股东不满价格太低　民生银行缓发 H 股．经济观察报，2005－06－20.
5. 吴念鲁．金融热点探析——形势、汇率、调控、股改及其他．北京：中国金融出版社，2005.

不对称信息下的中小企业信用担保：问题与对策

杨胜刚　胡海波[①]

引言

中小企业发展和融资难问题一直是国内外中小企业、理论界和政府关注的热点问题。人们普遍认为中小企业融资面临的主要问题是信息不对称问题。中小企业相对于大型企业来说，由于信息透明度不高、信用等级低、抵押担保品不足等原因，导致了银行对中小企业申请贷款的筛选成本过高，同时，也使银行面临中小企业过高的逆向选择和道德风险。因此，银行在与中小企业的博弈中，对中小企业实施信贷配给就成为银行的理性选择。近年来，理论研究开始注重解决中小企业融资难的实际层面的探讨，一个问题是为解决中小企业融资难问题，在市场配置金融资源失衡的情况下，政府这只“看得见的手”是否应有所作为呢？从目前国外很多发达国家政府建立中小企业信用担保计划（CGSs）的成功经验来看，成立中小企业信用担保机构的确有助于缓解中小企业贷款难的问题。然而，中小企业信用担保机构在提升企业信用水平，部分解决银企间信息不对称的同时，自身与企业和银行之间又产生了信息不对称问题。因此，信用担保机构能否缓解中小企业信贷市场的信息不对称问题，如何设计信用担保制度以最有效地控制逆向选择和道德风险，就成为一个值得深入探讨的问题。

一、不对称信息下的担保理论：文献回顾

担保是指根据合同或当事人的约定，以财务或第三者信用来确保债务的清偿或其他义务的履行的一种经济行为，是保证债务实现的一种法律手段。乔治·阿克诺夫（1970）最早用二手车交易市场模型说明了信息不对称的后果[②]以及解决不对称信息的一些经济机制，其中，担保就是消除不对称信息的有效途径。此后，在不对称信息理论的框架内，现代经济学与金融学对信贷融资担保问题的研究取得了重大突破，主要从以下几个角度展开：

（一）信贷融资交易成本

巴罗（Robert J. Barro）较早地把担保问题纳入了经济学和金融学的理论视野。他于1976年根据大量关于信贷配给的理论文献提出了一个完整的信贷融资担保模型，并且声称他的理论分析并不涉及信贷配给本身，从而给信贷融资担保研究赋予了相对独立的地位。在巴罗的理论模型中，担保是执行贷款合约的一个机制。为了保证合约有效履行，如果借款者违约，担保品的转让就会对借款者归还贷款产生激励作用。同时，担保价值与借款者所获得的贷款价值可能存在差异。于是巴罗模型的关键性假定就是：担保品的价值对贷款者而言要比借款者低。这种价值的差异反映了担保的市场成本，或者把违约借款者的财产权转移给贷款者的相关成本。在这个假定前提下，巴罗系统地分析了信贷市场中贷款者的预期利息回报、改变利率对贷款的影响、改变担保均值对贷款的影响以及

① 作者简介：杨胜刚，1965年生，湖南常德人，经济学博士、金融学博士后，现为湖南大学金融学院院长、教授、博士生导师。胡海波，1977年生，湖南常德人，现为湖南大学金融学院博士研究生。通信地址：湖南省长沙市湖南大学北校区金融学院，邮政编码：410079，Email：sgyang@ hnu. cn.

② 阿克诺夫证明了信息不对称的存在会导致逆向选择的发生，而逆向选择的存在会使帕累托改进不能实现。

在竞争性信贷市场中，担保如何影响贷款利率、交易成本和贷款规模等。总之，巴罗模型直接把担保和利率联系起来，说明了担保在决定贷款市场利率中的作用。由于存在贷款违约的可能性以及与转移担保品所有权相关联的交易成本，在借款者的预期利率、实际利率和贷款者的预期利率之间就会出现差异。

（二）激励效应与逆向选择效应

斯蒂格利茨和韦斯（1981）直接从信贷配给的分析中提出了信贷市场逆向选择理论。为了说明信贷配给产生的原因，他们分别从银行贷款利率和担保要求两个方面分析了非对称信息信贷市场的特征。斯蒂格利茨和韦斯认为，担保及其他非价格配给机制不会消除信贷配给的可能性，虽然提高担保要求会使得借款者比较不愿意去冒风险，而由于风险下降，银行的回报增加了。而且，提高担保要求也可能会对不同的贷款申请者产生不同的影响。即使所有借款者都具有相同的效用函数，并面临相同的投资机会，但是，如果存在绝对风险厌恶递减的情况，那么较富有的借款者将既愿意提供更多的担保又愿意承担风险较大的项目，而较贫穷的借款者则不会这么做。而且如果大量财富的积累是冒险加运气的结果，那么这些非常富有的借款者当中将有相当大一部分人是风险爱好者（或者至少不太具有风险厌恶特征）——他们愿提供大量的担保。在这种情况下，高额担保所带来的负面的逆向选择效应将支配正面的激励效应。结果，贷款者将会发现，把他们的担保要求提高到超过某些临界点的水平之后，风险上升了，回报反而减少了。后来，斯蒂格利茨和韦斯（1992）对自己早期的理论模型进行了改进和完善，使他们的理论分析更加接近信贷市场的真实情况。在他们改进后的理论模型中，逆向选择和激励问题同时发生在不对称信息信贷市场中，而且贷款者可以同时改变担保要求和贷款利率以影响贷款申请者组合，并对贷款申请者争取投资项目的成功产生激励。

（三）资信评价与信号传递

尚（Yuk - Shee Chan）和卡纳塔斯（George Kanatas）（1985）研究了在不对称信息条件下担保的信号传递功能，他们认为当借贷双方具有不同信息时，担保可以提高贷款者对其预期收益的评估能力，即在理性预期信号传递环境中，担保可以充当一种附加的、间接的信号源。借款者对担保品的选择向贷款者传递了一个关于借款者信息的信号；而且，在一个理性预期均衡中，这个信号可以被完全地揭示出来。提供担保所付出的交易成本迫使借款者真实地披露他们的信息，这就促使较高品质的借款者提供更多担保。当借贷双方由于信念的差异对贷款项目产生不同评价时，担保也能够对合约的形成发挥重要作用。如果贷款者的评价过低，借款者就有动力提供担保，以换取较低的贷款利率。这种不对称的评价可能会导致贷款者为了得到贷款担保而提供比借款者的要求低得多的贷款利率。如果在使用担保过程中没有交易成本，最优担保水平将与债务相等；如果有担保成本，则一般结果是对贷款额实行部分担保。尚和卡纳塔斯的研究结果与那些来自于强调担保的激励作用即不考虑道德风险问题的其他同类模型的基本区别，在于对以担保为基础的贷款合约中借款者品质的不同预测。他们认为，由于借贷双方的不对称评价以及基于不同信息或者不同信念的考虑，所以在贷款合约中借款者的品质是与其提供的担保数量正相关的。这种正相关关系在信息不对称的情况下表现得相当明显。根据尚和卡纳塔斯的模型和其他同类模型的预测，担保使用在那些知名度高、品质良好的借款者的贷款合约中的情形并不多见。担保较普遍地使用在那些涉及所谓“中间市场”的银行贷款和对小企业贷款的合约中。不同的是，其他同类模型认为，担保的激励作用导致了提供担保的正是那些品质较差的中小企业。而尚和卡纳塔斯的模型则正好相反，强调担保的使用是作为对交易双方不对称评价的一般反映，并且认为在同等规模的企业中，正是那些品质良好的企业才提供担保。

（四）关系型贷款

布特和塔克尔（1994）发现，借款者与银行保持长期的良好关系是有利的。他们认为在银行和企业之间建立关系的初期，借款者要支付较高利率，并且有较高担保要求。而当这种关系发展到一定程度后，随着借款者项目的成功，其应支付的利率和应满足的担保要求也相应地降低，甚至不需要担保。由此可以推断，银行与借款者之间形成的关系越长，支付的利率越低，贷款的担保要求越少。伯杰和尤德尔（1995）则重点考察了关系贷款在小企业融资中的作用，结果发现与银行建立长期关系的借款者可以支付较低的贷款利率，也较少提供抵押担保。由于在小企业中存在比较严重不对称信息的问题，而关系贷款可以产生有关借款者品质的有价值信息，所以银行通常以此来达到缓解信息不对称的问题。戈林鲍姆（S. I. Greebaum）、卡纳塔斯和韦内齐亚（Venezia）以及夏普（S. A. Sharpe）和威尔逊（P. F. Wilson）的理论模型也预测到，借款者与某个特定贷款者之间建立的关系越长，贷款的担保要求就越低。

综观当代信息经济学框架下的信用担保相关理论，不难得出中小企业信用担保成因的逻辑推理过程：由于银行与客户存在信息不对称，导致银行不能通过调整贷款利率来平衡信贷市场的供求，因为在利率提高到恢复信贷市场出清之前，逆向选择和道德风险的存在会使银行的期望收益随着贷款利率上升而下降，这样信贷配给就产生了。可见，在信息不对称的条件下，解决中小企业融资难问题，实质上就是解决信息不对称问题。由于信息担保机构与中小企业之间有着千丝万缕的紧密联系，使得担保机构较银行直接面对中小企业具有更多信息方面的优势，同时担保机构利用专业人才和专门技术，通过明显的规模效应节约了信息收集成本，从而可以认为信用担保机构与中小企业之间信息是基本对称的。这样，信用担保机构就自然成为了中小企业与银行之间的信用桥梁，使得双方的信贷交易得以继续进行，同时也分散了银行贷款风险，扩大了银行信贷规模和收益。然而，现实情况往往没这么简单。有些学者就认为目前我国的信用担保并没有改变信息不对称问题的实质（黄海沧、李建琴，2003），担保机构与其客户之间同样存在着信息不对称的问题（吴敬琏，2004），而且相对于银行似乎也不存在信息比较优势（董彦岭，2003），在与商业银行的合作中又处于严重的不平等地位（林平、袁中红，2005）。可见，中小企业信用担保机构的成功运营是需要特定前提条件的。下面将通过数理模型分析来寻找答案。

二、信用担保活动中的逆向选择与道德风险：计量经济学分析

信用担保机构在为中小企业提供融资担保时，一方面要与商业银行就担保比例达成协议，共担融资风险；另一方面要求中小企业提供反担保品，控制自身的担保风险。那么，信用担保活动中的这两种风险管理手段是趋于缓解还是加剧了中小企业信贷市场中的逆向选择和道德风险呢？现构建如下模型：

（一）基本假设

假定企业有多个投资项目，这些投资项目的风险不同，风险函数由低到高是连续的，企业可以随时根据自身的风险偏好和融资成本的变化调整项目，使得项目风险与费用相对应，从而企业的收益最大。每个项目都只有两种可能的结果：成功或失败。成功时的收益为 $R>0$，成功概率为 P；失败时的收益为 0，失败概率为 $1-P$。假定申请担保的中小企业所有投资项目具有相同的期望收益且为信用担保机构所知，那么，成功概率 P 与收入 R 之间具有负相关关系，即 R 越高则 P 越低①。另外假定企业为投资项目需要的银行贷款为 C，并且企业的自有资金不计成本（此假定是为了简化过程，并不影响推导结果）；假定银行贷款利率为 r，担保机构承保比例为 η，担保费率为 g，并以实际承保金额 $(1+r)C\eta$ 来计算担保收费②。中小企业提供的反担保金额为 W。

① 假定不存在进入壁垒和忽略交易成本，如果某项目 P 很高同时 R 也很高，就会吸引社会资本不断投入该项目，使该项目的 R 不断降低，最终回到均衡点。

② 在实际操作中，更多的是简单地以贷款总额来计算担保收费。此处的假设更符合担保公司控制担保风险的实际需要。

根据以上假定，企业的期望利润函数为：

$$L=P\times[R-(1+r)C-g\times(1+r)C\eta]-(1-P)\times[g\times(1+r)C\eta+W]$$

投资项目的期望收入为：

$$\bar{R}=P\times R+(1-P)\times 0=PR$$

如果企业不投资，期望利润当然为0，因此存在一个临界值 R^*，只有当 $R\geqslant R^*$ 时，企业才会申请担保贷款投资。又因为 $P\times R=\bar{R}$（$\bar{R}$ 值不变），意味着也存在一个临界成功概率 P^*，只有当 $P\leqslant P^*$ 时，企业才会申请担保贷款。结合企业投资与不投资两者的期望利润函数和企业的期望收入函数，我们可以知道企业投资的临界点 P^*、R^* 必然满足以下两个方程：

$$P^*\times[R^*-(1+r)C-g\times(1+r)C\eta]-(1-P^*)\times[g\times(1+r)C\eta+W]=0$$

$$P^*\times R^*=\bar{R}$$

联立两个方程解得：

$$P^*=\frac{\bar{R}-g\times(1+r)C_\eta-W}{(1+r)C-W}$$

现假定 P 在 [0, 1] 区间上的密度函数为 f (P)，分布函数为 F (P)，那么申请担保的项目平均成功概率为：

$$\bar{P}=\frac{\int_0^{P*}Pf(P)dP}{\int_0^{P*}f(P)dP}=\frac{\int_0^{P*}Pf(P)dP}{F(P*)}$$

（二）模型分析

考虑对 $\bar{P}$ 求关于 η 的偏导得：

$$\frac{\partial\bar{P}}{\partial\eta}=\frac{\frac{\partial P^*}{\partial\eta}P^*f(P^*)F(P^*)-\frac{\partial F(P^*)}{\partial\eta}\int_0^{P^*}Pf(P)dP}{F^2(P^*)}$$

因为$\frac{\partial F(P^*)}{\partial\eta}=\frac{\partial F(P^*)}{\partial P^*}\frac{\partial P^*}{\partial\eta}=f(P^*)\frac{\partial P^*}{\partial\eta}$且$\frac{\partial P^*}{\partial\eta}=-\frac{g\times(1+r)C}{(1+r)C-W}$，所以：

$$\frac{\partial\bar{P}}{\partial\eta}=\frac{\partial P^*}{\partial\eta}\frac{f(P^*)}{F^2(P^*)}\left[P^*F(P^*)-\int_0^{P^*}Pf(P)dP\right]=-\frac{g\times(1+r)C}{(1+r)C-W}\frac{f(P^*)}{F^2(P^*)}\left[P^*F(P^*)-\int_0^{P^*}Pf(P)dP\right]$$

可见，$\frac{\partial\bar{P}}{\partial\eta}$的正负号即 $\bar{P}$ 与 η 的相关关系由 $-\frac{g\times(1+r)C}{(1+r)C-W}$的取值决定。下面分两种情况进行分析：

1. 当企业不提供反担保或反担保金额不足时

在这种情况下，$W=0$ 或 $0<W<(1+r)C$，显然 $-\frac{g\times(1+r)C}{(1+r)C-W}<0$，所以$\frac{\partial\bar{P}}{\partial\eta}<0$，$\eta$ 与 $\bar{P}$ 负相关，增加信用担保机构的担保比例 η 会降低担保项目平均成功概率 $\bar{P}$，从而使担保机构面临逆向选择和道德风险。另外，如果令$\frac{f(P^*)}{F^2(P^*)}\left[P^*F(P^*)-\int_0^{P^*}Pf(P)dP\right]=A$，对$\frac{\partial\bar{P}}{\partial\eta}$求关于 W 的偏导得：$\frac{\partial(\frac{\partial\bar{P}}{\partial\eta})}{\partial W}=-\frac{g\times(1+r)C}{[(1+r)C-W]^2}A<0$，说明当企业不能够提供足额反担保时，担保机构的反担保要求和担保比例同时增加会进一步加剧逆向选择和道德风险（见图一）。

2. 当企业提供足额反担保时

在这种情况下，W >（1 + r）C，会使 $-\frac{g\times(1+r)C}{(1+r)C-W}>0$，所以 $\frac{\partial\overline{P}}{\partial\eta}>0$（见图一），η 与 $\overline{P}$ 正相关，说明此时担保机构承保比例的增加有利于提高担保项目的平均成功概率 $\overline{P}$，从而缓解逆向选择和道德风险问题。同时也注意到，由于 $\frac{\partial\overline{P}}{\partial\eta}$ 对 W 的偏导小于 0，此时若继续增加对中小企业的反担保要求，担保比例增加，缓解信用担保信息不对称的作用会趋于减弱。

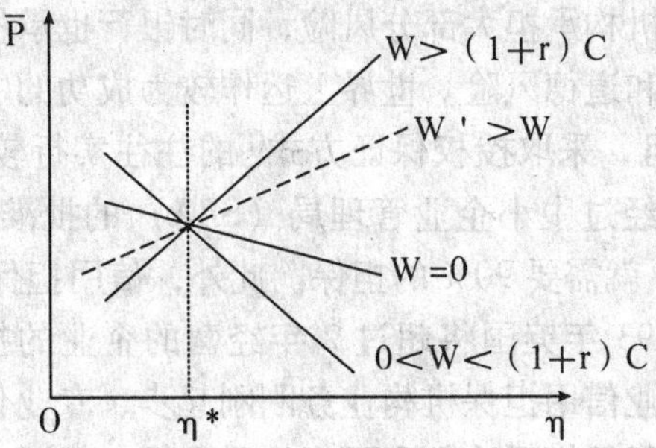

图一

注：若项目平均成功概率 $\overline{P}$ 与担保比率 η 线性相关，当反担保金额 W 大于贷款本息和时，直线斜率为正，$\overline{P}$ 与 η 正相关；反之亦相反。两种情况下，直线斜率都随 W 上升而下降。

综上所述，在商业银行对中小企业信贷融资中，担保机构担保比例的增加与信用担保活动中由于信息不对称产生的逆向选择和道德风险具有如下关系：当中小企业提供的反担保品价值大于贷款本息和时，担保机构担保比例的增加有利于减少逆向选择和道德风险；而当中小企业不提供反担保或反担保金额不足时，担保机构为贷款提供较高比例的担保会加剧逆向选择和道德风险问题。这两种情况下，若同时增加中小企业反担保率和信用担保机构担保比例，都不利于解决信用担保活动中的信息不对称问题。具体分析，在前一种情况下，因为企业提供了足额的反担保品，这会均衡它的风险收益关系，抑制企业盲目追求高收益项目的动机，反映担保的正面激励效应大于负面的逆向选择效应。这时担保机构担保比例的提高发挥了信号传递的功能，它有利于这类中小企业获得银行贷款，从而提高获得担保的中小企业贷款项目的平均成功概率，减少了逆向选择；在后一种情况下，企业不提供反担保或反担保金额不足一定程度上传递了受担保企业品质不高的信号，反担保金额不足不利于担保机构控制担保项目风险，同时也反映了担保机构缺乏实施反担保的手段和能力。此时较高的担保比例意味着企业要承担较高的担保费用，这类似于利率的提高，会使负面的逆向选择效应处于支配地位，企业追求成功概率低、收益高的项目，降低了企业投资的平均成功概率。另外，担保比例提高会诱使银行放宽对申请贷款的中小企业审查标准，放松对企业贷款后的跟踪管理，实质上是向信用担保机构转嫁了信贷风险，使担保机构面临双重的逆向选择和道德风险。

三、结论与对策

从上面的理论推断可以看出，中小企业提供的反担保品价值大于担保贷款本息和时，信用担保机构在与商业银行的合作博弈中选择较高的担保比例，才有利于减少信息不对称导致的逆向选择和道德风险的发生。但是在实际工作中，很多中小企业难以提供足额的抵押品，为了促进中小企业的发展，担保机构可能采取只让企业提供一部分抵押品，同时自身也承担一部分逆向选择风险和其他风险的方式。在这种情况下，如果担保机构由于与商业银行博弈中的劣势地位而承担了过高的担保比例，反而会加剧信用担保活动中的信息不对称，影响信用担保解决中小企业信贷市场失灵功能的正常发挥。为寻求问题的解决方法，我们至少可以有以下三种思路：一是在担保机构反担保手段和能力有限时，设法降低担保比例 η，同时不提高银行贷款利率 r。这样能够增强银行对中小企业贷款前筛选和贷款后监控的积极性，一定程度上能减少逆向选择和道德风险的发生。二是增强担保机构反担保手段和能力，使企业提供的反担保品价值 W 大于贷款本息和，此时可以适当增加担保比例 η，增加这类企业获得银行贷款的概率。三是在维持担保比例 η 不变的情况下，降低银行贷款利率 r 或降低反担保品 W 的要求，同时要发展其他手段来降低与企业之间的信息不对称。依据以上思路，笔者提出以下对策：

（1）建立和完善担保机构与商业银行的风险分担机制。从国外信用担保体系的经验来看，建立一种风险分担机制，由担保机构承担大部分风险，同时银行也承担少部分风险，在一定程度上可减少担保机构面临的逆向选择和道德风险。世界上运作较为成功的中小企业信用保证计划都实行了比例担保机制（见表一）。而且，采取授权保证方式[①]的往往实行较低的担保比例，如美国中小企业信用担保合同签订前不需要经过中小企业管理局（SBA）的批准，担保比例为 75%，而个人担保合同（Individual Guarantee）就需要 90% 的担保。此外，信用担保机构往往在受保企业正常经营多年后才提高担保比例，如 1993 年英国将超过 2 年经营的企业的担保比例从 70% 增加到 85%[②]。因此，在我国目前许多中小企业信用担保机构业务刚刚起步、专业化水平普遍不高的情况下，不宜实行过高的担保比例，应适当降低担保比例和更多地采取授权保证方式以完善银担风险分担机制。

表一　部分国家中小企业信用保证担保比例和运作方式比较

	英国 SFLGS	法国 SOFARIS	德国 Buergschafts - Banken	美国 SBA	加拿大 SBLA
担保比例（%）	新开办企业：70%； 超过 2 年经营的企业：85%	新开办企业：65%； 已开办企业：50%	80%	75%	85%
担保运作方式	授权保证和直接征信	授权保证	直接征信	授权保证	直接征信

［资料来源］2001 中国担保论坛．北京：中国经济出版社，2002.

（2）完善反担保机制，加强反担保措施研究。为了增强受保企业使用信贷资金的责任心，对受保企业进行有效的约束，促使其改善经营管理，提高经济效益，信用担保机构应依据申报企业信用等级和项目评级确定反担保金额和方式选择，尤其在担保比例较高且不易变动时，应尽量使反担保品价值大于贷款本息和。但是，由于信用担保机构所服务的对象是一个特殊的群体，它承担的是向商业银行传递和放大企业信用的职能，因此，它很难受理到能被社会广泛认可的优良担保物。于是，不同于银行对抵押品的要求，担保机构在设计反担保措施时思路应该开阔。首先考虑现金或易于变现的担保品。但这绝不是唯一标准，如果能够通过反担保措施的设计，针对被担保人的某些弱点对企业进行制约，同样可以起到降低道德风险的作用。通过这个思路设计反担保措施，最关键在于挖掘对于借款者来说价值最大的反担保品，找到企业的"软肋"。例如个体、民营企业的业主最怕失去对企业的控制，这时可以考虑用该企业的股权作反担保质押；正常经营的企业最怕停产，这时可以考虑用企业的设备作抵押或用企业主要的技术专利作质押；更进一步，还可以要求企业法人代表与担保公司签订无限责任合同，使其承担连带责任。总之，如何筛选与担保业务特征相适应的合理的反担保品，是信用担保机构需要专门研究的问题。

---

① 根据信用担保中银行与担保机构的主导性的强弱，可将信用担保机构运作方式分为授权保证方式和直接征信方式两类。两者的主要区别在于，前者在大多数情况下是由银行对申请担保贷款的中小企业进行信用审查并决定贷款的发放，然后通知担保机构；后者则担保机构是决定银行提供贷款的核心，由它与中小企业直接接触，完成信贷审查工作。

② A. DORAN, J. LEVITSKY. Credit Guarantee Schemes for Small Business Lending: A Global Perspective. Volume I - Main Report. Graham Bannock and Partners Ltd., 1997.

（3）建立担保机构和被担保企业的资信评级制度。资信评级制度是解决担保市场上信息不对称问题的重要机制。对担保机构的资信评级能够通过揭示担保风险，并将担保机构的信用状况通过评级语言公之于众，让出资者、合作者和监管部门得到关于担保机构自己的客观、公正的信息，以维护担保市场的公信力和市场秩序，也有利于理顺担保机构与银行的合作关系。由于我国现阶段社会化的征信体系还未建立完善，对中小企业的资信评估工作应视具体情况在担保机构和商业银行间合理分担，其中两者间相互交换被担保企业的相关信息尤为重要，这种信息资源的共享可以大大节约双方的审查成本。此外，企业的信用信息资源不能完全由企业直接提供，还要向工商、税务、质量监督、社会保障、公共事业、公安、司法等外围机构采集，再由资信评级机构（担保机构、银行或专门机构）根据企业最近几年里的财务表现，评出企业的信用等级。资信评级制度的建立和实行，既可以使担保机构更全面地掌握被担保企业的相关信息，同时也有利于降低对中小企业贷款的利率或反担保要求，进而有助于减少逆向选择问题。

（4）建立长期客户档案，发展关系型担保。类似于关系型贷款，关系型担保作为一种新型担保技术，能有力地降低担保机构和中小企业之间客观存在的信息不对称程度。担保机构可对每一个来寻求担保的企业建立档案，对其每一次担保都记录在案，这实际上就是企业的一个信用记录。当客户再来寻求担保时，就可以利用该档案作为参考，决定反担保品的种类和金额多少。比如对于信用记录较多且情况良好的中小企业，可适当降低反担保物金额要求，或更多地采取反担保人信用担保措施，甚至考虑是否需要提供反担保。这样，中小企业获得担保贷款的成本降低了，担保机构既有效控制了担保风险，又减少了逆向选择的发生。

参考文献

1. 本杰明·M·弗里德曼，弗兰克·H·哈恩．货币经济学手册：第2卷．北京：经济科学出版社，2002.

2. 刘新来．信用担保概论与实务．北京：经济科学出版社，2003.

3. 梅强，谭中明．中小企业信用担保理论、模式及政策．北京：经济管理出版社，2002.

4. 中国经济技术投资担保有限公司．2004 中国担保论坛．北京：经济科学出版社，2005.

5. 黄海沧，李建琴．中小企业信用担保的冷思考．浙江社会科学，2003（4）．

6. 董彦岭．中小企业贷款：信用担保机构是必需的吗？．第三届经济学年会入选论文．中国经济学教育科研网．http：//www.cenet.org.cn/cn/ReadNews.asp？NewsID = 12602.

7. 林平，袁中红．信用担保机构研究．金融研究，2005（2）．

8. J. E. STIGLITZ，ANDREW WEISS. Credit Rationing in Markets with Imperfect Information. American Economic Review，1981（71）：393 - 410.

9. J. E. STIGLITZ，ANDREW WEISS. Asymmetric Information in Credit Markets and Its Implications for Macro - Economics. Oxford Economic Papers，1992，Vol. 44，No. 4：694 - 724.

10. YUK - SHEE CHAN，GEORGE KANATAS. Asymmetric Valuations and the Role of Collateral in Loan Agreements. Journal of Money，Credit and Banking，1985，Vol. 17，No. 1：84 - 95.

11. A. W. A. BOOT，A. V. THAKOR. Moral Hazard and Secured Lending in an Infinitely Repeated Credit Market Game. International Economics Review，1994，Vol. 35，No. 4：899 - 920.

12. ALLEN N. BERGER，G. F. UDELL. Relationship Lending and Lines of Credit in Small Firm Finance. The Journal of Business，1995，Vol. 68，No. 3：351 - 381.

风险定价与金融稳定

吴军　何自云[①]

在1997—1998年的东南亚金融危机之中，中国幸免于难，这在很大程度上得益于当时仍然非常严格的金融管制。在此危机之后，中国金融领域的市场化进程有所放缓。2004年10月29日，我国放开除城乡信用社以外所有其他金融机构的贷款利率上限，并允许存款利率下浮，标志着我国金融市场化的进程又大大提速了。在失去“严格管制”所提供的保护以后，中国金融体系是否能够保持金融稳定？在本文中，我们试图从中国文化角度来阐述市场化进程中中国金融稳定所面临的艰巨挑战。

一、金融市场化的核心：风险定价

市场经济最根本的特征，是在资源配置过程中价格机制起核心的基础性作用。从计划经济向市场经济转轨，其核心是价格由政府计划制定转向由供求关系来决定。金融管制的放松虽然还包括其他许多领域管制的放松（比如市场准入等），但其核心和关键始终是金融资产价格的放开。金融资产的价格包括利率、汇率、证券价格等内容，但鉴于利率在所有金融资产定价中的基础性地位，同时为节省篇幅，本文将只讨论利率。

一般来说，借贷双方融通资金的利率主要由五部分组成，一是货币的时间价值，二是通货膨胀补偿，三是管理费用，四是要求利润，五是风险补偿。货币的时间价值和通货膨胀补偿主要取决于借贷双方所无法控制的宏观经济因素，如GDP的实际增长率、社会平均利润率、通货膨胀率，等等。在竞争压力下，管理费用和要求利润在一个经济体内的各个债权人（如银行）之间也将趋于一致。而风险补偿则是融资过程中，债权人因其承担的各种风险而向债务人（借款人）收取的一种补偿。债权人所承担的风险包括信用风险、流动性风险、市场风险、操作风险、法律风险和国家风险，等等，其中最为主要的是信用风险。由于债务人所处国家、地区、行业的不同，本身经营规模和风格、经营者性格和素质、经营方法和理念的不同，以及对外部环境变化敏感程度的不同，每一个债务人为债权人所带来的风险是完全不同的，因此，包含在每一笔融资的利率中的风险补偿也是各不相同的。如果由政府来确定管制利率，这一利率能够比较准确地反映前四项内容（即货币的时间价值、通货膨胀补偿、管理费用和要求利润），但却无法反映第五项内容即风险补偿，因为风险补偿不可能以平均方式将高风险债务人和低风险债务人扯平来确定（参见本文第四部分的讨论）。

因此，放开利率，放开的实际上主要是利率中的风险补偿部分。进一步地说，金融领域的市场化，主要是金融资产定价的市场化，而金融资产定价的市场化，其核心又是风险定价，即银行等债权人能够根据借款人的实际风险状况、每笔贷款所承担的风险程度自主地准确地确定贷款利率。下面我们以银行贷款所面临的信用风险为例，简要说明风险定价的基本方法和前提条件。

贷款准确风险定价的要求是，在将来银行贷款发生损失时，银行刚好能够以实际贷款利率超过

---

① 作者简介：吴军，对外经济贸易大学金融学院院长，教授，博士生导师。何自云，对外经济贸易大学金融学院教授。

无风险贷款利率以上的部分（即风险补偿部分）弥补实际发生的损失①。因此，风险定价即是对一笔贷款将来可能造成的损失的估计。这就涉及两个变量的估计：一是该笔贷款发生信用风险②的可能性，一般用违约概率（Probability of Default，PD）来表示；二是发生信用风险时为银行带来的损失，一般用违约损失率（Loss Given Default，LGD）来表示。

国际清算银行的一项调查表明，目前国际上主要商业银行所运用的信用风险模型，在估计违约概率和违约损失率时，主要依赖的是历史数据，即运用历史上该借款人和同类借款人的违约概率和违约损失率来预测该借款人未来的违约概率和违约损失率。③

运用历史数据来进行预测，主要涉及两种方法，一种是外推，一种是类推。外推是指根据某借款人过去的行为推测其未来的行为，比如某企业在过去一段时间（如 20 年）中的违约概率是 0.1%，那么，该企业在明年的违约概率也是 0.1%；类推是根据与某借款人同类的其他借款人在过去的行为推测该借款人未来的行为，比如所有 BBB 级企业在过去一段时间（如20 年）中的违约概率是 0.25%，那么，同属于 BBB 级的某企业在明年的违约概率也是 0.25%。

外推的准确性，要求同一借款人的行为在不同时间是稳定的；类推的准确性，要求同类的、不同借款人之间的行为是一致的。同时，无论是外推还是类推，都要求有全面而准确的信息，以便判断借款人与其过去有可比性，与同类的其他借款人有可比性（即同属一类）。因此，借款人行为的“稳定”和“一致”，以及相应信息的“全面”和“准确”，是准确进行风险定价的前提和基础。但从中国目前的情况来看，这个前提和基础是基本不存在的，而其根源在于中国文化。

二、文化：多数情况下强制性的潜规则

文化这一概念有广义和狭义之分。按照《现代汉语词典》的解释，广义的文化是指“人类在社会历史发展过程中所创造的物质财富和精神财富的总和，特指精神财富，如文学、艺术、教育、科学等”④。这并不是我们这里所讨论的文化。

我们在这里所说的文化，是狭义的文化，它反映的是人们具有普遍性的行为方式，其核心内容是“怎么做”，而不论“是什么”。正如我们说“中国的饮食文化”，说的是中国人“如何做”、“如何吃”的问题，而不是“吃什么”的问题。

在对文化的诸多定义中，英国两位专门研究企业文化的专家特伦斯·迪尔（Terence E. Deal）和阿兰·肯尼迪（Allan A. Kennedy）所给出的如下定义对我们具有极大的启发性：“企业文化是用以规范企业员工多数情况下行为的一个强有力的不成文规则体系。”⑤ 这个定义明确地指出了文化的四个特征，一是“规则体系”，它是一种约束人们行为、反映人们行为方式的一整套规则；二是“不成文”，即这种规则没有明确写出来，是隐含的、默契式的，是“大家都不说，但都这么做”；三是“强有力”，即文化对人的行为的影响往往是强制性的，在很多时候还是不自觉的；四是“多数情况下”，即文化的作用在很大程度上要超过明确的制度。这两位作者还引用了通过调查所获得的数据来说明这一点：明确的制度起作用的是海上冰山超过水面、仅占全部冰山体积 1/3 的那一部分，而隐含的文化起作用的是冰山在水面以下、占全部冰山体积 2/3 的那一部分。⑥

---

① 更准确地说，银行的贷款损失包括期望损失、非期望损失和异常损失三大类，通过贷款定价所获得的信用风险补偿所弥补的只是期望损失部分，而非期望损失和异常损失主要靠银行资本来弥补。

② 信用风险包括两种情况，一种是借款人违约，另一种是借款人虽然没有违约（即贷款尚未到期），但因其信用级别下降，而使得贷款的风险程度和违约的可能性增加。

③ Bank for International Settlement. Credit Risk Modelling: Current Practices and Applications. 1999. http://www.bis.org.

④ 中国社会科学院语言研究所词典编辑室．现代汉语词典．2002 年增补版．北京：商务印书馆，2002.

⑤ TERENCE E. DEAL, ALLAN A. KENNEDY. The New Corporate Culture: Revitalizing the Workplace after Downsizing, Mergers, and Reengineering. Perseus Books, 1999.

⑥ TERENCE E. DEAL, ALLAN A. KENNEDY. The New Corporate Culture: Revitalizing the Workplace after Downsizing, Mergers, and Reengineering. Perseus Books, 1999.

虽然英国这两位专家的这个定义比较全面、比较准确，但还不够简洁。如果用吴思在《潜规则：中国历史中的真实游戏》一书中所提出的“潜规则”一词来描述“文化”，则更形象、更易理解。吴思对“潜规则”的解释是“未必成文却很有约束力的规矩”①，这与两位英国专家对文化的定义是非常吻合的。

我们可以用《红楼梦》中关于“护官符”的一个小故事来进一步说明文化和潜规则的含义。这个故事的梗概是：

贾雨村走了贾府的后门，当上南京知府，一上马就受理了一件人命案：薛蟠打死了小业主冯渊，抢走了个丫头。冯渊的家人告了一年多也告不下来。

贾雨村听说，登时大怒道：“岂有这样放屁的事！打死人命就白白地走了，再拿不来的！”说着就要发签，派人去抓。这时他看见旁边一个门子向他使眼色。于是便不发签。

雨村叫门子进了后边的密室。门子问：“老爷既荣任到这一省，难道就没抄一张本省‘护官符’来不成?”雨村忙问：“何为‘护官符’？我竟不知。”

门子道：“这还了得！连这个不知，怎能作得长远！如今凡作地方官者，皆有一个私单，上面写的是本省最有权有势、极富极贵的大乡绅名姓，各省皆然；倘若不知，一时触犯了这样的人家，不但官爵，只怕连性命还保不成呢！”说着拿出一张抄好的“护官符”来，上边就有薛家。

贾雨村问门子此案该如何处理。门子说：“薛家和帮助你当上知府的贾家是亲戚，何不做个人情，日后也好去见贾府的人。”贾雨村道：“你说的何尝不是。但事关人命，蒙皇上隆恩，起复委用，实是重生再造，正当殚心竭力图报之时，岂可因私而废法?”门子听了，冷笑道：“老爷说的何尝不是大道理，但只是如今世上是行不去的。岂不闻古人有云：‘大丈夫相时而动’，又曰：‘趋吉避凶者为君子’。依老爷这一说，不但不能报效朝廷，亦自身不保。还要三思为妥。”

从这个例子中，我们看到，首先，“护官符”作为潜规则（也就是我们这里所说的文化）的力量是非常巨大的，是强制性的，如果不按潜规则办事，“不但不能报效朝廷，亦自身不保”，“不但官爵，只怕连性命还保不成”，其力量要远远超过“明规则”，即明确规定的法律制度；其次，“潜规则”的传播有其特殊的途径，主要是“经验传授”、“现实教训”等，因此具有非常强的生命力；最后，只有局内人才了解“潜规则”，因此它具有极强的隐蔽性和潜伏性。

三、中国文化对风险定价的制约

现代金融活动是一种“大众参与”的过程，它所依赖的不再是建立个人与个人之间的“私人信任关系”，而是“非个人”的、“超越私人联系”的“抽象规则”。② 这种抽象规则，一部分是以明确的制度规则如公开的法律、法规、政策等形式存在的，但更多的是以潜规则即文化的形式存在的。相对于实体经济活动来说，金融活动所具有的虚拟性、观念性，使得文化在约束各经济主体金融行为方面，范围更广、强度更大、时间更长、效果更明显。

中国文化可谓博大精深。“弱水三千，我只取一瓢饮”，我们在这里只是选取其中制约风险准确定价的几个特征，来说明我国市场化进程中金融稳定所面临的根本性问题。我们在这里无法全面评述中国文化，也绝不是全面否定中国悠久而优秀的文化。同时，一种文化之所以存在，总有其存在的理由，总有其促进社会稳定、推动经济发展的一面，限于本文的篇幅和目的，我们也未能尽述。

我们在第一节中已经指出，风险准确定价的前提和基础是借款人行为的“稳定”和“一致”，以及借款人所提供信息的“全面”和“准确”。但是，中国文化中所固有的他律特征、假话特征和

① 吴思．潜规则：中国历史中的真实游戏．昆明：云南人民出版社，2000.

② 汪丁丁．金融危机、道德自律与转型期文化传统．二十一世纪，1998（4）．

实用特征，使得我国无论是企业法人还是自然人，在行为上都存在着严重的机会主义倾向，从而无法准确预测，准确的风险定价也就无法实现。

(一) 中国文化的他律特征

中国文化对人的定义是，“仁者，人也”。“仁”是“人”字旁一个“二”字，其深层含义是，只有在“二人”的对应关系中，才能对任何一方进行定义。[①] 在传统中国社会，这二人关系就是“君臣、父子、夫妇、兄弟、朋友”。

以“二人”对应关系来定义人，是“关系”在我国各种社会活动中占据如此重要地位的根本原因。在金融领域，这种定义的影响至为深远。金融的核心是信用，而“信”字是“人”字旁一个“言”字，其深层含义是，在中国文化中，信用是由“人言可畏”来约束的，如果别人看不到（从而不会说闲话），或者即使别人看到但不说闲话（甚至是赞扬、鼓励、钦佩），或者是即使别人看到了也说了闲话但自己听不到，或者是即使别人看到了也说了闲话、自己也听到了但自己不感觉难堪（甚至引以为傲），那么，他就会去做失信的行为。这体现了中国文化所固有的他律特征，一个人的行为只能受他人的约束，其结果是，守信只能局限于“熟人圈子”之中，超过了这一范围，就很难守信。

在这种他律的文化中，我们是否能够通过加强他律（比如法律的约束）来适应这种文化，避免其负面效应呢？举例来说，如果一个借款人向银行借款以后到期时，具有偿还能力但没有偿还意愿，不是就可以通过法律这种他律手段来强制借款人还款，从而保证银行贷款回收吗？从理论上来看，这样似乎是可行的，但一旦考虑到法律执行的成本问题，就会发现“借款人即使有能力”也难以保证银行贷款的偿还。法律制裁的成本非常高，尤其是在中国目前连法院判决在很多时候都无法得到执行的背景下，依靠法律来保证贷款的偿还，并不现实。法律是一件昂贵的武器，最好只是起一种威慑作用，最好是存而不用，尤其是在几乎“全民失信”的时候，由于“法不责众”，靠法律来保证良好的信用环境，其效果将极其有限，更何况司法体系本身也沉浸在“他律文化”之中呢？另外，即使法律本身对银行通过法律措施来保全债权也有一定限制。比如，最高人民法院2004年11月14日公布了《关于人民法院民事执行中查封、扣押、冻结财产的规定》（自2005年1月1日起施行），其中第五条规定：“人民法院对被执行人的下列财产不得查封、扣押、冻结：被执行人及其所扶养家属生活所必需的衣服、家具、炊具、餐具及其他家庭生活必需的物品；被执行人及其所扶养家属所必需的生活费用；被执行人及其所扶养家属完成义务教育所必需的物品；……”第六条规定：“对被执行人及其所扶养家属生活所必需的居住房屋，人民法院可以查封，但不得拍卖、变卖或者抵债。”这两条规定表明，银行拥有抵押品也并不一定就能保证债权的最终实现。

他律文化使得借款人在还款时的基本态度，是“能不还款时就想尽一切办法不还款”，而不是“能还款时就想尽一切办法还款”。表面上来看，这两种态度听起来差别并不大，但深究起来，其差别非常大。最大的差别在于成本上，前者的成本非常高，而后者的成本要低得多。举个例子来说，交通标志和交通警察都有利于维护交通秩序，如果在“不会被抓住就违规（以求一时便利）”成为一种习惯、一种“潜规则”时，就不得不更多地依靠交通警察这种高成本的手段，这就是为什么我们在红绿灯路口还需要这么多警察、“二警察”的原因。

概括起来看，中国文化的他律特征，使人的行为在很大程度上要依靠他律，而他律又因为高成本而不可能发生实际作用，其结果是，每个人的行为都几乎不受约束，其是否守信会“因时因地”而不同，既不能在纵向上保持“外推”所需要的“稳定”，也不能在横向上保持“类推”所需要的“一致”，从而使得信用活动中准确的风险定价几乎成为不可能。

(二) 中国文化的假话特征

在中国漫长的历史中，普遍说真话的时期极少、极罕见，而普遍说假话则是一种常态，尤其是

---

① 孙隆基．中国文化的深层结构．南宁：广西师范大学出版社，2004.

在秦始皇“焚书坑儒”、汉武帝“罢黜百家、独尊儒术”以后，人们就不敢再有自己独立的思想，不敢再说真话，假话开始流行。

从根源上来看，中国文化的假话特征，又进一步地源于中国文化的如下三方面的特征：一是官本位特征，二是面子特征，三是重义轻利特征。

官本位是指整个社会以官为本、以官为准，官是衡量所有人的价值的准绳和标准。看破红尘的“和尚”有处级、科级、股级之分，深居“象牙塔”的大学教授相当于处级、副教授相当于副处级，这足以可见官本位的影响之深、之远。官本位的根本特征，一是“官高一级压死人”，“说你对你就对，不对也对；说你不对你就不对，对也不对”；二是“学而优则仕”，学习除了入仕为官以外没有其他任何用处和出路。

被国务院授予“人民作家”称号的著名作家巴金，在“文革”时说了很多假话，“文革”以后很后悔，写了很多表示忏悔的文章。他说过这么一句话：“我不断地探索讲假话的根源，根据个人的经验，假话就是从板子下面出来的。”① 历史学家谢天佑也曾说：“讲假话、讲违心的话，不敢讲真话，是出于怕，而在操一切生杀予夺之权的专制君王面前又不可能不怕……讲假话、讲违心的话，不完全是一个人的品质问题，还有一个更重要的社会制度问题。中国古代社会官场上盛行讲假话、讲违心话之风，实质上是畏惧专制独裁的心理状态的表现。”② 曾任社会科学院副院长的李慎之在《中国文化传统》一文中写道：“两千多年来中国文化的主流正脉是一种政治的文化、权力的文化……根据我近年的观察与研究，中国的文化传统可以一言以蔽之：‘专制主义’。”③ 在“官高一级压死人”的专制主义文化传统中，假话不能不成为一种常态。

与此同时，“学而优则仕”又使得所有人从出生开始所接受的教育，在很大程度上就是“如何说假话”的教育，因为学习的唯一目标是“入仕”，要实现这一目标的唯一方法是通过一级又一级的考试，而考试的标准是“经典”、是“书”、是“上”，因此，通过考试的多是“唯书”、“唯上”的“佼佼者”，自然也多是说假话的“佼佼者”。

“人活一张脸、树活一张皮”，“雁过留声、人过留名”，这是说中国人对面子尤其重视。既然面子如此重要，当然不能说真话而不给对方留面子，也不能说真话而使自己丢面子。

“小人喻于利、君子喻于义”，“国家不以利为利、以义为利”，这种重义轻利的文化，使得本来正当而光明正大的利益，变成了见不得人的行为，自然就“口是心非”而假话连篇。

在假话成为常态的环境下，银行从借款人那里获得的信息，多半是假的、不真实的。比假话本身更为严重的是对假话的态度。不仅借款人和银行都知道这些信息是假的，而且借款人知道银行知道这些信息是假的，但即便如此，借款人还提供假信息；同时，银行也知道借款人知道银行知道这些信息是假的，但即便如此，银行还接受假信息，并根据假信息发放贷款。这有点类似绕口令的几个“知道”，叠加在一起，说明了“假话”的普遍性和强制性，说明“假话”已成为了一种“文化”、一种“潜规则”。在假话的“包围”之中，银行无法获得真实的信息，无从了解借款人是否可与其过去相比，是否属于特定的信用级别，因此，既无法“外推”也无法“类推”，借款人未来的行为自然也就无从预测。

（三）中国文化的实用特征

“不管白猫黑猫，逮住耗子就是好猫。”这一“猫论”之所以能够极大地促进中国的改革开放，使中国在长达20多年的时间中持续获得年平均超过9%的高速增长，其根本原因是这一口号抓住了中国文化侧重于实用这一基本特征。但实用主义倾向的危害已经显现，这是国家近年提出“科

① 郝铁川．说假话的根子．http：//www.laws.com.cn.2004.

② 谢天佑．专制主义统治与臣民的心理状态．http：//www.sina.com.1982.

③ 李慎之．中国文化传统．//中国文化．北京：人民出版社，1997.

学发展观”、“创建和谐社会”的原因。

在15世纪以前，中国的科学技术一直处于世界领先地位。公元前6世纪到19世纪的2500年间，全世界的科技成果中，中国所占的比例是50%。以后则直线下降，到20世纪已不足1%了。诺贝尔奖对20世纪科学发展起了极为重要的作用，正如李政道所说：“诺贝尔奖把人类文明提高到一个新的高度。”从1901年诺贝尔奖创立到2000年，全部六个奖项已有700人获奖；其中3项科学奖获奖总人数469人，占总获奖人数的67%。但是在获奖者中只有6位华裔，仅占获奖人数的0.86%，与华人在世界人口中所占比例极不相称，而且他们的工作没有一项是在中国国内做的。[①] 我们引以为傲的中医，在150年前比西医的用途要广得多，但仅过了100年也就是50年前，西医在用途的广泛性及功效上已很大程度地超过了中医。一位著名专家曾在一次国际研讨会上表示：“中国的中医药在应用上较1000年前没有飞跃、没有质的变化，如果非要找出不同，也就是量上有所变化。”[②]

中国的科学技术为什么会在中间出现停顿而没有发展出现代科学技术？其根本原因在于中国科技发展的实用性特点。[③] 在科技发展的初级阶段，实用避免了科技发展中的神学成分和唯心成分，以经验为基础的科技能够得到迅猛发展。但是，科技的进一步发展，要求从经验上升到理论，从直接源于生产生活实践上升到实验室实验，而中国文化的实用特征，一方面，使得科技发展的需求源于实践的需要，当实践不再提出需要时，科技就没有了继续发展的动力；另一方面，实用成为检验一切科研成果的唯一标准，当某一研究由于处于初级探索阶段从而无法立即投入实用时，即被认为无用而被终止。在这种文化观念的影响下，理论研究、实验室实验自然无法得到支持和发展。西医之所以超过了中医，原因在于西方的药品研究者没有急功近利、为求应用而不重视基础研究，他们在实验室安心地研究诸如“大脑中有什么细胞”、“血管内的组织”等最基础的问题，最终使得西医在用途的广泛性及功效上已很大程度地超过了中医。

中国文化的实用特征，也是我们不遵守规则的重要原因。“规则是死的，人是活的。”当规则妨碍我们的方便和自由时，我们会选择置规则于不顾。比如，行人在过十字路口遇到红灯时，如果路上并没有车辆通过，此时就会不顾交通规则而毫不犹豫地穿行：安全不受威胁又能省时间，何乐而不为？此时，如有人坚持等绿灯亮以后再过马路，就算不会被认为是傻瓜和白痴，也会被认为是假正经。

金融活动总是涉及未来的一段时间，赖以生存的信用需要相当长时间的维护。眼前的违约总是能够给自己带来现实的利益，而其可能带来的未来损害则是不确定的；按约履行义务在眼前带来的困难和“损失”是现实的，而其可能带来的未来收益则似乎是遥不可及且虚无缥缈的。由于周围环境和自身情况的变化，会改变某一行为的成本和收益，在追求实用、不守规则的文化氛围中，趋利避害的思想使得借款人的行为变得难以预测，既不能保持纵向上的“稳定”，也无法保持横向上的“一致”，风险定价自然无法做到准确无误。

以上是从借款人的角度来看中国文化对风险定价的影响。再从银行角度来看，文化也是影响其风险定价决策的重要因素。在风险定价中，虽然可以通过建立各种各样的模型来帮助定价，但无论模型如何复杂，仍然无法穷尽影响一笔贷款未来偿还可能性的一切因素，从而永远无法完全离开人的主观判断。由于信息的不完备，主观判断就会受到文化的深刻影响。美国金融学家约翰·考埃特、爱德华·爱特曼、保罗·纳拉亚南在《演进着的信用风险管理：金融领域面临的巨大挑战》一书中用了两章专门讨论信用文化在信用风险管理中的作用，这两章分别是第二章“信用文化”和第二十五章“再论信用文化是最基本最重要的信用管理工具”，从这两章尤其是后一章的标题可以看出银行管理中文化的重要作用。这三位专家在该书中论述道：“即使那些本质上诚实的人，当他们做了错事时，也

① 王晓勇．科学精神与诺贝尔奖．http：//www.baidu.com.1998.

② 饶毅．急功近利，千年来中医药停滞不前．中国青年报，2004－09－11.

③ 史仲文．中国人走出死胡同．石晓军，张振霞，译．北京：中国发展出版社，2004.

不太喜欢承认。我们所有的人都有掩饰自己缺陷的倾向。在一个具有很大风险的世界中，重大的决策不能很快被证明是错误的……承认交易错误最好的时机莫过于刚发现犯错的时候……信用文化可以创造出一个有力的激励机制，让雇员勇敢地承认自己的错误。”① 中国文化的他律特征、假话特征和实用特征，也同样制约着银行经营管理人员，也同样影响着银行风险定价的准确性。

四、错误风险定价对金融稳定的影响

无法准确地进行风险定价，对金融稳定的影响主要体现在四个方面：一是会使银行的损失无法得到弥补，不良资产将会不断积累；二是风险交易市场无法有效建立，不良资产处置的难度大大增加，整个社会的风险集中在银行而得不到有效分散，增加了金融体系的脆弱性；三是相当部分本应获得融资的经济主体和项目无法得到融资，从而影响经济增长；四是金融市场无法有效地得到发展，使金融业只能依靠金融中介这一条腿跛行，增大了金融危机的风险。

（一）错误风险定价与银行不良资产的积累

如前所述，贷款准确风险定价的要求是，在将来银行贷款发生损失时，银行贷款中的风险补偿部分能够刚好弥补实际发生的损失。举例来说，假设一个没有任何借款历史的借款人甲向银行申请一笔期限为一年、金额为100万元的贷款，银行无信用风险贷款利率（包括货币的时间价值、通货膨胀补偿、管理费用、银行要求利润、信用风险以外的其他风险补偿）为5%。要确定这笔贷款的利率，由于甲本身并无借款记录，从而无法采用“外推”，而只能采用“类推”，因此，首先要确定甲的信用级别。假设根据甲所提供的以及银行从其他方面所收集的信息，甲被评为A级，而过去20年中所有A级借款人的违约概率是2%，违约损失率是100%，那么，该笔贷款的利率就应该是7%（即5% +2% ×100%），其含义是：如果包括甲共有100个同属A级的借款人，每人从银行借入相同期限（1年）、相同金额（100万元）的贷款，那么，总共就会有2人到期时违约，给银行造成的损失是200万元，但由于实际贷款利率高于无信用风险贷款利率200个基点，这一信用风险补偿部分加总起来是200万元（即100×100×2%），正好弥补可能造成的损失。很显然，如果贷款利率被错误地定为6%，那么，银行到期就会有100万元贷款的损失无法得到弥补，如果得不到冲销，就会形成相同金额的不良资产。

由于每个借款人的风险程度（以及违约概率）各不相同，因此，每个借款人都会有他所对应的信用风险补偿率（以及贷款利率）。我们可通过图一来进一步说明风险定价与不良资产之间的关系：横坐标代表借款人的违约概率，纵坐标代表贷款利率。假设所有贷款的违约损失率相同（假设均为100%），那么，在信用风险定价完全准确的情况下，不同借款人的贷款利率应该组成一条直线，该直线与纵轴相交的交点即是无信用风险补偿利率（上例中的5%）。

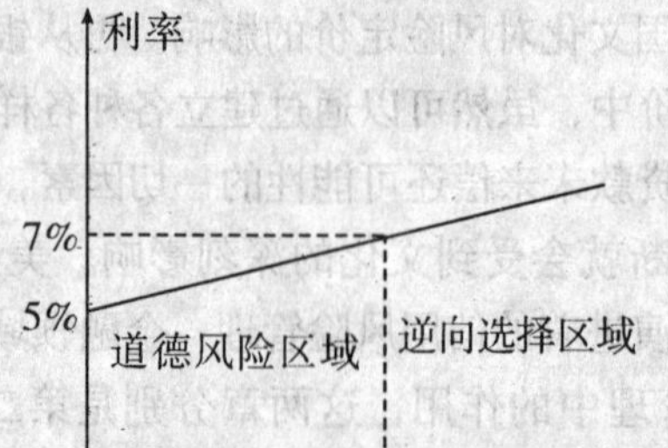

图一　风险定价与不良贷款

---

① 约翰·考埃特，爱德华·爱特曼，保罗·纳拉亚南．演进着的信用风险管理：金融领域面临的巨大挑战．石晓军，张振霞，译．北京：机械工业出版社，2001.

为简化讨论，我们假设银行无法按照每个借款人的违约率来确定贷款利率，而对所有借款人确定一个“一刀切”的贷款利率 7%（在严格的利率管制情形下即是如此）。很显然，只有违约率刚好为 2% 的借款人从银行借款，银行所获得的风险补偿才刚好弥补其贷款的预期损失。如果违约率超过 2%，银行将出现亏损；而如果违约率低于 2%，银行将获得超额利润。

很显然，如果银行只发放贷款给违约率 2% 的借款人，其业务量是不饱和的，因此必然开发其他客户。贷款是借贷双方在平等意义上的合作，银行无法强迫借款人借款。如果借款人的违约率低于 2%，那么，7% 的银行贷款利率就高于借款人按其违约概率应该支付的利率，对这类借款人来说，7% 的利率过高，因此，他们会拒绝向银行申请贷款。与此相反，对于违约率高于 2% 的借款人，7% 的利率低于他们应该支付的利率，从而会积极向银行申请贷款。借款人这种自我选择的结果，会使得向银行申请贷款的人，都是违约率高于 2% 的高风险借款人。在理论上这种现象被称为逆向选择（Adverse Selection)，其结果是银行必然产生大量不良资产。

进一步地来看违约率低于 2% 的借款人。如果他们有其他成本更低的融资机会，他们当然不会选择以 7% 的利率从银行贷款，但如果他们没有其他融资渠道，又急需资金，他们就可能忍受 7% 的高利率，从而向银行申请贷款。但是，“堤内损失堤外补”，在明的贷款利率上“吃亏”的借款人，会想办法将其多支付的利率“赚回来”，“赚回来”的方法就是提高违约率。而借款人的“报复心理”会导致“矫枉过正”，违约率不会提高到 2% 就停止，而会超过 2%。在理论上这种现象被称为道德风险（Moral Hazard)，其结果同样是使银行产生大量不良资产。

因此，如果不能准确地对贷款进行风险定价，不良贷款的大量积累是不可避免的，而金融稳定也必将受到影响。目前威胁我国金融稳定的巨额不良资产，其很大一部分成因可归结于错误的风险定价（贷款利率管制)。

（二）错误风险定价与风险分配

银行所面临的风险在本质上是客观存在的，是不能消除的。风险管理的实质和核心是分配（或转移）风险，即将风险分配（或转移）给有意愿、有能力承担风险的主体身上。现代金融市场和金融机构的发展，其根本贡献就是提高风险分配的范围和效率。

经济主体之所以愿意承担风险，是因为高风险可能带来高收益；经济主体之所以愿意将风险转移出去，而不自己承担，是因为高风险可能带来高损失。因此，风险分配的核心是收益与损失的平衡，并且使这种平衡与其承担损失的能力（主要是资本）相一致。在金融领域，平衡收益与损失的支点就是对风险的定价。

如果不能对风险准确地进行定价，风险就不可能有效地进行分配；如果风险不能按经济主体的风险承担意愿和能力在整个社会中比较均匀地分配，风险就会集中在社会经济中的某些部门，并且会超过其风险承担能力。在风险不能准确定价的经济体中，金融市场通常都不发达，以银行为主体的金融中介机构就成了集中金融风险的主要部门，加上银行在经济中所处的核心地位，整个社会的金融风险集中在银行，必然会对金融稳定形成巨大的威胁。

我国目前金融体系中所存在的巨额不良资产之所以不断积累，而不能及时消化，除了前述因为风险定价错误而没有足够的风险补偿用于弥补所形成的损失以外，另外一个重要原因就是因为定价困难而使得不良资产不能通过市场交易进行转让，而不得不继续保留在银行的资产负债表上。我国目前在处置不良资产的过程中，定价仍然是其最主要的困难。

（三）错误风险定价与经济发展

前面对图一的分析表明，如果银行对所有贷款确定“一刀切”的利率，逆向选择会使只有违约率高于 2% 的借款人向银行申请贷款，而违约率低于 2% 的借款人一般不会向银行申请贷款，即使出于被迫而申请到贷款，道德风险也会使借款人将其违约率提高到 2% 以上。这两种情况的结果都将造成银行不良资产的积累。

对于上述机制，银行也是非常清楚的，面对此种困境，银行不会“睁着眼往火坑里跳”。面对逆向选择，银行知道只有违约率高的借款人才会主动申请贷款，因此，银行所定贷款利率对应的违约率一般就会提高，而这个值越高，潜在的可能从银行获得贷款的借款人就越少；面对道德风险，银行就会通过提高贷款担保要求、加强贷后监督等方式来降低借款人的道德风险，在借款人不能提供令银行满意的担保或者银行无法对借款人进行低成本、高效率的贷后监督时，银行就会拒绝向这类借款人提供贷款。银行的这两类对策，都使得经济中能够从银行获得资金支持的借款人数量大大降低，整个社会经济的发展因此而受到影响，金融稳定的根基也会因此而受到动摇。我国目前中小企业贷款和消费者贷款在整个贷款余额中所占比例极低，而且上升乏力，与银行的这两类对策密切相关。

（四）错误风险定价与金融市场的发展

金融市场的发展，是金融领域市场化的标志。如果没有相对较为健全、完善的金融市场，我们就不能说金融领域的市场化已基本实现。

金融市场的核心是价格。我们在讨论金融市场的有效性（强有效、半强有效、弱有效）时，考察的是价格与相应信息（过去的信息、当前的公开信息、当前的私人信息）的关系。也就是说，如果价格能够充分地反映与资产价值相关的全部信息，那么，金融市场就是强有效的。很多金融产品之所以能够产生、能够存在，是因为其定价问题得到了解决。获得诺贝尔经济学奖的布莱克斯—斯柯尔斯期权定价模型对衍生金融工具市场发展的革命性作用，充分说明了这一点。因此，正确的定价是金融市场发展的前提和基础。

错误的风险定价使得金融市场无法得到充分的发展，这进而使得整个金融体系不得不以银行为中心，社会经济中的金融风险集中在银行，金融体系只能依靠银行这一条腿跛行。一旦银行体系出现问题，由于没有任何缓冲，金融稳定就将被动摇，整个金融体系也将陷入瘫痪。

五、文化的演进与中国金融稳定的根本保证

金融市场化的核心是风险定价，在体现“大众参与”过程的现代金融活动中，风险定价受着作为多数情况下强制性潜规则的文化的决定性影响。中国文化所固有的特征，使得中国金融领域的风险定价不能准确，而错误风险定价会造成银行不良资产的大量积累，使风险不能在整个社会中比较均匀地分配，限制经济中能够从银行获得资金支持的借款人数量，制约金融市场的发展，从而使得金融稳定受到威胁。因此，中国金融稳定最根本的保证，在于促进中国文化的改造，形成一种适应于金融发展的自律文化、真话文化和理性文化。

人是一个生理存在和精神存在的集合，生理遗传基因决定一个人的基本生理特征，而文化就是整个社会的“精神遗传基因”，它决定着这个社会中所有人的基本精神特征。生理遗传基因的改变是渐进的、长期的，精神遗传基因的改变亦然。同时，文化是一种社会契约，而且是一种“所有人”与“所有人”之间的一种隐含契约，建立起来异常困难，违背起来却非常容易。因此，改造中国文化的路是漫长的，中国金融稳定长效机制的建立，也将是长期的。概括地分析，以下四个方面的因素将促进中国文化的演进，并进而促进中国的金融稳定：

（1）政府改革。文化的社会契约性质，使其具有了公共产品的性质，这决定了政府在文化改造方面的核心作用。中国文化的官本位特征，决定了政府文化方面的影响力。同时，只有从政府自身改革，减少政府对经济的直接干预，“官”才能回归到其本来的位置，才不会成为整个社会的“本”。没有了官本位，自由和民主就会得到发展，思想就会变得自由，人性就能得到充分发展，真话就会越来越多，人的自律性就会越来越强。

（2）教育改革。教育是传承文化的主要手段和渠道，改造文化首先必须改革教育。著名教育家陶行知曾说：“办学和改造社会是一件事，不是两件事。改造社会而不从办学入手，便不能改造

人的内心；不能改造人的内心，便不是彻骨地改造社会。”① 只要看一看高三学生的生活、学习、身体、精神状况，就知道改革中国教育体制的迫切性。

（3）国外影响。作为精神遗传基因的文化的变革，需要有新鲜血液的融入。银监会最近对我国银行业的改革和发展提出了一个方向性、指导性的口号：“以开放促改革、以开放促发展。”开放对我国银行业来说，根本性的作用还是在文化方面。国外思想和信息的流入，已经对中国文化产生了巨大的影响，并将继续成为中国文化演进的一种重要力量。

（4）现实教训。文化与经济的发展是并行而相互影响的。经济市场化和规范化程度的逐渐提高，一些落后的文化观念会使当事人遭受损失、受到一定程度的惩罚，加上逐渐放开的新闻媒体的宣传和普及教育，现实教训就会成为促进文化演进的动力。

参考文献

1. Bank for International Settlement. Credit Risk Modelling: Current Practices and Applications. http: //www. bis. org. 1999.

2. R. GROPP, J. VESALA. Deposit Insurance, Moral Hazard and Market Monitoring, European Central Bank Working Paper, No. 302, 2004.

3. TERENCE E. DEAL, ALLAN A. KENNEDY. The New Corporate Culture: Revitalizing the Workplace after Downsizing, Mergers, and Reengineering. Perseus Books, 1999.

4. 查尔斯·古德哈特. 金融稳定研究的几个新方向. 中国金融，2004（17）.

5. 戴根有. 金融市场、金融稳定与征信服务. 金融信息化，2004（11）.

6. 冯锋，武雪卉. 儒家文化与东亚现代化国家的经济困境. 石油大学学报，2001（8）.

7. 郝铁川. 说假话的根子. http: //www. laws. com. cn. 2004.

8. 何自云. 商业银行的边界：经济功能与制度成本. 北京：中国金融出版社，2003.

9. 李慎之. 中国文化传统//中国文化. 北京：人民出版社，1997.

10. 饶毅. 急功近利，千年来中医药停滞不前. 中国青年报，2004-09-11.

11. 史仲文. 中国人走出死胡同. 北京：中国发展出版社，2004.

12. 孙隆基. 中国文化的深层结构. 南宁：广西师范大学出版社，2004.

13. 陶行知. 地方教育与乡村改造//陶行知全集. 北京：人民教育出版社，1980.

14. 田超，陈琦. 金融稳定对金融衍生品的诉求及国际经验分析. 新金融，2005（1）.

15. 汪丁丁. 金融危机、道德自律与转型期文化传统. 二十一世纪. 1998（4）.

16. 王晓勇. 科学精神与诺贝尔奖. http: //www. baidu. com. 1998.

17. 吴军，邹恒甫. 存款保险！道德风险与银行最优监管：一个分析框架及其在中国的应用. 统计研究，2005（2）.

18. 吴念鲁，郧会梅. 对我国金融稳定性的再认识. 金融研究，2005（2）.

19. 吴思. 潜规则：中国历史中的真实游戏. 昆明：云南人民出版社，2000.

20. 谢天佑. 专制主义统治与臣民的心理状态. http: //www. sina. com. 1982.

21. 约翰·考埃特，爱德华·爱特曼，保罗·纳拉亚南. 演进着的信用风险管理：金融领域面临的巨大挑战. 石晓军，张振霞，译. 北京：机械工业出版社，2001.

22. 周小川. 保持金融稳定 防范道德风险. 金融研究，2004（1）.

① 陶行知. 地方教育与乡村改造//陶行知全集. 北京：人民教育出版社，1980.

资本充足率监管下银行风险偏好的选择与中小企业贷款可获得性关系研究

黄宪　马理　代军勋[①]

随着金融创新、金融自由化和金融全球化的步伐逐步加快，为了适应新的环境，提高本国银行业的竞争力，近年来各国金融监管机构一方面放松了对银行业的诸多监管，另一方面在对银行资本充足率上，各国却采取了比以往更为严格的监管措施。更值得关注的是，在新巴塞尔协议下，这种严格性伴随着对银行资本充足率计算方法巨大的变更，导致了银行调整自己的信贷风险偏好，并对经济各层面产生不同的影响。资本充足率的严格监管和新计算方法对银行信贷风险偏好到底有无影响？影响机理如何呢？这就是本文要考察和分析的中心问题。

一、问题的提出

为了推行新的监管理念，缩短我国银行业与国际银行业在风险管理上的差距，我国金融管理当局于2005年颁布了新的《商业银行资本充足率管理办法》（本文后面简称该法规为“新办法”）。“新办法”是一种将新、旧巴塞尔协议揉合在一起的银行资本充足率计算方法。“新”表现在该法规中，对风险资产的计算体现了考虑金融环境的未来变化和银行业发展将出现的新险种；“旧”表现在该法规中，对风险资产的计算基本上套用旧“巴塞尔协议”的表内外资产项目风险权数转换法。然而，除了对银行信贷资产的风险权重普遍提高之外，“新办法”还对国有企业贷款与对其他各类企业的贷款在换算成风险资产时有明显差异，这种差异见“新办法”中的相关条款（见表一）：

表一　　我国资本充足率计算中对国有大型企业与各类中小企业贷款的风险权数的比较

c. 对公用企业的债权（不包括下属的商业性公司）	风险权数
ca. 对评级为 AA－及以上国家和地区政府投资的公用企业的债权	50%
cb. 对评级为 AA－以下国家和地区政府投资的公用企业的债权	100%
cc. 对我国中央政府投资的公用企业的债权	50%
cd. 对其他公用企业的债权	100%
f. 对企业和个人的债权	
fa. 对个人住房抵押贷款	50%
fb. 对企业和个人的其他债权	100%

中国银监会．商业银行资本充足率管理办法．2005－03.

---

① 作者简介：黄宪，1954年9月生，博士。现任武汉大学商学院金融系教授，博士生导师，公司金融与银行管理研究所所长，享受国务院政府特殊津贴。担任中国金融学会理事会常务理事和中国金融学会学术委员会委员，湖北省金融学会理事会常务理事和省金融学会学术委员会委员。迄今主持国家级科研项目5项、省部级3项。共发表金融专业论文50余篇，出版著作8部。获得国家哲学社会科学研究奖三等奖一次、国家教育部优秀教材奖二等奖一次、湖北省社会科学奖二等奖两次。代军勋，1976年1月生，武汉大学金融学博士。现任武汉大学商学院金融系讲师。马理，1972年4月生，厦门大学金融学博士。现在武汉大学商学院经济学博士后流动站从事博士后研究工作。

从“新办法”中的相关条款可以清楚地看到，在风险权数换算时，对这两类企业存在以下几个方面的差异：①对企业还是存在明确的“出生成分”划分；②对国有大型企业的贷款风险中考虑了信用评级因素，而对中小型企业不考虑信用评级，一律按照最高风险权数计算；③贷款项风险权数级差减少，由我国旧规定中的多级简化成两级，但是权数之间的差别扩大，从50%直接就跃到了100%。

对于“新办法”中对两大类企业贷款的风险权数计算存在很大歧视性差异的原因，我们作出以下解释和假定：这两大类企业，国家、中央政府和地区政府投资的公用企业中，大型和较大型企业的比重远远高于后者，而在其他各类企业中，以中小型企业为主。这也构成本文分析问题的前提。

二、资本充足率监管与信用紧缩

资本充足率监管对经济产生的一个重要的可能影响就是信用紧缩（Credit Crush）。资本充足率监管下银行信贷风险偏好降低导致的信用紧缩引起了理论界的广泛兴趣，经济学家们对此进行了大量的研究。Hancock 和 Wilcox（1997）对美国银行数据的实证研究表明，资本充足率要求会导致银行房地产贷款供给下降。Peek 和 Rosengren（1997）对日本房地产贷款的实证研究得出了相同的结论。G. Choi（2000）对韩国银行贷款和宏观经济数据的实证研究表明，韩国金融危机后实行的资本充足率管制导致了银行贷款供给下降，从而直接影响了主要依靠银行贷款融资的企业特别是中小企业，对宏观经济造成了负面影响。Maria C.（2002）等人研究了发展中国家的情况，发现在这些实施资本充足率监管的国家同样存在着这一现象。巴塞尔委员会在1999年的一份关于银行监管的报告中称：“某些证据表明，在美国和日本经济衰退时，银行资本充足率监管的压力一定程度上限制了银行这一时期的贷款，并导致了其他经济部门的衰退。”波士顿联邦储备银行主席 Richard Syron 把这一现象称为“资本性紧缩”。

为了分析资本充足率监管下银行的信用紧缩现象，考虑如下模型：

假设：

（1）银行所有的资产只有贷款一种形式，且贷款被分配给两类企业，一类是高风险高收益企业，另一类是低风险但收益亦较低的企业，则有

$L = L_1 + L_2 = W + D$

其中 L 为银行发放的所有贷款，W 为银行资本金，D 为银行吸收的存款。

（2）贷款收益率 $\tilde{R}$ 是区间［0，1］上离散、稠密、可列的随机变量，且分布函数严格递增。因为贷款只被分配给两类企业，所以 $\tilde{R}$ 的样本维为2。令高收益贷款收益率为 α，低收益贷款的收益率为 β，则相关事件发生的概率是

$P(\tilde{R}=\alpha)=p(\alpha)$ 与 $P(\tilde{R}=1\beta)=p(\beta)$

（3）令银行平均利息支付率为 φ，则银行的利息支出额为：

$\varphi L=\varphi(W+D)$

（4）令银行资本充足率为 $u=\frac{1}{k}$，其中 $k>1$，显然较小的 k 意味着较大的的银行资本充足率。

在忽略其他弱相关条件下，银行的利润为：

$\Theta=p(\alpha)\alpha L_1+p(\beta)\beta L_2-\varphi(W+D)$

因为 L_1 与 L_2 均不可能超过 L，而资本充足率的要求是 $\frac{W}{L}\geqslant u$，所以银行的利润最优化转化成如下线性规划：

$\max\Theta = p(\alpha)\alpha L_1 + p(\beta)\beta L_2 - \varphi D - \varphi W$ （公式 1）

s. t. $L_1 < L$

$L_2 < L$

$D \leqslant (k-1)W$

尝试利用单纯形矩阵求解以上问题，为此引入三个松弛变量 ε_1、ε_2、ε_3。把条件不等式转化成条件等式，原方程等价于求解 $\max\Theta = p(\alpha)\alpha L_1 + p(\beta)\beta L_2 - \varphi D - \varphi W + 0\varepsilon_1 + 0\varepsilon_2 + 0\varepsilon_3$ 的极值，而限制条件是：

$$\begin{pmatrix} 1 & 0 & 0 & 1 & 0 & 0 \\ 0 & 1 & 0 & 0 & 1 & 0 \\ 0 & 0 & 1 & 0 & 0 & 1 \end{pmatrix} \begin{pmatrix} L_1 \\ L_2 \\ D \\ \varepsilon_1 \\ \varepsilon_2 \\ \varepsilon_3 \end{pmatrix} = \begin{pmatrix} L \\ L \\ (k-1)W \end{pmatrix}$$

由此列示单纯形矩阵如表二：

表二

Θ	L_1	L_2	D	ε_1	ε_2	ε_3	极值主项
1		$-p(\beta)\beta$	φ	0	0	0	$-\varphi W$
0	1	0	0	1	0	0	L
0	0	1	0	0	1	0	L
0	0	0	1	0	0	1	$(k-1)W$

表二显示了当六维向量 $(L_1, L_2, D, \varepsilon_1, \varepsilon_2, \varepsilon_3) = (0\ \ 0\ \ 0\ \ 0\ \ 0\ \ 0)$ 时，方程有个基本可行解 BFS（Basic Feasible Solution），且 BFS $= -\varphi W$，但它显然不是最优解。从该 BFS 出发，我们通过旋转变换（Pivot Step）的技术手段寻找 Θ 的最优解。把第二行乘以其系数的绝对值加入第一行，把第三行乘以其系数的绝对值加入第一行，把第四行乘以 $-\varphi$ 加到第一行去，得到矩阵如下表三：

表三

Θ	L_1	L_2	D	ε_1	ε_2	ε_3	极值主项
1	0	0	0	$p(\alpha)\alpha$	$p(\beta)\beta$	$-\varphi$	$L[p(\alpha)\alpha + p(\beta)\beta] - \varphi W - \varphi(k-1)W$
0	1	0	0	1	0	0	L
0	0	1	0	0	1	0	L
0	0	0	1	0	0	1	$(k-1)W$

此矩阵意味着：

$$\Theta = L[p(\alpha)\alpha L_1 + p(\beta)\beta L_2] - \varphi W - \varphi(k-1)W - p(\alpha)\alpha\varepsilon_1 - p(\beta)\beta\varepsilon_2 + \varphi\varepsilon_3$$

（公式 2）

（公式 2）显示，当资本充足率要求提高后，为了获得利润的更大值，增加 ε_3 是一条有效途径。而如前假设，增加 ε_3 意味着压缩 D，由于 L = W + D，所以 L 也被压缩了，即存在 $u\uparrow\varepsilon_3\uparrow D\downarrow L\downarrow$ 的链式反应，信用规模与资本充足率于是体现出反方向的变动趋势，数学表示为：

$\frac{dL}{du}<0$ 或写成：$\frac{dL}{dk}>0$ （公式 3）

可见，面对较高的资本充足率要求，银行会降低风险偏好，调低自己的信贷投放量。从经济学原理上分析，银行减少信贷投放是理性的。因为调整信贷规模的主动权在银行手中，简便易行，其实施成本比补充资本金更低，它让银行即便在不需补充资本金的前提下也能提升资本充足率，此处于是存在一个带绝对值的单交叉条件：$\left|\frac{dL}{du}\right|>\left|\frac{dW}{du}\right|$。这意味着面对资本充足率的变化，信贷规模的变化比资本金的变化更为敏感。

三、资本充足率监管与银行信贷行为的调整

如上所述，资本充足率监管一方面会直接降低银行信贷风险偏好，另一方面会间接导致银行的信用紧缩。那么这两方面的效应是如何反映在银行信贷行为中的呢？这就涉及对资本充足率监管下银行信贷选择的分析。

为了考虑资本充足率监管下银行的信贷选择，本文运用一个简单的线性规划模型。

假设：

(1) 银行可以发放的贷款总量为 L，受资本充足率监管约束；

(2) 贷款发放对象仅两家，分别为大企业和小企业，这两家企业对贷款的需求意愿是无限的；

(3) 由于银行贷款的违约率和坏账回收率与贷款企业的规模的相关性较强，综合各种风险因素考虑，贷款风险与企业规模正相关；

(4) 贷款在大企业和小企业之间的分配值分别为 L_1 和 L_2，取决于银行的风险偏好 b，不同的 b 值体现了不同银行管理层的风险偏好；如前所述，贷款风险与企业规模正相关，而银行“天生”具有风险厌恶的偏好，所以 $L_1/L_2=f(b)\geqslant1$；

(5) 银行利润 Z 为贷款净收益减去贷款损失。

假定对大企业和小企业贷款净收益率分别为 r_1、r_2，贷款损失率分别为 s_1、s_2。

我们把所有因素以数学方式表达：

$\max Z_{MAX}=(r_1-s_1)L_1+(r_2-s_2)L_2$ （公式 4）

s. t. $L_1+L_2\leqslant L$

$f(b)\geqslant1$

$L_1\geqslant0$，$L_2\geqslant0$

为了更直观地表达，下面借助几何图（图一）来说明：

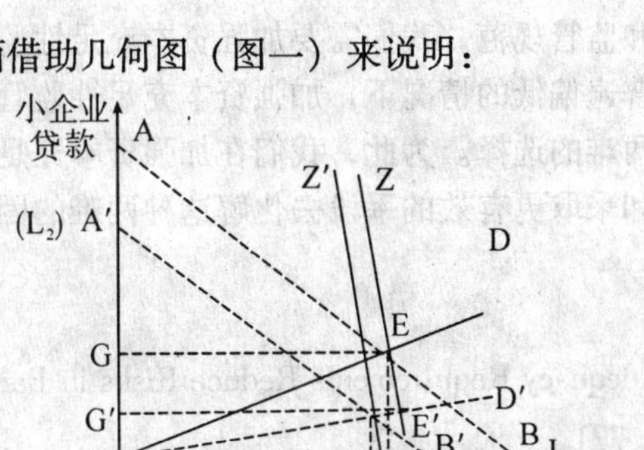

图一　线性规划方法下的银行信贷行为调整

目标函数 Z 表明两笔贷款组合对银行利润的贡献，在图一中表现为一条常规利润线。函数曲线 Z 上的每一点都代表产生同样总收益的贷款组合。

第一个约束 $L_1+L_2\leqslant L$ 表明，银行发放的贷款必须受到资本充足性监管的制约，AB 线表示贷款总量约束线，可行的贷款选择必须位于 AOB 内（包括 AB 线）。

第二个约束 f（b）$\geqslant 1$ 表明，由于银行的风险偏好，发放给小企业的贷款不可能大于发放给大企业的贷款。OD 表示风险约束线，可行的贷款组合必须处在或低于 OD 线。

第三个约束 $L_1\geqslant 0$ 和 $L_2\geqslant 0$ 表明，贷款不可能是负数。

三角形 BOE 区域描绘了满足三个约束的资产组合的所有的点。在 E 点上，所选择的贷款组合在满足了三个约束条件的同时，使银行的收益最大化。在 E 点上所选择的贷款组合决定了银行给大企业的贷款为 OF，给小企业的贷款为 OG。

现在的问题是当资本充足性监管加强时，银行的贷款组合如何变化？

按照我们在前面的分析，当资本充足性监管加强时，银行会有两方面的改变，一方面会直接降低银行信贷选择的风险偏好，另一方面会间接导致银行的信用紧缩。这两方面如何影响银行的贷款组合呢？银行风险偏好降低，意味着 f（b）值变小，也就是说在贷款组合中，银行将尽可能多的贷款发放给大企业，OD 线斜率变小，或更为平坦；银行信用紧缩，则意味着银行贷款总量的变小，AB 线向左下方平移。我们在图一中用虚线表示这种变化。

通过反复试错，我们可以确定新的 E′。在 E′点上，所选择的贷款组合在满足了资本充足性监管加强和其他两个约束条件的同时，使银行的收益最大化。在 E′点上所选择的贷款组合决定了银行给大企业的贷款为 OF′，给小企业的贷款为 OG′。比较可以发现，OF′与 OF 相差不大，但 OG′与 OG 相差十分显著。

可见，当资本充足性监管加强时，由于信贷风险偏好降低和由此导致的信用紧缩两方面影响，银行在贷款选择上会大幅度降低对潜在风险较高的小企业的贷款，而对大企业的贷款基本不受影响。

四、结论和建议

通过以上分析，我们认为，在巴塞尔协议下的资本充足性监管与银行信贷风险偏好和选择之间有密切关系。巴塞尔协议理念下的资本充足性监管会降低银行信贷风险偏好，改变银行信贷行为。其结果在国外一般表现为信用紧缩。然而在我国，由于政治体制和经济体制，以及各种传统观念的惯性，则主要反映在银行贷款行为的调整和选择上，使中小企业贷款明显减少。我们推断，在我国银行业补充资本金的途径相对有限的情况下，这种影响将会随着资本充足性监管强度不断提高而日益严重。

一方面为了与国际接轨和监管规范，我们需要加强资本充足性监管，这是大势所趋；另一方面在我国银行资本充足率目前普遍偏低的情况下，加强资本充足性监管，必然会恶化本已存在的中小企业贷款难问题。这是一个两难的选择。为此，我们在加强资本充足性监管时，可能要选择更富有弹性的资本充足性管理体制和采取更有效的手段去化解这种两难的困境。

参考文献

1. J . BLUM. Do Capital Adequacy Requirements Reduce Risks in Banking ？. Journal of Banking and Finance，1999（23）：755 - 771.

2. G. CHOI. The Macroeconomic Implications of Regulatory Capital Adequacy Requirements for Korean Banks，Economic Notes by Banca Monte dei Paschi di Siena SpA，2000，Vol29，No：1：111 - 143.

3. A. MILNE，and A. E. WHALLEY. Bank Capital Regulation Incentive for Risk - Taking.

www. staff. city. ac. uk/a. k. l. milne/ research. 2001.

4. PATRICIA JACKSON. Capital Requirements and Bank Behaviour: The Impact of the Basle Accord. Basle Committee On Banking Supervision Working Papers, 1999 (1). http: //www. bis. org.

5. RIME, BERTRAND. Capital Requirements and Bank Behaviour : Empirical Evidence for Switzerland. Journal of Banking and Financial 2001 (25): 789 - 805.

6. J. C. ROCHET. Capital Requirements and the Behaviour of Commercial Banks. European Economic Review, 1992 (36): 1137 - 1178.

7. J. A. C. SABTIS. Bank Capital Regulation in Contemporary Banking Theory: A Review of the Literature. Financial Markets , Institutions and Instruments, 2001, 10 (2): 41 - 84.

8. 沈沛龙，任若恩．新巴塞尔协议资本充足率计算方法剖析．金融研究，2002 (6)．

9. 童频，张勇，金静．国有商业银行资本充足率研究．金融研究，2001 (11)．

10. 张杰．中国国有银行的资本金谜团．经济研究，2003 (1)．

商业银行操作风险损失数据分析[①]

李志辉　范洪波[②]

一、引言

2004年6月26日，新巴塞尔资本协议正式公布，标志着操作风险管理时代的来临，操作风险正日益成为全球银行业风险管理的重要研究领域。国际上一些大银行在操作风险的度量与管理上已经积累了较为丰富的经验，并取得了一定的成绩。目前，我国商业银行对操作风险的认识尚处于起步阶段，度量方法比较简单，尚未形成成熟的理念和管理工具，商业银行违规、欺诈等各种操作风险事件层出不穷，造成了巨额损失。

新巴塞尔资本协议中提出了操作风险三种基本的度量方法，即基本指标法（BIA）、标准法（SA）和高级计量法（AMA）。其中，基本指标法（BIA）和标准法（SA）着眼于银行的收入指标，虽然简单易行，但操作风险暴露与总收入指标间的相关性是不确定的[③]（J. Pezier，2002），因而不能作为商业银行操作风险度量的有效方法，而且标准法（SA）会导致“监管套利”[④]（Chapelle，Crama，Hübner and Peters，2004）。高级计量法（AMA）使用商业银行操作风险损失数据计算操作风险资本，风险敏感度大为提高。但运用AMA最大的挑战在于缺乏足够高质量的操作损失数据。根据新巴塞尔资本协议的要求，用于计算监管资本的操作风险高级计量法，必须基于对内部损失数据至少5年的观测数据。银行如果是初次使用高级计量法，也必须使用3年以上的历史数据。

二、商业银行操作损失数据的收集进展

虽然如巴林银行、大和银行、国民威斯敏斯特银行和住友银行等各种各样的操作损失事件引起了银行业的广泛注意，但相对于信用风险和市场风险，操作损失数据的收集显著滞后。

1997年，英国银行家协会（BBA）对其300位会员进行调查，发现还未设专人负责银行层面的操作风险，也几乎没有银行系统的报告操作风险损失。1999年，英国银行家协会、国际互换与衍生品协会（ISDA）和罗伯特莫里斯协会联合进行了一次更为广泛的调查，55家主要跨国银行的问卷反馈表明它们逐渐开始对操作风险管理采取行动。

对操作损失数据的收集和整理，最受人关注的是巴塞尔委员会所进行的几次数据收集：

2001年，巴塞尔委员会下属的风险管理小组（RMG）进行了两次主要的数据收集，其目的是收集银行内部操作风险资本分配相关的信息。第一次即为QIS2的第一批（Tranche 1）[⑤]，收集整个银行层面和业务部门层面的内部操作风险资本分配的数量以及总收入和其他的风险暴露指标。第二

---

① 本文系教育部人文社会科学研究博士点基金项目（03JB790019）中期成果。

② 作者简介：李志辉，1959年1月生，男，南开大学金融学系教授、博士生导师，研究方向：国际金融、金融风险管理、商业银行管理。范洪波，1977年4月生，男，南开大学经济学院金融学系博士生，研究方向：风险管理。

③ Jimmy Shih，AH Samad－Khan and Pat Medapa（2000）通过使用PwC的OpVar数据库中的数据进行实证，结果显示操作损失同业务收入呈对数线性相关。

④ 监管套利是指由于存在监管差异，金融机构通过内部业务转换从而全部或部分地规避金融管制，牟取额外利益的行为。此处指由于SA法中巴塞尔委员会设定的各业务部门风险权重不一，银行倾向于发展低权重（β）的业务从而减少操作风险资本的计提。

⑤ Basel Committee on Banking Supervision. Working Paper on the Regulatory Treatment of Operational Risk. Sep 2001.

次为 QIS2 的第二批（Tranche 2）[①]，收集同具体操作风险损失事件相关的信息。这两次数据调查的样本来自欧洲、北美、亚洲和非洲 11 个国家的 30 家银行，但是采集的样本并不代表银行业的整体水平。所有反馈信息的银行除 1 家外均是第 1 组的银行（一级资本超过 30 亿欧元）。而且，数据甚至不一定代表样本银行的水平，其中的 19 家银行未对报告的详细情况进行说明。

2002 年，RMG 在前两次数据收集的基础上进行了更大规模的操作损失数据收集（LDCE）。这次有 89 家银行提交了数据，是前两次 30 家银行的近 3 倍、89 家银行提供的组合数据涵盖了逾 4700 个损失事件。参加银行按照 8 个标准化业务部门和 7 个一级损失事件（共 56 种业务部门/事件组合）对损失事件进行分类，提交其 2001 年度总损失金额 10 000 欧元以上事件的信息，包括：事件发生季度、总的损失金额、保险赔偿和其他赔偿。下表一是对参加银行提交的损失信息按照巴塞尔委员会定义的 8 种业务部门和 7 种损失事件类型进行的细化，表中每个小格里上面的数据分别表示损失事件数和在总损失事件中所占比重，下面的数据表示损失程度和在总损失程度中所占比重。

表一　　操作风险损失事件及损失程度分布矩阵

单位：次、百万欧元

业务部门＼事件类型	内部欺诈	外部欺诈	雇用合同以及工作状况带来的风险事件	客户、产品以及商业行为引起的风险事件	有形资产的损失	经营中断和系统出错	涉及执行、交割以及交易过程管理	无事件类型信息	合计
H1	17(0.04%) 49.4(0.63%)	20(0.04%) 5.0(0.06%)	73(0.15%) 2.5(0.03%)	73(0.15%) 157.9(2.03%)	16(0.03%) 8.0(0.10%)	8(0.02%) 0.5(0.01%)	214(0.45%) 49.6(0.64%)	2(0.00%) 0.6(0.01%)	423(0.89%) 273.5(3.51%)
H2	47(0.10%) 59.5(0.76%)	95(0.20%) 40.4(0.52%)	101(0.21%) 64.8(0.83%)	108(0.23%) 193.4(2.48%)	33(0.07%) 87.9(1.13%)	137(0.29%) 17.6(0.23%)	4603(9.74%) 698.4(8.96%)	8(0.02%) 1.1(0.1%)	5132(10.86%) 1163.1(14.92%)
H3	1268(2.68%) 331.9(4.26%)	17 107(36.19%) 787.1(10.10%)	2063(4.36%) 340.0(4.36%)	2125(4.50%) 254.1(3.26%)	520(1.10%) 87.5(1.12%)	163(0.34%) 26.5(0.34%)	5289(11.19%) 424.5(5.45%)	347(0.73%) 37.4(0.48%)	28 882(61.10%) 2289.0(29.36%)
H4	84(0.18%) 21.2(0.27%)	1799(3.81%) 324.9(4.17%)	82(0.17%) 20.4(0.26%)	308(0.65%) 156.4(2.01%)	50(0.11%) 1072.9(13.76%)	47(0.10%) 18.2(0.23%)	1012(2.14%) 619.4(7.95%)	32(0.07%) 23.2(0.30%)	3414(7.22%) 2256.8(28.95%)
H5	23(0.05%) 23.0(0.29%)	322(0.68%) 21.0(0.27%)	54(0.11%) 11.6(0.15%)	25(0.05%) 10.5(0.13%)	9(0.02%) 15.0(0.19%)	82(0.17%) 78.6(1.01%)	1334(2.82%) 93.5(1.20%)	3(0.01%) 0.3(0.00%)	1852(3.92%) 253.4(3.25%)
H6	3(0.01%) 0.2(0.00%)	15(0.03%) 3.9(0.05%)	19(0.04%) 7.6(0.10%)	27(0.06%) 5.0(0.06%)	8(0.02%) 100.0(1.28%)	32(0.07%) 40.1(0.51%)	1381(2.92%) 174.1(2.23%)	5(0.01%) 0.8(0.01%)	1490(3.15%) 331.6(4.25%)
H7	28(0.06%) 6.4(0.08%)	44(0.09%) 4.6(0.06%)	39(0.08%) 10.2(0.13%)	131(0.28%) 77.0(0.99%)	6(0.01%) 2.3(0.03%)	16(0.03%) 2.3(0.03%)	837(1.77%) 113.2(1.45%)	8(0.02%) 0.05(0.00%)	1109(2.35%) 216.5(2.78%)
H8	59(0.12%) 61.5(0.79%)	20(0.04%) 1.2(0.02%)	794(1.68%) 50.7(0.65%)	539(1.14%) 158.6(2.03%)	7(0.01%) 513.2(6.58%)	50(0.11%) 28.0(0.36%)	1773(3.75%) 97.1(1.25%)	26(0.06%) 3.4(0.04%)	3268(6.91%) 913.7(11.72%)
H9	35(0.07%) 10.5(0.13%)	617(1.31%) 23.4(0.30%)	803(1.70%) 18.7(0.24%)	54(0.11%) 11.5(0.15%)	13(0.03%) 6.7(0.09%)	6(0.01%) 0.7(0.01%)	135(0.29%) 22.7(0.29%)	36(0.08%) 3.8(0.05%)	1699(3.59%) 97.9(1.26%)
合计	1564(3.31%) 563.5(7.23%)	20 039(42.39%) 1211.3(15.54%)	4028(8.52%) 526.6(6.76%)	3390(7.17%) 1024.5(13.14%)	662(1.40%) 1893.4(24.29%)	541(1.14%) 212.5(2.73%)	16 578(35.07%) 2292.6(29.41%)	467(0.99%) 71.1(0.91%)	47 269(100%) 7795.5(100%)

注：H1—公司财务；H2—交易与销售；H3—零售银行业务；H4—商业银行业务；H5—支付与清算；H6—代理服务；H7—资产管理；H8—零售经纪；H9—无业务部门信息。

［资料来源］Risk Management Group. The 2002 Loss Data Collection Exercise for Operational Risk：Summary of the Data Collected，Report to Basel Committee on Banking Supervision. Bank for International Settlements，March 2003.

由表一可以看到，损失事件并不是按照业务部门和事件类型平均分布的，主要集中于零售银行业务部门（61.10%）、交易与销售部门（10.86%）、商业银行业务（7.22%）和零售经纪（6.91%），这四个部门所占的比重为 86.09%。就操作风险事件类型而言，也出现类似的集中化趋势。外部欺诈引起的损失事件占到了总数的 42.39%，涉及执行、交割以及交易过程管理的风险事件为 35.07%，雇用合同以及工作状况、客户、产品以及商业行为引起的风险事件占比分别为 8.52% 和 7.17%。上述四种事件类型引发的风险事件占到了总数的 93.15%。

同损失事件数目的分布相比，损失金额的分布相对更平稳。零售银行业务部门的损失事件发生

---

① Basel Committee on Banking Supervision. The Quantitative Impact Study for Operational Risk：Overview of Individual Loss Data and Lessons Learned. Jan 2002.

的频率最高，其损失金额占比也最大（29.36%）。比重略低的是商业银行业务部门（28.95%），但其损失事件数目却只占到了7.22%。在事件类型方面，损失金额主要集中于涉及执行、交割以及交易过程管理（29.41%）、有形资产的损失（24.29%）、外部欺诈（15.54%）和客户、产品以及商业行为引起的风险事件（13.14%）。注意，商业银行业务、零售经纪部门中由于有形资产的损害而导致的损失金额占到了20.34%；零售银行业务部门中的外部欺诈事件以及交易与销售部门和商业银行业务部门中的涉及执行、交割以及交易过程管理事件产生的损失金额占比超过了27%。

三、操作风险损失数据库

（一）操作损失数据库的类型

目前，实际中的操作损失数据库主要有如下类型：

第一类数据库的资料来源于公开披露的操作损失数据，即此类数据库由达到一定金额（阈值）而需向公众披露的损失数据组成。普华永道（PwC）开发的第一版的OpVar数据库是这一类数据库的典型代表。截至2000年，OpVar数据库包含4700个损失事件，损失金额超过100万美元。

第二类操作损失数据库：近期发展起来的操作损失数据库是建立在银行公会基础上的。在一定的保密原则下，通过签订协定，银行将其内部损失数据提交给银行公会以建立数据库。作为回报，参与其中的银行可利用其中数据补充自身内部数据。英国银行家协会（BBA）于2000年6月建立的全球操作损失数据库（GOLD）是典型的此类数据库。

表二　　GOLD数据库中的损失分类

类别	子类别
人员	员工欺诈；劳资矛盾引发工作中断；损失或缺少关键工作人员
程序	支付/结算/交割风险；文件或合同风险；评估/定价错误；未按规定执行
系统	系统的开发与实施；破坏系统安全；系统失灵；犯罪行为
外部	业务外包/供应商风险；灾难及基础设施破坏；政治/国家风险；监管风险

第一类数据库由于只记录公开披露的损失数据，因而其阈值远高于第二类数据库。例如，OpVar数据库只记录超过100万美元的损失，而基于银行公会的数据库（如操作风险ORX）对损失额超过25 000美元的都进行记录（PEEMOLLER，2002）。而且，这两类数据库不但阈值水平相差悬殊，设定的置信水平也不同。

由OpVantage和PwC推行的操作风险ORX（操作风险数据交流）项目是另一类型的数据库。OpVantage是数据库的管理机构（Administrative Agent），PwC是数据库的托管人（Custodian）。ORX是一个非营利性的社团，位于巴塞尔，其数据收集始于2002年1月，以对现有商业数据专业分析为基础。参与银行①按一定标准提交数据；托管人按客户要求将数据匿名化、整理和标准化；管理机构操作风险将数据合并，按客户的需求进行分析并提供报告。之后，经过比例调整或其他的处理，管理机构提供标准报告。最后，参与银行根据业务部门和/或区域和/或损失事件接收数据（PEEMOLLER，2002）。相对而言，操作风险ORX数据库的运作更为严格，它还需要对数据进行调整和校验。如果一家银行想成为操作风险ORX协会的会员，这家银行必须证明自己有足够的数据收集能力。

---

① 首批参与银行包括：德意志银行（Deutsche Bank）、摩根大通（JP Morgan Chase）、荷兰银行（ABN - AMRO）、德国巴伐利亚州银行（Bayerische Landesbank）、法国巴黎银行（BNP - Paribas）、德国商业银行（Commerzbank）、欧洲债券结算系统（Euroclear）、丹麦银行（Danske Bank）、富通银行（Fortis Bank）、德国抵押联合银行（Hypo Vereinsbank）、荷兰国际集团（ING）和意大利圣保罗意米银行（Sanpaolo IMI）。

近年来，随着银行对操作风险关注的提高，新的操作损失数据库不断出现。2003 年，包括花旗集团、高盛、瑞士信贷第一波士顿、美洲银行、摩根大通、雷曼兄弟、美林、摩根士丹利以及瑞士银行在内的 20 家全球最大的金融机构已开始组建全球监管信息数据库①。这个数据库利用了全球 2 万多个信息来源和数据库，其中包括过去 30 年美国监管机构所采取的惩戒措施，这些监管机构包括证交会、全美证券交易商协会和纽约证交所等。

（二）数据库的应用

下图一取自 OpVantage（www. opvantage. com）网站，给出的是 10 多年内损失金额大于 100 万美元的 7000 多起损失事件的全部损失（总金额达 2720 亿美元）。在图中按照风险类型进行分组。

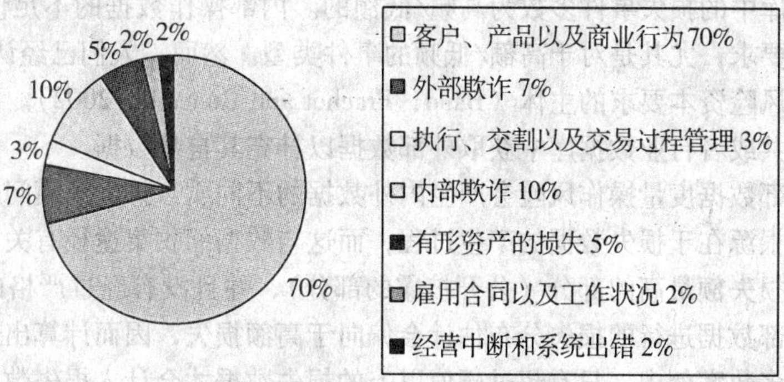

图一　按损失事件划分的操作风险损失

可以看到，该例中记录的全部损失的 70% 部分来自客户、产品以及商业行为的操作，这些损失来自非故意或无意地未满足对特定客户的职业义务，或来自于产品的特性或设计缺陷。另两类显著的损失事件类型是内部欺诈和外部欺诈，分别达到了 10% 和 7%。

Shih 等（2000）使用 OpVar 数据库的数据通过 OLS 和 WLS 验证了银行规模（资产、业务和员工人数）与操作损失间的相关性，发现三个规模变量同操作损失额都相关，其中以收入相关性最强，取对数后的规模变量间的显著性强于未取对数的，这表明操作损失额与规模变量的关系是非线性的；T 统计量的结果表明通过显著性检验；但 R^2 只有 0.05，表明操作损失波动的绝大部分是其他因素导致的。

（三）操作风险损失数据库的局限性

操作风险损失数据库是管理操作风险的有用工具，与单纯依靠银行自身经验相比，数据库增加了事件发生频率的数据和有关损失严重性的数据。但是，就其提供的行业或个别银行的风险状况的准确性来说，数据库存在一定程度的局限。

1. 可审计性

首先一个问题是被提供的数据没有经过独立的外部审计。如果这些数据出现在银行财务报表中，那么它们应该是经过审计的，或至少是可以被审计的。但并非所有数据都是如此。一个数据库要想获得较高的预测准确性，就要考虑是否接受未经独立审计的数据。这一问题还涉及参加银行之间的信任程度。

2. 管理标准

数据库中的数据并不总是可比的，因为它汇集了全行业的数据。银行间管理和监控标准各异，管理质量也不尽相同。出于对成本—收益的考虑或竞争目的，某些银行可能对某些特定风险降低了管理标准。无论什么原因，数据库只能显示出这些银行在哪里损失了资金，而不能提供这些损失的

① 白芷．银行巨头拟建犯罪信息数据库．金融时报，2003-11-28.

具体情况。

3. 起点标准

对于报告起点的选择也会影响数据的数量及其准确性。选择起点时，既要考虑数据库的所有使用者，也要依据数据提供者和损失的不同而不同。有些数据，特别是交易数据唾手可得；而有关非交易损失的数据就不那么容易获得，并且这些数据更多地受到成本—收益关系的左右。

四、内外操作损失数据

到目前为止，多数银行才开始内部操作损失数据的收集，还未建立起内部操作损失数据库，已经建立起来的数据库中的损失事件多数为高频/低额的。内部操作数据的不足使得各银行难以精确计算操作风险资本要求，尤其是对于高额/低频的事件类型。然而，人们已经认识到高额/低频的损失事件构成了操作风险资本要求的主体（Baud，Frachot and Roncalli，2002）。要提高资本度量的精度，银行需要从公共或者行业数据库中获取外部数据以补充其自身数据。

然而，使用外部数据度量操作风险会产生内外数据的不同质、扩大规模问题和缺乏兼容性等一系列问题。问题的根源在于损失数据的产生过程，而这与数据的收集途径有关。外部数据库一般只记录极端损失，即损失额最高的部分（公开披露的部分），并且没有经过严格的统计处理。这样综合了内部数据与外部数据进行的损失分布估计会偏向于高额损失，因而计算出来的操作风险资本要求会被严重高估。多数案例中，只有超过阈值以上的损失数据才会计入损失数据库，而各家银行内部、行业和公共的损失数据库的阈值水平不一致，公共数据库中损失值往往高于其他两个。

表三　　　　内外损失数据比较

数据属性	优势	劣势
内部数据	1. 可直接反映银行的历史损失。 2. 资料收集较为容易且可节省收集成本。	1. 银行过去的损失经验可能未涵盖尾部损失。 2. 过于内部导向（inward focused），缺乏与外界的联系、互动。
外部数据	1. 可提供内部损失数据库较难掌握之资讯，如发生几率低、损失严重的事件。 2. 其他机构发生操作风险的成因与解决方式可供借鉴，避免重蹈覆辙。	1. 外部损失数据未必与银行直接相关，因此须加以筛选。 2. 资料收集与管理困难度较高。
内外部数据结合	内外部数据结合时，可提高模型预测力。	数据管理难度提高。

［资料来源］D. G. HOFFMAN. New Trends in Operational Risk Measurement and Management//Operational Risk and Financial Institutions. Risk Books，1998：37.

银行广泛使用两种方法来处理外部数据。第一种是定量方法，直接将外部数据导入模型。例如，对于内部数据中很少（或没有）高额损失的损失类型，美国银行（Bank of America）和花旗银行的员工使用外部数据来估计其操作风险暴露①。他们使用“Relative Relationships”② 技术修正报

① 美国银行度量操作风险的方法见2003年3月纽约联邦储备银行举行的题为Leading Edge Issues in Operational Risk Measurement会议上John Walter所做的Implementing a Comprehensive LDA. http：// www. ny. frb. or g/newsevents/events/banking/2003/con052903. html. 花旗银行所用方法见2004年6月ICBI举行的Risk Capital 04年会上所做的Implementing a Loss Distribution Approach。

② Relative Relationships技术假定：内外部数据可以用同一类型的损失程度分布（比如对数正态分布）来建模；不同业务部门和事件类型的内外部数据参数的关系是固定的。例如，假定对于外部欺诈，都有大量的内部数据和外部数据。银行测定内部数据服从 $\mu_{ef,i}=1$ 和 $\sigma_{ef,i}=1$ 的对数正态分布，外部数据服从 $\mu_{ef,e}=3$ 和 $\sigma_{ef,e}=2$ 的对数正态分布。进一步假定对于内部欺诈，有足够多的外部数据，但没有内部数据。银行测定外部数据服从 $\mu_{if,e}=6$ 和 $\sigma_{if,e}=3$ 的对数正态分布，根据Relative Relationships技术，内部数据将服从 $\mu_{if,i}=\mu_{if,e}\times(\mu_{ef,i}/\mu_{ef,e})=2$ 和 $\sigma_{if,i}=\sigma_{if,e}\times(\sigma_{ef,i}/\sigma_{ef,e})=1.5$ 的对数正态分布。

告偏差和银行控制环境中的差异。其他使用定量法处理外部数据的银行包括瑞典银行、意大利联合商业银行（Banca Intesa）和意大利圣保罗意米银行（Sanpaolo IMI）。

第二种是定性方法，引入外部数据加强讨论。大通曼哈顿银行要求其部门经理评估超过1年期的高额损失的频率①。经理拿到其业务部门对应的外部数据来模拟可能的高额损失。可以想象，如果某种高额损失过去10年中在多家银行发生，经理就很难再假定在其部门发生的概率为0.1%。其他银行使用情景分析时常将外部数据作为可能的情景②。

五、我国商业银行操作损失数据收集进展

近年来，随着我国银行改革的深入，媒体对各类商业银行损失事件曝光的不断增多（见表四），操作风险受到前所未有的关注。

表四　国内银行近年部分操作损失事件

机构名称	发生年份	损失金额	操作风险产生根源
中国银行广东开平支行	1993—2001	4.83亿美元	管理架构缺陷、基层机构行长权力无相应制约；银行内部稽核体系虚设
中国建设银行吉林分行	1999.12—2001.4	32 844万元	内外勾结，采取私刻印鉴、印章，制作假合同、假存款证明书，伪造资信材料、担保文件等手段，进行贷款、承兑汇票的诈骗
中国银行北京分行	2000.12—2002.6	6.4亿元	北京森豪公寓的开发商以员工名义，虚构房屋买卖合同，提供虚假收入证明，套取按揭贷款和重复按揭贷款
中国农业银行包头分行	2003.7—2004.6	11 498.5万元	银行工作人员与社会人员相互串通、勾结作案，挪用联行资金、虚开大额定期存单、办理假质押贷款、违规办理贴现、套取银行信贷资金，牟取高息。
中国工商银行南海支行	1990—2003	超过20亿元	使用虚假的财务报表、经济合同、证明文件，使用虚假的产权证明、抵押物作担保、抵押，骗取银行贷款
中国工商银行上海外高桥保税区支行	2002—2003.6	涉案金额7141万元	以消费信贷名义经营牟利：姚康达将个人住房贷款用于购买128套住房，炒作房地产
中国银行黑龙江省分行河松街支行	2005.1*	超过10亿元	内外勾结的票据诈骗案件

*表示案件披露日期。

［资料来源］笔者根据相关报道整理。

中国银监会公布的统计数据显示：2004年银监会查出银行业违规资金5800多亿元，处理各类违规金融机构2202个③。针对我国银行机构对操作风险的识别与控制能力不能适应业务发展的突出问题，2005年3月27日，中国银行业监督管理委员会发布了《关于加大防范操作风险工作力度的通知》，要求银行机构采取切实措施，有效防范和控制操作风险。

由于长期以来我国商业银行不重视操作风险损失历史数据的积累，再加上我国商业银行信息披露制度不健全，银行具有隐藏风险事件的动机，使得我国商业银行操作风险历史数据较难收集。到

① 见2003年3月纽约联邦储备银行举行的题为Leading Edge Issues in Operational Risk Measurement会议上Leveraging Scenario Analysis in Operational Risk Management。

② 巴克莱银行（Barclays Bank）、意大利联合商业银行（Banca Intesa）、瑞士信贷第一波士顿（Credit Suisse First Boston）、德雷斯顿银行（Dresdner Bank）、富通银行（Fortis Bank）、苏格兰哈利法克斯银行（Halifax Bank of Scotland）、劳氏银行（Lloyds TSB）、苏格兰皇家银行（the Royal Bank of Scotland Group）、日联控投（UFJ Holdings Inc.）、欧洲债券结算系统（Euroclear）起草了Scenario－Based AMA，提出了关于情景分析的一般看法，并讨论了使用外部数据产生情景。

③ 孙凌燕，卓尚进．亡羊补牢：商业银行亟待建立正向激励机制．金融时报，2005－04－05.

目前为止，国内学术界和实务界对操作风险的研究主要是对新巴塞尔资本协议中操作风险管理框架的介绍和各类操作风险度量模型的分析，操作损失数据的收集刚刚起步。

2002—2003 年，在银行监管部门的组织下，国家开发银行、中国工商银行、中国银行、中国建设银行和中信实业银行参加了巴塞尔委员会推行的第三次定量影响测试（QIS3），向巴塞尔委员会提供了数据，测算了新协议中操作风险对各行资本充足率的影响。QIS3 测算的工作量较大，需要各银行提供全面并表的多项数据。在做了大量工作的基础上，5 家银行均实现了在全面并表的基础上进行测算。在测算中，各参加银行分别分析了新资本协议对自身的影响，并特别注意将 QIS3 测算与本银行的工作实际相结合，改进了信息管理系统和风险报告系统。

2004 年，中国工商银行出台了《操作风险管理框架》，并将其作为《中国工商银行全面风险管理框架》的一部分，这标志着工商银行在我国金融系统内第一家正式将操作风险的监督管理纳入具体议事日程。操作风险管理分为对七大损失事件的管理，分别是：①内部欺诈，②外部欺诈，③雇用合同以及工作状况带来的风险事件，④客户、产品以及商业行为引起的风险事件，⑤有形资产的损失，⑥经营中断和系统出错，⑦涉及执行、交割以及交易过程管理的风险事件。2004 年开展了全行操作风险情况问卷调查。调查结果显示：信贷、票据、个人金融和会计结算专业将是控制防范操作风险的重点。工行将进一步完善反洗钱内控制度，建立可疑交易报告制度和反洗钱重大事项报告制度，完善可疑交易信息报送程序，加强对可疑交易的分析研究。

中国建设银行于 2003 年开始构建风险管理基础平台工程，通过将国际成熟的标准化管理思想和管理体系标准方法引入到建行风险管理中，以“过程管理模式”和“管理的系统方法”为工具来构建建行的内部控制体系。2004 年 6 月，中国建设银行按照巴塞尔新资本协议对操作风险的定义和分类，在全行开展了 1998—2003 年的操作风险损失事件调查，形成了建行操作风险损失事件调查数据分析报告，全面、系统地总结了建行操作风险管理状况并提出了相关建议。在此基础上，为加快推进建行操作风险管理体系的建立，实现操作风险管理与风险管理基础平台工程的对接，拟订了《操作风险管理政策》，撰写了操作风险识别、评估、控制、报告等关键程序文件，初步搭建起操作风险管理的框架，为实施系统化的操作风险管理奠定了基础。

2004 年，中国银行通过独立稽核体系，针对各级机构的经营状况和风险特点，对 14 个一级分行（稽核覆盖面 44%）、219 个二级分行（稽核覆盖面 77%）、821 个城区支行（稽核覆盖面 54%）、625 个县支行（稽核覆盖面 45%）、4 个信息中心（稽核覆盖面 50%）和 22 个境外机构（稽核覆盖面 81%）进行稽核，完成专项稽核 1357 个（其中经济责任稽核 1070 个）、个案调查 109 个。

除了各家商业银行，国内部分学者也开始着手操作损失数据收集工作。樊欣、杨晓光（2003）和张新杨（2004）从媒体公开报道和法院案例两个不同方面分别收集了 71 个和 174 个银行操作风险损失事件，并以这些数据作为依据，对我国商业银行的操作风险现状进行了定量的概括归纳。

表五　　我国商业银行操作风险抽样分布表

损失事件	样本数量	比重（%）
内部欺诈	98	56.3
外部欺诈	34	19.6
客户、产品以及商业行为	28	16.1
有形资产的损失	7	4
经营中断和系统出错	2	1.1
执行、交割以及交易过程管理	5	2.9

［资料来源］张新杨．我国商业业银行的操作风险研究．中国期刊网博硕士学位论文全文数据库．

从上表五可以看到，我国商业银行操作损失事件主要是银行内部，特别是银行内部人员或内部人员与外部人员相互勾结所进行的主观的、故意的欺诈行为，这与国际活跃银行操作风险损失事件存在较大差异。

表六 我国商业银行损失事件及损失程度

单位：次、万元

	经营中断和系统出错	客户、产品以及商业行为	执行、交割以及交易过程	外部欺诈	内部欺诈	损失事件数目及占比	损失金额及占比
代理服务	0	0	0	0	1	1	170
	0	0	0	0	1.41%	1.41%	0.05%
资产管理	0	1	0	0	1	2	1261.5
	0	1.41%	0	0	1.41%	2.82%	0.42%
商业银行业务	0	1	2	12	38	53	288 692.73
	0	1.41%	2.82%	16.9%	53.52%	74.65%	97.60%
公司财务	0	1	0	0	1	2	5619
	0	1.41%	0	0	1.41%	2.82%	1.90%
零售银行业务	3	2	5	3	0	13	77.7
	4.23%	2.82%	7.04%	4.23%	0	18.31%	0.03%
损失事件数目及占比	3	5	7	15	41	71	295 820.93
	4.23%	7.04%	9.86%	21.13%	57.75%	100%	100%
损失金额及占比	19.93	3813.18	75.09	92 237.3	199 677.43	295 820.93	—
	0.01%	1.29%	0.03%	31.18%	67.50%	100%	

［资料来源］樊欣，杨晓光．中国商业银行操作风险分析．CFEF 研究报告，2003（9）．

由上表六可以看出，我国商业银行操作损失的分布特征：从业务部门角度而言，损失事件主要集中在商业银行业务和零售银行业务上；从损失事件类型而言，损失事件主要可以归因于内部欺诈、外部欺诈；从损失金额来看，商业银行业务部门占了绝大部分。

参考文献

1. Basel Committee on Banking Supervision. International Convergence of Capital Measurement and Capital Standards: a Revised Framework, Basel Committee Publications, June. 2004.

2. BAUD, NICOLAS, ANTOINE FRACHOT, THIERRY RONCALLI. Internal Data, External Data and Consortium Data for Operational Risk Measurement: How to Pool Data Properly? . Working Paper, Groupe de Recherche Opérationelle, Crédit Lyonnais, 2002.

3. British Bankers' Association, ISDA, RMA, Pricewaterhouse Coopers. Operational Risk, the Next Frontier. RMA, Philadelphia, Quoted as BBA, 1999: 29 - 38.

4. CAROL ALEXANDER. Operational Risk: Regulation, Analysis and Management. Published by Financial Times - Prentice Hall, March 2003.

5. S. EBNOTHER, P. VANINI, A. MCNEIL, P. ANTOLINEZ. Operational Risk: A Practitioner's View. Journal of Risk 2003 (5): 1 - 15.

6. FONTNOUVELLE, PATRICK, VIRGINIA DEJESUS - RUE, JOHN JORDAN, ERIC ROSENGREEN. Using Loss Data to Quantify Operational Risk. Federal Reserve Bank of Boston Working Paper, 2003.

7. JACK L. KING. Operational Risk: Measurement and Modelling. Chichester: Wiley, 2001.

8. J. PEZIER. Operational Risk Management. ISMA Discussion Papers, 2002.

资本市场与金融稳定

我国资本市场机构投资者相关问题研究

陈野华　吴颉[1]

股票市场的投资者一般可分为散户、大户和机构投资者。散户投资者的数量众多，但他们的财富量有限，其交易不能对股票价格以及所发行股票的企业管理产生直接的影响。大户投资者，指那些个人拥有较大财富量，其交易能够对股票的价格产生影响，特别地，会对企业的管理产生影响的那些投资者，通常这些投资者会成为企业的大股东，或相对大股东。机构投资者是指运用其所能利用的资金在资本市场上进行各类股票和其他投资的金融机构，其资金来源于众多散户投资者，这些散户投资者联合构成了相对较大量的资金组织，但通常需要有职业经理人来经营管理这些资金，从而存在资金管理方面的代理问题。

一、机构投资者的起源及发展

（一）机构投资者的起源

综观机构投资者的历史，可以追溯到19世纪初。荷兰国王威廉一世于1822年创立了第一个私人基金，委托专业管理人员操作，投资于当时市场上各种有利可图的有价证券。这就是早期的股票投资信托，也是机构投资的最原始形式。

投资基金作为社会化的理财工具，真正起源于19世纪的英国。因为当时的大英帝国经过第一次产业革命之后，社会和个人财富大幅增长，这些财富的投资需要，促使机构投资者产生。当时的英国投资基金，并非公司组织，而是由投资者与代理投资者之间，通过信托契约的合作形式，对各个当事人之间享有的义务和权利，做了充分的规定。因此，契约型投资基金是最早的一种投资基金，它比公司型投资基金发展得早。

公司型的投资基金，是由于1879年英国《股份有限公司法》公布，投资基金不得不脱离原来的契约形态而发展成为股份有限公司组织。

（二）机构投资者的发展

投资基金虽起始于英国，却快速发展于美国。19世纪80年代封闭式基金引入美国，直至20世纪20年代，封闭式基金一直在投资基金中占主导地位。但自从1924年美国出现了第一个公司型开放式基金（美国称共同基金）以后，无论是在数量上还是在资产总值上，其成长都大大超过了封闭式基金。

进入20世纪六七十年代，开放式基金的产品和服务趋于多样化，从而使开放式基金业的局面和规模发生了巨大变化。进入20世纪80年代，美国开放式基金进入爆炸性的飞速发展阶段，成为当今世界开放式基金的头号大国。

20世纪80年代后，发展中国家经济的发展也进入了一个新阶段，涌现出一批新兴工业化国家。而且，由于90年代美国经济强劲增长，带动了全球经济的发展，世界股票市场得到了快速发展，作为股票市场重要组成部分的开放式基金也呈现快速的扩张之势。虽然开放式基金的数目有一定程度波动，但全球开放式基金管理的资产却保持了较快的增长，1995年到2000年的5年内资产

---

① 作者简介：陈野华，西南财经大学中国金融研究中心教授，博士生导师。吴颉，西南财经大学中国金融研究中心博士生。

规模翻了一番，全球开放式基金管理的资产由1995年的5.4万亿美元增长到了2000年9月的12万亿美元，年算术平均增长速度高达17.96%，1999年的增幅更是高达31.7%。

二、机构投资者的作用

（一）机构投资对新兴企业的资本供给

股份所有权改变带来的最重要的问题是这种变动如何影响股票市场为一些小型但成功的企业在其快速增长阶段提供资金供给的能力。小型企业不仅是经济增长的动力，而且小型企业也更多地依赖于外部股权融资，因此资本供给总是股票市场支持资本形成和企业家精神的中心问题。股票市场以及风险基金机制正是为了向这些企业提供获得资金的有效途径。

（二）机构投资与股票市场稳定

机构化带来的第二大问题是由于决策过程的集中度提高而使得市场价格更趋波动性。真正的问题是集中度的提高是否真会使波动率上升？一个公司的基本面发生变化时，市场价格应该立刻能够反映这种变化，而当市场价格反映这种变化的过程变得缓和或延迟时，则这种缓和或延迟会削弱市场设定相对价格以作为信号和激励的能力。因此，信息技术的发展可以加快信息的传递速度，从而也会使市场价格变得更为波动，由此可见并不是所有的价格波动都是有害的。

（三）机构投资与金融和制度创新

机构投资相对于个人投资优势是其创新的压力和动力，集中体现在品种、制度、技术及市场变革之上。

机构投资和个人投资对资本品的需求具有同一性，但程度不同，现实的影响力也各不相同。机构投资作为理性的投资力量，在面对内外的压力时，必然对资本品的拓展存在第一需要，一旦这种需要达到一定的程度，可能就会上升到规范的层次，而国家在资本品衍生的许可上具有最终的决定权，受制于监管和法制的实施力度，资本品的适度性是机构投资和个人投资平衡的结果。如果没有相应的法规制约，资本品的形成将处于蔓生状态，也就无所谓创新。同样地，如果没有竞争形成的压力，机构投资就缺乏必要的创新动力。

机构投资对制度的变革通过对内和对外两个层次进行，在对外层次的制度变革上，体现为法规的制定和修改。制度变革不仅是创新的组成部分，又会促成其他方面的创新。

企业年金即将入市，金融机构要分食年金市场这一蛋糕，必须为企业年金提供优质服务，必须能够拿出符合企业年金需要的金融产品和服务方案。例如，在投资方面，目前企业年金最需要为其“量身定做”的资产配置方案和不同类别不同风格的投资产品，而这些就要求基金管理公司等机构不断创新，针对年金需求设计好产品。

（四）机构投资者的发展促进了股票市场交易的现代化

20世纪70年代以来，机构投资者的发展所带来的直接结果即是，机构投资者名下的股票交易量显著增长。机构投资者交易量的增加，对美国股票交易系统的现代化及现代股票交易技术的发展发挥了巨大的影响。相对于单个的中小投资者而言，机构投资者由于在交易时的巨大规模，因而对股票交易系统（包括交易指令设计、股票清算及中央股票登记结算系统）存在着许多特殊的需求。

（五）机构投资者与上市公司治理

机构投资者在公司治理方面的作用与它们对公司控制地位的上升直接相关。随着机构投资者所积累资产的逐渐增长，它们成了许多非金融公司的主要股东。因此，它们不能再以“退出”的方式来表达对企业的不满，而不得不对企业的管理发表自己的意见。机构投资者多数通过联合的方式，对加强公司治理结构的重要性施加了有益的影响，特别是在提高高层管理人员的责任心方面起到了积极的作用。

例如，社保基金历来被公认为最具长期投资理念的机构投资者，具有监督企业改善经营管理的动力和能力，可以有效地提高我国上市公司的治理水平。

（六）机构投资与社保系统改革

养老基金既不是资本市场发展的必要条件也是不充分条件。但是，在给予适当的监管、合理的政策引导，并在多重结构运行下，当养老基金量超过一定的临界值后，会对资本市场的现代化和发展带来巨大的影响。养老金计划的创新对资本市场的功能和增长有着重大的长期意义。

养老金改革的基本目标是准备充足的、可提供的和持续的福利，而这一目标的达到有赖于一个国家的股票市场有效运行。另外，养老基金和其他机构投资者会为金融市场的发展带来实在的长期好处。因为它们长期的定位以及它们特殊的金融需求，也因为它们是由专业投资者管理的，所以它们潜在地刺激金融创新，对更大程度上的市场融合整合和交易设施的现代化施加压力，加强公司治理，鼓励更稳健的金融监管，对其他金融部门，如银行和保险公司，有着示范效应。

三、机构投资者给证券市场带来的问题

机构投资者给股票市场带来的问题，可以从两个方面考虑，一是机构投资者的资金规模，二是机构投资者本身存在的委托—代理问题。

（一）机构投资者的规模冲击

机构投资者由于集中了社会上闲散的资金，特别是养老金的利用，其资金规模可以很大。一些机构再通过杠杆，其能调动的现金头寸对一个国家的股票市场甚至整个金融系统有着不可忽视的影响。机构投资者的规模冲击问题来自于机构投资者的非理性投资，或者说投机趋势。具体表现在以下几个方面：

1. “羊群行为”

根据 Bikhchandani（2000）的定义，“羊群行为”（Herd Behavior）是指投资者在交易过程中存在学习与模仿现象，从而导致他们在某段时期内买卖相同的股票。一方面，Froot、Scharfstein and Stein（1992）指出，机构投资者具有高度的同质性，它们通常关注同样的市场信息，采用相似的经济模型、信息处理技术、组合及对冲策略。在这种情况下，机构投资者可能对盈利预警或股票分析师的建议等相同外部信息做出相似的反应，在交易活动中表现为羊群行为。Maug 和 Naik（1996）则认为，基金持有人和基金经理的关系是一个典型的委托—代理问题，因此，基金持有人的最优策略是和基金经理签订与基准（Benchmark）挂钩的报酬合约。在这种报酬结构下，基金经理往往会推断、模仿并追随其他基金的买卖行为，以免自身业绩落后于市场指数或同行。当机构投资者存在“羊群行为”时，许多机构投资者将在同一时间买卖相同股票，买卖压力将超过市场所能提供的流动性，从而导致股价的不连续性和大幅变动，破坏了市场的稳定运行。

2. 正反馈策略

正反馈策略（Positive Feedback Trading Strategy）是以股票过去的表现作为买卖判断的主要基础，如正反馈策略是买入近来的强势股，卖出近来的弱势股；负反馈策略则卖出近来的强势股，买入近来的弱势股。

从有效市场理论的角度看，由于现行股价已充分反映所有的相关信息，因此以过去收益作为决策基础的反馈策略是非理性的，使得股价和基础价值发生较大程度的偏离，从而加剧股价的波动性（De Long，1990；Poterba and Summers，1990）。但有些学者却认为，现实中的市场参与者需要一定的时间来消化信息并据此做出交易反应，因此市场价格只有在一段时间后才会完全反映新信息。在这种情况下，反馈策略可能是理性的（Lakonishok，Shleifer and Vishny，1992）。另有些学者认为，不同类型的机构投资者会采用非常多元化的投资策略，采用负反馈策略和采用正反馈策略的投资者将会相互抵消各自的影响，在市场均衡时，机构投资者对单个股票的超额需求趋近于零。因此，机构投资者的交易行为并不导致波动性增加。

（二）机构投资者本身的委托—代理问题

机构投资者由于本身所存在的委托—代理问题，因此不是经济人，并不完全是理性的。而毫无疑问的是，每一个进入股票市场的个人投资者都是经济人，他所做的决策都是理性的，因为他追求的正是自身利益的最大化。但机构投资者则不然。机构投资者不是经济人，它是一种企业制度形态，是现代企业制度的一种组织形式，机构投资者的行为指向并不是股东或全体基金持有者的利益最大化。机构投资者并非具有理性的经济人的结论在实践中也不难验证。比如，个人投资者从事交易往往高位追涨，但是，至少在他买进时，他觉得有上涨赚钱的机会，他绝不会在高位买进股票就是为了在低价位卖出赔钱；而机构投资者却有可能明知在高位购进股票会赔钱，却还是这么去做，因为机构投资者中的内部人追求的是经营者自身利益的最大化，他们完全可能与某个股票的庄家达成某种协议，通过损害机构股东或基金持有者的利益来捞取私人的好处（在现有制度框架下，这种行为很难得到有效的约束），因而内部人的行为总是理性的、为个人利益最大化服务的，而机构却做出了非理性的行为。基金管理人通过其自身的行为来追求其个人利益的途径很多，例如：

（1）基金经理人可以选择购进那些与他自己个人利益有关的股票。有时基金经理人会与市场操纵者联合，如接收一些庄股，从中可以从操纵者那里分取利益。

（2）基金经理人可以在基金购股之前在他个人的账户上购入该股票，从而分享了基金公司的信息和资金优势。

（3）基金经理人可能会根据他个人的寻租优势的大小而不是交易成本的大小来选择交易机制。

（4）基金经理人可能不会根据成本最优的原则来选择管理模式。

在张志雄（2000）的《基金黑幕》中，提到了基金的违法操作，如基金“对倒”和“倒仓”来制造虚假的成交量；基金与股东合谋，从而为大股东提供非法的服务；基金管理人与其他人合谋，在很高的价位接手别人的股票，并从中谋取利益，等等，这些现象都可归结于机构投资者本身的治理或委托—代理问题。

四、我国机构投资者的发展过程

（一）券商委托理财业务

1. 相关政策

2001 年 11 月 28 日，中国证券监督管理委员会发布了《关于规范证券公司受托投资管理业务的通知》，对受托投资管理业务进行了界定，涉及受托投资管理业务的资格、受托人和委托人各自的权利与义务、业务运作与监督管理。

2003 年 5 月 15 日中国证券监督管理委员会发布《证监会关于证券公司从事集合性受托投资管理业务有关问题的通知》。其要求在新办法实施前，证券公司不得向特定或不特定的多数投资者募集资金设立集合投资计划，从事集合性受托投资管理业务；自本通知发布之日起，正在募集的集合投资计划，必须立即停止募集。已经开展集合性受托投资管理业务的证券公司，应当自本通知发布之日起五日内，将与集合投资计划有关的合同、产品说明书、宣传材料等报送中国中国证券监督管理委员会审查。

2003 年 9 月 29 日中国证券监督管理委员会审议通过《证券公司客户资产管理业务试行办法》，2004 年 2 月 1 日起施行。其中规定经中国证监会批准，证券公司可以从事下列资产管理业务：①为单一客户办理定向资产管理业务，②为多个客户办理集合资产管理业务，③为客户办理特定目的的专项资产管理业务。

2004 年 10 月 8 日，中国证券监督管理委员会已将《关于推动证券公司规范发展资产管理等业务的通知》正式下发各地监管局，要求各地监管部门如实传达。文件强调，客户资产管理业务必须在合法合规和证管部门的有效监管下开展。

2004年10月21日中国证券监督管理委员会发布了《关于证券公司开展集合资产管理业务有关问题的通知》，其中指出：对于证券公司设立集合资产管理计划、办理集合资产管理业务，采取先试点、后推开的原则。

2. 我国委托理财的情况

从1996年起，委托理财成为券商掘金的宝地。“从1996年开始，券商充分挖掘委托理财的潜力，委托理财造就了资本市场的疯狂，也葬送了不少年轻券商的生命。”上海证券交易所有关人士认为，资本市场委托理财史就是一部券商的发展史。①

在1999年或2000年，上市公司参与委托理财无疑被作为重大利好。2000年沪市大盘从年初的1400点上涨到年底的2100点，涨幅达50%，参与股票投资的上市公司大都获取了丰厚的回报，委托投资同样可以分享股市上涨带来的好处。

据对2001年中报的统计分析，共有154家上市公司进行了委托理财，占已提供中报的1151家上市公司的13.38%。总共签署的委托协议近250项，涉及金额高达190亿元。进行委托理财的公司中，宝钢股份、四川长虹、辽河油田在资金投入上位居前列，分别高达12.2亿元、11.5亿元、11.0亿元。

2002年从事委托理财的上市公司共36家，委托总金额35.28亿元。委托金额1亿元以上的共16家，其中，本金全部收回的公司4家，占25%；本金收回较好的公司5家，占31%；本金收回较差的公司3家，占19%；期限内本金全部未收回的公司4家，占25%。完全收回本金的共33笔，金额共计16.23亿元，占总委托金额的44.6%；部分收回本金的共计9笔，金额合计3.69亿元，占总委托金额的10%；未收回本金的共计34笔，金额合计16.46亿元，占总委托金额的45.4%。由此可以看出，2002年上市公司委托理财的情况不容乐观，资金收回率不到50%。②

据上海财华信息技术有限公司对上市公司2003年半年度报告以及2003年7月1日以后公告数据的统计，共有40家上市公司参与委托理财，涉及资金总额约为26.685亿元。其中，2004年新增公司22家，涉及资金近13亿元。这些数字同2001年的240亿元和2002年的50亿元相比，无疑有了较大规模的下降。

（二）基金

1.“老基金”

所谓的“老基金”，是指在1997年底《证券投资基金管理暂行办法》颁布前设立的基金。通常情况下，也包括信托受益债券。

（1）“老基金”起步于1991年。最早出现的是一号珠信物托。它是于1991年7月经中国人民银行珠海市分行批准设立的。一号珠信物托后更名为“珠信基金”。一号珠信物托由珠海国际信托投资公司独家发起并管理，属于专项物业投资基金。

1991年1月中国人民银行曾发布《关于严格境内证券投资基金审批管理的通知》，指出：国内证券公司和可经营证券业务的其他机构，要在境内开展投资基金业务，必须向所在地的人民银行省级分行提出申请，经审核后报人民银行批准。但“老基金”的设立，从一开始就没有按该通知执行。

（2）1992年起，“老基金”规模迅速扩大。1992年11月，中国人民银行总行批准设立了淄博基金，这是中国人民银行总行首次批准设立“老基金”。1992年底，国务院明确规定，金融机构债券、证券投资基金由中国人民银行负责审批。

（3）1993年是“老基金”积极推进的一年。5月19日，中国人民银行总行发出《关于立即制

① 李德林，陈玉强，赵亚鸣．委托理财末路．证券市场周刊，2004-07-05.

② 田艺，张华．委托理财“鸡飞蛋打”?．证券时报，2004-07-05.

止不规范发行投资基金和信托受益债券做法的紧急通知》。通知下达以后，中国人民银行各级分行认真执行，未再批设任何“老基金”，而把主要精力放在已设“老基金”的规范化和已批“老基金”的发行工作上。1993 年底，我国“老基金”数量尚不到 50 只。但到 1994 年底，“老基金”数量已达 75 只。

（4）1995—1996 年，“老基金”的发展规模停滞不前。由于对投资基金的理论研究不够，对其性质、特征、作用及其意义认识不足，缺乏有力的宏观引导与管理，缺乏从发起、审批、上市到运作的有力监管，同时为适应宏观经济调控的需要，1995—1996 年没有“老基金”设立。这一阶段证券市场缺乏足够数量和规模的机构投资者。

1997 年 11 月 4 日中国证监会颁布《证券投资基金管理暂行办法》后，“老基金”严格按照要求进行改制，更换基金管理人与托管人。在 3 只“老基金”——沈阳兴沈、沈阳久盛与富岛基金同时摘牌后，“老基金”最终走完了 10 年的历程。

2. 封闭式基金

（1）封闭式基金的设立

1997 年 11 月 4 日中国证监会颁布《证券投资基金管理暂行办法》；

1998 年 3 月 5 日经中国证监会批准，第一批两家基金管理公司成立；

1998 年 3 月 23 日第一批两只封闭式证券投资基金成立。

（2）封闭式基金的业绩

2002 年 3 月 29 ~ 30 日，48 只封闭式基金公布 2001 年年报，年底分红总额为 23.4045 亿元，加权平均单位基金分红 0.0338 元，与 2000 年 33 只基金分红总额高达 160.2326 亿元、加权平均单位基金分红 0.2860 元相比，2001 年每单位基金分红能力仅为 2000 年的 11.82%。

2003 年上半年，封闭式基金的业绩不尽如人意。54 只封闭式基金有 35 只处于亏损状态，其中基金景宏和景福亏损额高达 1.5 亿元和 1.3 亿元，虽有基金兴华、银丰、科翔等表现良好，但终究不能挽回颓势，总体亏损近 8 亿元，平均每单位净值 0.9552 元，已低于面值。

3. 开放式基金

（1）开放式基金的设立

2000 年 5 月证监会主席周小川在北京基金发展国际研讨会上提出中国应当推进开放式基金的设立和发展。2000 年 10 月 8 日，《开放式证券投资基金试点办法》颁布。

2001 年 9 月 11 日，中国首只开放式证券基金华安创新由华安基金管理公司正式推出，开始发售。

（2）开放式基金的业绩

2003 年全年，基金业的平均收益率为 20.27%，超越 A 股市场收益率 9.7%。其中，南方基金公司旗下的南方稳健成长基金收益率为 25.15%，基金业绩位居同期成立的开放式基金第一。

2004 年，基金与股市共同经历了惊涛骇浪，与 2003 年相比，基金整体业绩出现下滑，只有 17 只基金成功避免赎回的厄运。这 17 只份额实现正增长的基金全部是成立一年以上的老绩优基金，成立以来的平均总回报率超过 13%。

4. 私募基金

（1）私募基金的定义

目前，对我国现有的私募基金的定义还存在着很多的争议。有人套用国外的称呼，也有人根据中国的实际情况自己下定义。

套用国外私募基金的概念描述我国金融市场的事实，往往发生概念混淆：“私募基金”在国外有严格的法律定义，一般是由法律规定的信托关系或者契约关系所确定，因而主体角色明晰，责任边界清楚，权利义务对等，收益风险相称。而就国内所讨论的范围看，其所涉及的法律关系却十分复杂，信贷关系、信托关系、代理关系和产权关系混淆不清。

部分业内人士表示：针对我国的情况，“私募基金”的提法不妥，应当称之为“各类不规范的证券投资咨询机构”，并认为属非法金融活动。证券监管部门在公开场合对国内相关情况的描述，始终避免使用“私募基金”的说法。2004 年 7 月和 11 月先后在中央电视台亮相的两位证监会官员，在谈到国内相关情况时，都是沿用周小川主席年初讲话的思路，冠之以“证券市场中的受托投资管理活动”。

（2）私募基金发展的阶段及业绩

①发展阶段

我国的私募基金发展经历了三个阶段：1993—1994 年，证券公司的主营方向从经纪业务走向承销业务，证券公司的角色亦转换成代理人，由大客户将资金交与证券公司或其他专业投资机构代理委托进行投资；第二阶段发生在 1997—1998 年，其时一级市场非常活跃，上市公司将募集资金的空余款项委托券商或其他专业机构进行投资；第三阶段是 1999 年中至 2000 年中，由于资本市场的急剧扩张，引发了巨大的投资需求，大量证券公司从业人员跳槽出来成立资产管理公司自己做业务，这些人专业知识熟，有广泛的客户资源，其发展规模以及对市场的影响与以往资产管理公司可以说是不可同日而语；第四阶段是 2001 年后，是我国证券市场私募基金逐步规范、调整的阶段，大批委托理财公司因亏损而退出。①

由于私募基金的特殊性，具体数字无法统计。如果按照《私募基金报告》中私募基金公司总数 6979 家估算的话，目前留存的私募基金公司数量仅余 2700 家不到，真正还在运作的则远低于这个数字。

②业绩

2000 年 1 月至 12 月，大盘涨幅为 51.75%，但调查显示，50% 公司情况不明，38.5% 平均收益率在 10% ~15%，7.7% 平均收益率在 15% ~30%，3.8% 平均收益率在 50% 以上。换句话说，扣除融资成本、股价拉抬费用，大部分私募基金并未能跑赢大市，这与大资金的进出不便有相当大的关系。但从 2001 年 6 月开始的大盘暴挫最高跌幅达 40.36%，在此期间，由于绝大部分私募基金在理财过程中吸纳了大量不良性质的资金，并承诺保底收益，一旦大盘疲软，个股股价下滑到平仓线，连接这些资金的链条就会产生断裂。2001 年下半年开始，大部分机构破产，破产原因均为委托理财大幅亏损、挪用客户保证金、巨额债务无法偿还等。2001 年南方证券因委托理财而发生亏损，仅此一个个案就涉及多家机构。

（三）QDII

QDII（Qualified Domestic Institutional Investors），可译为“合格的国内机构投资者”制度。所谓 QDII 制度，是与 QFII 相对应作反向操作的制度安排，其实质是在资本项目未完全开放的国家，通过设立一些合格的国内金融投资机构，允许国内投资者通过这些投资机构往海外投资的投资者机制。

2001 年上半年中国香港特区政府向国务院呈交报告，建议设立 QDII。

2001 年 10 月中国证监会有关人士表示，证监会正考虑成立 QDII，允许国内投资者投资香港股市。

2004 年 2 月国家外汇管理局局长郭树清透露，2004 年将研究推出 QDII 机制。

2004 年 6 月 1 日中国银监会主席刘明康指出，内地即将出台 QDII 管理办法。

保险公司自有外汇资金于 2004 年底获准境外运作，如果中国保监会允许其投资中国企业境外

① 武汉证券李鸿耀．对我国私募基金有关问题的探讨．中国私募基金调查：7000 亿元——隐蔽的富人乐园．2004-08-05．中证网．

股票，将意味着投资方向开始迈向股票等高风险资产。

2005 年 5 月以来，A 股市场开始宣布股权分置改革，积压多年的历史问题开始逐步解决，但由于改革的复杂性和改革方案的多样性，令市场出现较大波动。社保基金对选择在内地资本市场改革的重要关头宣布“出海”，可能还有所顾虑。

与此同时，集资额高达 149 亿港元的交通银行在港上市，持有交行 14% 股权的社会保障基金，将会在交行上市后将其股权转换为 H 股，但有一年的禁售期。这个安排将使社保基金首次持有 H 股股份，正式进入香港地区证券市场。

至此，QDII 的推出还不明朗。

（四）QFII

QFII（Qualified Foreign Institutional Investors）是“合格境外机构投资者”的简称。QFII 制度是指允许经核准的合格境外机构投资者，在一定规定和限制下汇入一定额度的外汇资金，并转换为当地货币，通过严格监管的专门账户投资当地证券市场，其资本利得、股息等经审核后可转为外汇汇出的一种市场开放模式。

2000 年 5 月，证监会副主席高西庆表示：要积极研究 QFII，并结合中国实际情况有限度地允许外资逐步进入中国证券市场。2002 年 11 月 5 日，中国证券监督管理委员会、中国人民银行联合发布《合格境外机构投资者境内证券投资管理暂行办法》，自 2002 年 12 月 1 日起施行。

2003 年 5 月 26 日瑞士银行有限公司（瑞银）和野村证券株式会社率先获得了中国证监会批准的 QFII；2003 年 7 月 9 日，瑞银投下了 QFII 在中国 A 股市场的第一单，买入了中兴通讯、宝钢股份、上港集箱和外运发展 4 只股票。

1. 审批的投资额度

自 2003 年瑞士银行等成为首批 QFII 以来，试点第一阶段的 40 亿美元额度已被 27 家 QFII 机构用完。2005 年 7 月 11 日，中国证监会提出，将在现有额度的基础上增加 60 亿美元的 QFII 额度。多家机构正期待增加额。

2. 统计数据

QFII 在中国国内市场运作非常谨慎，截至 2003 年末，QFII 机构共持有 0.29 亿份基金。截至 2004 年 3 月底，获批额度 17.75 亿美元中共有 88 亿元人民币投资于中国证券市场，占总投资额的 63%，其余的 37% 被存放在银行里。要知道，国内股市流通市值总共有 12 700 亿元人民币之多，QFII 这 17.75 亿美元只占 1%！这个例证显示，一旦涉及投资细节，中国企业中好的投资机会并不多。

截至 2004 年末（截至 2005 年 3 月 30 日公布），QFII 合计持有基金 3.59 亿份。相比之下，同比增持逾 10 倍。QFII 共在 18 只基金年报的十大持有人榜中“露脸”，占已公布年报的封闭式基金家数的 43%。其中，有 10 家基金是 QFII 在 2004 年下半年新增买入的。

截至 2005 年 4 月底已公布的季报中，共有 13 家 QFII 现身 55 家上市公司前十大流通股股东行列。

（五）保险资金

2005 年 2 月 16 日，华泰财产保险公司投资资金正式进入托管人工商银行为其开设的托管专户并开始运作。华泰财险保险资产也成为保监会发布保险资产入市规则以来国内首笔直接投资股市的保险资金。3 月 9 日，中国平安保险集团股票投资申请已获中国保监会批准，10 日平安保险也完成投资 A 股第一单。至此，共有 8 家保险公司通过控股的资产管理公司独立交易席位或租用证券公司的交易席位，先后进入国内 A 股市场。它们分别是：中国人寿、中国再保险集团、泰康人寿、华泰财险、太平人寿、太平洋保险、新华人寿、平安保险。保险资金入市正式拉开帷幕。

1. 保险资金运用的拓展历程

1995 年施行的《保险法》明确允许保险公司的资金除运用于银行存款外还可以购买金融债、国债和评级在 AA + 级以上的债券。但是，这些债券无论在规模还是在盈利水准方面都无法满足保险公司资金运用所提出的客观需要。

1999 年，保险资金就可以通过投资证券投资基金间接入市，但随后几年，保险资金运用规定的改革迟迟没有大动作。

2003 年 1 月，新修订的《保险法》开始实施，将修改前的《保险法》中“不得向企业投资”的规定改为“不得用于设立保险业以外的企业”，即允许保险资金投向以保险为中心业务的关联企业。同时，扩大了企业债券购买比例并允许保险公司将其总资产的 15% 用于购买证券投资基金。

2004 年，中国保监会陆续出台了《保险资产公司管理暂行规定》、《保险资金运用风险控制指引（试行）》和《保险公司管理规定》，为保险资金入市奠定了制度基础。

2004 年 7 月底，保险资金获批投资可转债。由于可转换债券兼具债券和股票的双重特性，“试水”可转债被业内人士看成是保险资金直接入市的前奏。

2004 年 10 月，中国保监会和中国证监会联合发布《保险机构投资者股票投资管理暂行办法》。

2005 年 1 月 17 日，中国保监会发布了《关于保险资金股票投资有关问题的通知》，中国保监会、中国银监会联合下发了《保险公司股票资产托管指引（试行）》，明确了保险资金直接投资股票市场涉及的资产托管、投资比例、风险监控等有关问题。允许保险机构将其资金总量的一部分直接投入股票市场，这在多年来一直严格实行金融分业经营的中国被看成是具有突破意义的改革举措。

《关于保险机构投资者股票投资交易有关问题的通知》、《保险机构投资者股票投资登记结算业务指南》和这四个文件共同构成了保险机构投资者股票投资的基本制度和运作框架。有关保险资金直接入市的配套文件全部发布。

2005 年 2 月 16 日，中国保监会、中国银监会、中国证监会联合发文，宣布这一天成为保险资金直接投资股票市场的起始日。

2. 保险资金入市的规模

（1）保险资金间接入市的规模及变化

按照中国保监会公布的数据，截至 2004 年 12 月底，全国保险公司的资产总额达到 11 853 亿元，而投资基金的规模只有 673 亿元，占保险公司资产总额的比重只有 5.67%，远远低于监管部门设定的“不超过其总资产 15%”的比例限制（保险资金投资基金的理论规模为 1777 亿元）。

截至 2005 年 5 月末，全部用于投资的保险资金达 7189.88 亿元，其中，持有国债 3250.02 亿元，比上月增加了 253.63 亿元；投资于证券投资基金的保险资金为 871.07 亿元，比上月减少了 19.23 亿元，这是保险资金继 3 月份后在投资基金上的第二次大幅缩水。同时，保险机构为了规避资本市场的风险，进行了持仓结构的调整，买进了大量的货币市场基金。保险资金之所以青睐货币市场基金，主要是货币市场基金收益相对稳定、风险低，数据显示收益水平明显高于 1 年期存款；另外，货币市场基金规模大，买进和赎回进出都很方便，适合大规模的保险资金运作。

（2）保险资金直接入市的理论规模

从中国保监会规定的直接入市比例看，股票投资的余额，传统保险产品按成本价格计算，不得超过本公司上年末总资产扣除投资连结保险产品资产和万能保险产品资产后的 5%。因此，保险资金直接入市的最大规模为 600 亿元左右。而全国保险公司 2004 年年底的银行存款就达到了 5537 亿元，支付 600 亿元的直接入市规模绰绰有余。

我国保险市场是个高速发展的市场，加上保险公司对证券投资基金的投资比例可达其总资产比例的 15%，因此，从现在开始，保险公司对股票直接投资和间接投资的理论上限已可达 20%。根据王松奇、刘煜辉的估算，即使按照目前这种较严格的低比例股票投资管理规定，2004 年年底，保险资金直接入市和间接入市的理论规模就可以达 2300 亿元以上，而到 2010 年该数字则能超过 1 万亿元。

（六）企业年金

企业年金基金，是指根据依法制定的企业年金计划筹集的资金及其投资运营收益形成的企业补充养老保险基金。

1. 企业年金相关政策出台的历程

2004 年 4 月 23 日，劳动和社会保障部、中国银监会、中国证监会和中国保监会联合发布《企业年金基金管理试行办法》，并于同年 5 月 1 日起和《企业年金试行办法》同时施行。

2004 年 11 月 10 日，劳动和社会保障部会同中国证监会联合发布了《关于企业年金基金证券投资有关问题的通知》及其配套附件《企业年金基金证券投资登记结算业务指南》，首次对企业年金基金证券投资的开户、结算等事宜作出规定。此举意味着企业年金入市即将启动。

2005 年 2 月 5 日，劳动和社会保障部公布了《企业年金基金管理机构准核认定暂行办法》等四个文件，并自 3 月 1 日起实行。

2005 年 4 月 21 日，劳动和社会保障部在其网站上公告，将于 2005 年 5 月开始受理企业年金基金管理机构资格申请工作。

2005 年 6 月 25 日，劳动和社会保障部对外表示，第一批企业年金基金管理机构资格认定数量已确定，不超过 40 家。其中：受托人 5 家，账户管理人 12 家，托管人 6 家，投资管理人 17 家。

2. 企业年金的规模预测

我国的企业年金经过 10 多年的发展，已初具规模，截至 2004 年底，中国的企业年金规模近 500 亿元，再加上以年金名义销售的保险产品有 430 亿元，企业年金的存量规模近 1000 亿元。中国保监会预测，企业年金市场全面推开后，每年新增规模应在 800 亿～1000 亿元左右，10 年后将达 10 000 亿元。世界银行则更为乐观地认为，到 2030 年，中国企业年金总规模将高达 1.8 万亿美元。

（七）社保基金

1. 社保基金的入市过程

在 2001 年 12 月 17 日的全国社保基金理事会第一届理事大会第一次会议上，第一任理事长刘仲藜宣布，全国社会保障基金理事会组建工作已基本完成，基金管理运营即将正式启动。与此同时，财政部、劳动和社会保障部联合颁布了《全国社会保障基金投资管理暂行办法》(下称《暂行办法》)。

到 2002 年 9 月底，社保基金开立多个证券账户已依法获得批准，该基金通过基金管理公司入市，已不存在任何法律和政策上的障碍；同时，首批投资管理人的“招投标”工作已进入实质性启动阶段。

2002 年年底，社保理事会通过公开招标的方式，经专家委员会评审，从 10 家基金管理公司中选定南方、博时、华夏、鹏华、长盛、嘉实 6 家作为首批投资管理人，并选定中国银行和交通银行为基金托管人。

2003 年 6 月初，6 家基金管理公司陆续签署了社保基金理事会拟订的相关授权协议，又分别和数家券商签订了席位租用协议。

2003 年 6 月 9 日由全国社会保障基金理事会授权委托的 6 家基金公司所管理的社保基金开始在二级市场购买股票和债券。这标志着我国社保基金正式进入证券市场，开始了市场化运作的新时期。至此，社保基金入市运作进入实质性操作阶段。

2. 社保基金的入市规模

2005 年 3 月 28 日，项怀诚在理事会第二届理事大会第一次会议上通告，截至 2004 年底，全国社保基金总资产已达 1708 亿元人民币，其中股票投资规模为 184 亿元，占总资产的 11%。

2005 年社保基金确定可用于再投资的资金总量不少于 514 亿元，根据社保基金年度资产配置计划，各类投资的资金额度是：股票投资 88 亿 ~ 178 亿元，投资比例基本稳定在总资产的 15% 左右，如果年内能够开展海外投资，股票投资比例将增加到 20% 左右；固定收益投资 260 亿元左右、现金等价物投资 90 亿 ~ 180 亿元；股票和现金等价物投资额度之间存在浮动区间，主要是由于开展海外投资的时间因管理办法尚未出台而不确定。如果年内能够开展海外投资，现金等价物投资将相应减少，股票投资亦将相应增加。

另有媒体报道，截至 2005 年 4 月底，共有 70 多家内地 A 股上市公司的十大流通股股东中出现了社保基金的身影。

五、我国机构投资者发展过程中暴露的问题

（一）券商委托理财业务上形成的问题

1. 上市公司委托理财资金来源值得怀疑

"2000 年以来进行融资的公司委托理财比较多。在全部 154 家进行委托理财的公司中，有 44 家公司在 2000 年后进行了配股，其中有 19 家在 2001 年进行了配股；有 41 家是 2000 年后上市的次新股，其中 13 家是 2001 年上市的；还有两家在 2000 年年底实施了增发。上述 2000 年以来进行融资的 87 家公司占全部 154 家公司的 56.5%，2001 年以来进行融资的 32 家占全部 154 家的 20.8%。在委托理财的资金来源上，一些上市公司宣称来自闲置资金，但这么多近期实施融资的公司进行委托理财，就很难不令人怀疑了。"①

2. 签订保底收益

券商在进行委托理财业务时大部分都约定了保底收益，但是《证券法》规定受托方不能对证券收益做任何承诺。为规避法律制约，部分上市公司与受托机构在签订不保底委托理财协议的同时，又私下签订保底收益，或受托理财机构与上市公司签订合法协议的同时，将收益预先支付给上市公司。

3. 券商挪用委托理财资金

一种是直接挪用，即将双方协议中规定的国债投资资金擅自变更用途，直接用于二级市场的股票炒作。二是间接挪用，即或将上市公司委托购买的国债作为抵押，或通过国债回购以套取资金用于股票二级市场的炒作。

4. 账外理财

所谓券商"账外理财"，是指不将受托理财业务纳入财务核算体系，受托资金游离于公司会计监控系统之外，开展账外经营以逃避有关部门监管的行为。

5. 券商因为委托理财而损失惨重

大鹏曾经在委托理财上风光无限，但到 2003 年底，其无法支付的委托理财资金达 15 亿元，延期部分有 10 亿元，而大鹏 2003 年的年报显示，其净资产只有 21.32 亿元。仅仅是委托理财的窟窿，就已经让大鹏资不抵债了。

申银万国 2004 年年报的利润及利润分配表显示，受托投资管理收益一栏，2003 年被调整为亏损 21 亿元，2004 年亏损继续扩大为 26 亿元。委托理财的巨额亏损，直接导致未分配利润 2003 年为 -27.74 亿元，2004 年为 -28.4 亿元。

闽发证券 2003 年的报表显示，闽发证券持有的国债只有 1.5 亿元，但是国债回购规模却是

---

① 天一证券研究所迟宇．看清委托理财真面目．证券时报，2001-09-21.

328.7 亿元。福建华兴会计师事务所在闽发证券的年报审计意见中明确表示，闽发证券存在账外取得并经营受托资金的情况，同时也未能严格执行《客户交易结算资金管理办法》等相关规定。有业内人士指出，不排除闽发证券挪用客户资金用于国债回购。

（二）基金发展过程中的问题

1. “老基金”存在的问题

（1）对“老基金”管理的认识存在不足。“老基金”多系自发组建。当时，普遍的情况是对基金在发展完善中国证券市场和中国整个经济体制改革中的重要作用认识不够。并且，基金从业人员也有对投资基金的概念与根本属性认识模糊的。

（2）“老基金”规模太小。规模大的达数亿元，如深圳天骥基金达 5.8 亿元；规模小的仅几百万元。在资金调动和运用中，难以做到合理的投资组合，也就难以达到分散投资、规避风险的目的。

（3）全部为封闭式基金。除四川国债投资基金等 3 只基金外，其余都是封闭式契约型的。这虽不符合国际基金市场的现状，却非常吻合基金市场的发展史。

（4）“全能基金”多，“专业性基金”少。这一阶段的基金都属混合型基金，投资对象广泛，既包括上市或挂牌的股票、国债、企业债券，还包括期货、房地产、股权投资。这种混合型的基金，需要全能型的基金管理公司，而绝大多数基金管理人的管理水平与之相去甚远。

（5）基金多头审批，不利监管。按当时的管理体制，基金的设立与上市应得到中国人民银行总行及交易所等机构的批准。但事实上，部分基金虽没有直接在证券交易所上市，但联网交易出现后，已形成了这些基金在证券交易所的“事实上市”；多头管理给“老基金”的规范发展带来了负面影响。

（6）信托关系和组织结构不规范和不完善，未能建立起行之有效的责任约束机制。

2. 私募基金存在的弊端

（1）法律障碍。私募基金所面临的根本性问题是其合法性。迄今为止，在我国立法上，私募基金尚是空白，如《公司法》、《证券投资基金法》、《证券法》等。从法律角度而言，国内所有私募基金的业务都是违法的，或至少是违规的，这也是私募基金所面临的最大障碍。

（2）无序竞争造成市场混乱。由于无法进行有效的监管，私募基金市场实际上处于无序竞争状态，主要表现在：没有准入门槛、没有行业规则。

（3）监管缺位造成风险隐患。虽然一些较大规模的私募基金采用了西方基金的做法，有一套监管、运作的方案，但由于缺乏外部监管加上此类业务本身就处于地下状态，使得基金管理人操纵市场、欺诈客户行为时有发生。而且我国资本市场品种单一，没有做空机制，大量资金以同样运行方式堆积于单一的金融品种之中，从而孕育了很大的市场风险。

（4）操纵股市的手法更加隐蔽和恶劣。上市公司与私募基金联手，搞“巨额资产委托管理”，然后发布虚假正面公司信息，为公司股价造市，事后私募基金炒作该公司的股票，获暴利后当事人“正大光明”地将现金放入自己的口袋。

（5）佣金腐败。佣金回扣往往是返给操盘人，这就给了操盘人以满仓频繁操作的自私动力。结果往往是赢小钱、亏大钱。

（三）QDII 的影响

自从 QDII 制度这一概念提出以来，理论界对此制度实施可能带来的影响进行了热烈的讨论。概括起来，主要观点有两种：

第一种观点认为，QDII 机制的实施必将导致香港和内地的“双赢”结果。QDII 机制的实施可以为香港的证券市场注入一股新鲜血液，从而带动香港的经济走出低谷。持这一观点的分析者还指出，QDII 制度的实施会使得符合资格的机构能够同时在国际、国内两个市场投资，这有利于加快国内投资机构的国际化，提高国内投资机构在多个市场之间的资金运用能力，从而最终培养出具有国际竞争力的机构投资者和金融服务机构。

第二种观点认为，在目前实施 QDII 机制，不仅会对内地资本市场产生负面的冲击，而且也未必能够对香港资本市场或者香港经济产生实质性的促进作用。持这一观点的分析者认为，QDII 的推出，可能造成几个市场股票的比价效应连锁出现。首先会带来居民外汇资金的分流。由于目前我国 B 股市场是使用外汇操作，QDII 的实施将导致大笔资金从 B 股市场抽出，从而给 B 股市场造成很大的压力。当前 B 股市场与 A 股市场具有一定的联动效应，B 股市场的动荡很快会影响到 A 股市场。这样一来，必将会对国内 A、B 股市场带来负面的冲击。另外，香港股市是一个完全开放的市场，在这个市场上，国际资本翻云覆雨，QDII 的进入很大程度上只是一个制度上的创新，而现实中如过分地用行政性的思维去挑战市场规则与市场理念，就会在客观上导致一种所谓的“喝粥的去扶持吃鱼翅的”现象，结果必然是欲速则不达。

（四）QFII 需要改进的地方

一是积极采取措施鼓励资产管理类机构申请资格和额度，降低投资银行和商业银行的占比。需要采取的措施包括：适当降低资产管理类机构的锁定期，增加其资金汇出汇入方面的灵活性，考虑为其开立证券及资金账户的分账户等。

二是鼓励 QFII 更多地以自有资金和发起基金进行投资，逐步降低代客理财资金所占比例，对以自有资金或发起基金为主要资金来源的申请优先予以支持。代客理财资金性质相对复杂，管理难度较大，在实践中，这部分资金的使用效率也相对较低。

三是鼓励境内资产管理类机构基金作为管理顾问积极参与。资产管理属于高端金融业务，在该业务领域的竞争能力高低关系到国家金融资源的争夺及国家整体金融安全。

四是建立证券项下资金双向有序流动的体制。资金双向有序流动有利于资源的优化配置，而资金单方向流动会导致资金高度集中，可能产生风险聚集，不利于金融系统的稳定。因此，在国际投支证券项下有必要建立资金双向有序流动的机制。

五是要实现整个证券市场的游戏规则与国际接轨，基本制度建设与配套设施要先行。证券市场的开放需要法律机制、会计标准和信息披露标准、证券交易清算系统、市场参与者的行为模式等方面的配套改革。此外，监管的效力和质量、上市公司内部运作质量等也应同步提升。

（五）社保基金入市所暴露的问题

1. 基金投资上的不成熟性和风险性

基金规定单个投资管理人管理的社保基金资产投资于 1 家企业所发行的证券或单只证券投资基金，不得超过该企业所发行证券或该基金份额的 5%；按成本计算，不得超过其管理的社保基金资产总值的 10%。由于有数家公司在管理，若管理公司集中投资，基金持单只个股比例会很高。截至 2005 年 3 月 8 日，在已公布 2004 年年报的 276 家上市公司中，有 46 家公司的十大流通股东中出现了社保基金组合，占已披露年报公司近两成。在被社保基金选中的 46 家上市公司中，有 1/3 的流通盘不到 1 亿股。在单个股票上如此集中的投资可能会产生很大的风险。

2. 中国股市的投资和投机价值值得怀疑

根据美国等资本市场发达国家的经验，养老金入市与资本市场长期发展是“鸡生蛋、蛋生鸡”的关系。养老基金作为资本市场稳定的资金来源，对资本市场的稳定性具有重要作用。养老基金需要保值增值才能实现它的社会保障功能。两者互为因果，形成良性循环。但是中国的社保基金入市的总量少，资本市场正处于发育之中，动荡不安、变数不定的资本市场，被人称为既没有投资价值又没有投机价值，两者不满足良性循环的条件。结果造成社保基金在股市中没有能够托市，反而随着大盘的下跌而亏损。

3. 在管理、监督投资管理人等方面的不成熟、不完善性

2004 年 8 月，证监会向管理人之一的长盛基金公司发出内部通报，因内部控制不完善等四个问题责令其进行整改，并在此期间内停止新业务的申请。对此，理事会有关人士表示：社保基金理事会正在密切关注事态发展。根据《暂行办法》第 19 条退任的要求，没有规定发生这种内部通报等事件对该管理人应采取的办法。其中除了破产、撤销等原因外，要管理人退出，都是理事会主观“认为”不符才可以。

六、我国机构投资者制度安排的缺陷

（一）机构投资者发展结构失衡

我国所谓的大力发展机构投资者实际上主要是发展证券投资基金，也就是相当于美国市场的共同基金，机构投资者制度也主要围绕证券投资基金来安排。之所以这样安排，主要原因是我们的机构投资者制度是采取引进和移植美国的机构投资者制度，而美国的机构投资者正是以养老金和共同基金为主。

1. 公募证券投资基金的发展对私募基金造成挤出效应

在美国，私募基金是资本市场极为重要的一类机构投资者，可以说私募基金与公募基金是资本市场的一对孪生兄弟。私募基金与公募基金的运作原理、投资风格和投资理念也不尽相同，但两者在资本市场上的投资对象是相同的，都是上市交易的股票和债券。通过私募基金与公募基金对资本市场上投资品种从不同角度出发的共同作用，以及私募基金与公募基金在资本市场上适当有序的竞争，从而大大活跃了市场的交易，提高了市场的定价效率和配置功能。

我国的私募基金与美国的私募基金有所不同，其差别主要在于我国的私募基金不规范，原因则在于国家没有承认它的合法地位，没有给它制定相应的规制，但实际上它的性质及运作机制与美国的私募基金没有本质的区别。国家不承认它的合法地位是不是说明中国的私募基金是一种不合理的现象，或者说它的存在对总的社会福利是一种损害？

答案恰恰相反，中国的私募基金是一种市场自发形成的诱致性制度变迁的结果，是顺应市场发展的规律而出现的，是市场经济发展到一定阶段的必然产物。我国金融体系长期处于金融抑制环境，投资渠道高度单一化，基本上只有股票、公募基金、银行储蓄及国债等少数投资工具，不能满足各个不同阶层的投资需求。因此，投资制度服务的创新势所必然。私募基金就是响应市场的需求而自发产生的一种能降低市场交易成本，将外部利润内在化的制度安排创新。

私募基金之所以比公募基金更具活力，在于私募基金制度产权界定清晰，同时它能较好地解决机构投资者普遍存在的委托—代理的激励约束问题。私募基金无论采取何种形式，都有一个显著的特点，即投资者虽然对基金管理过程缺乏信息，但对管理人却有相对深入而全面的了解。

那么为什么投资者不去投资私募基金而要去投资公募基金呢？原因就在于公募基金是合法的，它有相应的制度安排可以使它减少交易费用，而私募基金是没有法律地位的，因此私募基金只能处于地下活动，由此必然导致私募基金的交易成本要高于公募基金，即老百姓实际上是没有渠道参与。

2. 证券公司制度不完善导致其有极强的投机操作倾向

证券公司作为机构投资者具有一定的特殊性，表现在：①证券公司本身是证券市场的金融中介，它的业务范围很广。而实际上各种业务之间有着千丝万缕的联系，因此，可以说证券公司对于证券市场是最知根知底的。由于它居于上市公司、投资者之间，并且与市场各主体都有密切的业务联系，因此，它的信息优势是其他机构难以企及的；②就投资业务来说，证券公司又有自营投资和代理企业投资的委托理财之分。通常委托理财是自营规模的 3 ~ 5 倍。③证券公司的投资具有较强的隐蔽性。和证券投资基金不同，证券公司的投资不需要公开披露，而且它的委托理财业务是使用

客户的账号。因此，这种隐蔽性使得证券公司在与其他投资者的投资博弈中能占据一定优势。④我国证券公司还有它的一个特点，就是基本都是国家所有。公有产权决定了它的治理结构是极不完善的，证券公司同样遇到了国有企业所遇到的内部人控制和代理人机会主义行为的问题。并且由于这种问题，使我国资本市场遭遇到极大的负的外部性，这也正成为我国证券公司成为我国证券市场上最主要的投机力量的深层原因。

正是由于我国证券公司的这些特点，导致我国证券公司的投资行为极不规范，它们在证券市场利用自己的优势，将投机操纵获利发挥到极致。虽然政府加强了对它们的监管和处罚，但这种行为仍然屡禁不止，到现在也无法根除。

（二）投资基金制度缺陷

我国现行的大力发展证券投资基金制度，不但对市场自发形成的相对更有效率的私募基金形成了致命的挤出效应，降低了整个资本市场的效率，更为严重的是，投资基金制度本身的安排也存在极大的问题，使得证券投资基金制度在很多时候给市场带来负的外部性。

1. 基金组织不全使基金与基金管理公司的监管流于形式

我国目前的基金都是契约型基金，契约型基金与基金管理公司完全是两个概念。契约型基金按契约成立，以无形方式存在，并不是独立法人，也无任何常设机构，而基金管理公司是典型的有限公司制法人，基金组织与基金管理公司是两个相互依赖又相互制约、性质和职能都完全不同的组织。因此，对基金的监管难度很大，它与基金管理公司治理虽然有紧密联系，但仍属于不同的两件事情，对基金管理公司的治理是基金监管的必要条件而不是充分条件，通过引进外部董事制度强化基金管理公司治理，只能表明基金管理公司在治理结构上的优化，更多的是在维护基金管理公司利益上实现了对包括基金经理人在内的公司内部人行为的约束。而在我国契约型基金组织中，由于契约的不完备和制度规范的缺失，普遍是基金持有人的弱委托和基金经理人的强代理关系，这种不完全委托—代理情况，使得基金经理人只可能产生以下两种可能行为：一是在基金管理公司治理相对有效的情况下，以基金管理公司利益为最大目标；二是在基金管理公司治理相对无效的情况下，以个人利益为最大目标。由于掌握了巨量资金的实际控制权，非正当利益成了个人利益的最好来源。显然，我国的基金组织运作是最典型的内部人控制。因此，从真正解决好基金的委托—代理问题来说，为了保护基金持有人的权益，应该考虑使我国的基金形式尽快从契约型基金转向以公司型基金为主，增强基金持有人监管约束基金经理人的权力。

2. 基金公司治理结构不健全

2000 年中国证监会提出超常规发展机构投资者，2001 年基金黑幕被揭露，同时一些基金高位接盘，踩中银广夏、ST 纵横等地雷，一个重要原因就是基金公司治理结构不健全。其一，国际金融监管的新趋势和理念是以成熟市场为假设前提的，成熟市场规范化的激励与约束是保证经济行为理性的基础，而我国资本市场的发育程度显然相当滞后。其二，契约型基金是典型的委托—代理关系，基金持有人将基金的控制权委托给基金管理公司，基金管理公司再将基金使用权和监督权分别委托给基金经理人和托管银行。如果没有严格的激励约束机制，基金经理人的“道德风险”、基金购买者的“逆向选择”和托管银行的“主观不作为”将不可避免。

3. 维护基金持有人的利益要求与基金监管的力度不一致

要较好地维护基金持有人的利益，必须从基金运作的事前、事中、事后对基金管理公司和基金经理人进行全程约束和监管，必须从内部治理和外部治理两个方面实行综合，这是契约型经济关系得以正常运转、实现双赢乃至多赢的必要条件。而目前的基金监管仅是一种门槛式的事前监管，事中、事后监管基本上是一片空白，缺少法律法规的制度规范，再加上基金组织内部治理形同虚设、外部治理严重的信息不对称，基金组织的市场行为被严重扭曲。

4. 对基金管理公司的发起人限制不利于竞争

我们知道，美国基金业能发展到超过商业银行的规模，基金业有序理性的竞争是推动基金业不断创新发展的重要动力，而我国目前对基金公司的发起人实行严格管制，规定必须是证券经营机构和信托公司才能充当基金管理公司大股东，我们都知道，证券经营机构和信托公司实际上基本都是由国家控制的。证监会如此规定，表面看来是想控制风险，实际上还是想杜绝民营资本和私人资本介入，还是一种所有制霸权。

5. 投资基金相关的配套制度极度匮乏

投资基金要很好地发挥作用，离不开相关配套制度安排，比如基金评价体系和权威评估机构的建立。它们的建立可以大大降低普通投资者搜寻和处理各基金公司相关信息的成本，否则投资者选择基金公司的交易成本极高，他们没有可以供他们决策买卖基金的依据。在这种情况下，事实上高昂的交易成本将使他们放弃购买基金。这从我国投资基金发行基本是以机构投资者持有为主就可以证明，基金的发行无法对老百姓巨大的储蓄存款增量起到资金分流的作用。

中国股票市场杠杆效应与涨跌停板制度的实证分析[①]

沈坤荣　方文全[②]

一、引言

股票市场的波动特性与市场的资产定价和组合选择紧密相关。资产定价理论认为，股票市场收益率的波动性与信息所包含的风险溢价存在正相关关系。但是，进一步的研究发现，利好和利空消息对收益率波动的影响是不对称的，同等强度的利空消息比利好消息导致的市场波动更大，利好消息导致条件波动率降低，而利空消息导致条件波动率变大，即存在杠杆效应。Black（1976）首先揭示并使用“杠杆效应”这个术语描述非对称性波动，后续的经验研究文献在许多方面推进了研究，如 Nelson（1991）、Engle and Ng（1993）、Glosten et al.（1993）等。关于股票市场收益率波动性的研究成果，成为资产定价和投资策略选择实证分析的重要组成部分。

Chiang et al.（2002）的经验研究表明，世界范围内的成熟股票市场都存在不对称波动的杠杆效应。而中国股票市场自从建立以来，一直存在着所谓的“牛短熊长”现象，尤其是从 1996 年 12 月实施涨跌停板制度以来，这种情况更为明显，这似乎是非对称波动的一种形式。近年来，理论界对股市的波动性特征逐渐给予了关注，出现了一些研究成果。刘金全和崔畅（2002）初步揭示沪深两市存在杠杆效应；陈浪南和黄杰鲲（2002）分时段考察了深证综指，认为市场波动非对称性比较显著；李胜利（2003）将上证指数分为多头、空头和盘整期等样本期进行检验；何兴强（2004）检验了上证指数以及八个分类指数，证实确实存在杠杆效应；赵留彦和王一鸣（2003）、陈学华和杨振耀（2004）等也从不同的角度验证了波动非对称性；但是研究从开市以来至今的全样本数据序列的不对称波动及其相关因素的文献还比较缺乏。

对于股票收益的不对称波动，理论上存在不同的观点和解释。早期的观点一般认为基本面因素导致了杠杆效应，Campell and Hentschel（1992）从财务杠杆和反馈效应两方面来解释杠杆效应，认为股票价格的波动性是公司财务杠杆比率的正函数，财务杠杆越高，波动性越高。预期股票收益下跌会导致公司价值降低，增加财务杠杆比率和持股风险，从而加剧波动性；反之，股票价格的上升会降低财务杠杆比率，减少波动性和持股风险。因此，股票价格的波动性与公司财务杠杆比率呈现正相关关系，与股票当期收益呈现负相关关系。

同时，由于投资者对负的价格变化比对正的价格变化更加敏感，坏消息对股价的冲击要比好消息的冲击来得更大，导致负的价格变化伴随较大的波动性，正的价格变化伴随较小的波动性，即所谓“反馈机制”或者“羊群效应”（Shiller，1984）。Bollerslev et al.（2005）的最新研究结果证实

① 此项研究得到国家社科基金（03BJL026）、国家自然科学基金（70473036）资助。

② 作者简介：沈坤荣，1963 年生，南京大学商学院经济学系主任、教授、博士生导师。方文全，1968 年生，南京大学商学院经济学系博士生。

联系地址：南京市汉口路 22 号　南京大学商学院经济系

邮政编码：210093

联系电话：（025）83602215　13801593827

E-mail：shenkr@nju.edu.cn；

fangwenquan2003@163.com

了高频数据中这种反馈机制的存在，利好消息连续出现可能将增大股票价格的未来波动，这反过来会提高投资者对股票的预期回报，降低股票价格，削弱利好消息对股价波动的正向效应。

而 Tauchen et al.（1996）认为，金融市场高频数据中，波动不对称性特点尤其明显，说明市场的微观结构对杠杆效应具有明显的影响。Figlewski and Wang（2000）等文献的经验分析结果则认为，财务杠杆并非产生波动非对称性的主要原因。Rogers et al.（2004）认为，操纵信息披露是导致股市杠杆效应的关键因素，同时分析比较了不同交易环境中的杠杆效应，指出外部制度对波动性产生显著的影响。

涨跌停板制度是中国股票市场一项重要的交易制度，它是否可能导致波动特性发生重要的变化？孙培源和施东晖（2001）、刘煜辉等（2003）、孙培源和范利民（2004）等初步考察了涨跌停板制度条件下股市波动的动态变化。本文将直接对中国股票市场的杠杆效应和涨跌停板制度进行经验分析。

二、数据与方法

股票市场收益率序列为股票价格对数的一阶差分：

$$R_t = \ln P_t - \ln P_{t-1}$$

其中，R_t 为收益率，P_t 为股票价格，本文采用每个交易日的收盘价。

在理论研究和实际运行中，通常认为上证综合指数（上证综指）和深圳成分指数（深证成指）比较全面地反映了市场总体情况，可以作为分析市场整体波动的指标。因此本文采用上证综指和深证成指，分别采集上证综指和深证成指的收盘价，计算出日收益率数据。

关于中国股市波动非对称性研究的现有文献，通常只采用部分收益率数据，没有纳入市场发展早期阶段的数据，对股票价格过程分析不够全面完整，也较少进行前后动态变化的比较。针对这种情况，本文将使用尽可能大的样本数据，采集从股票市场成立开始到 2004 年底的交易数据进行实证分析。资料来源于 CSMAR。

上证综指从 1990 年 12 月 20 日开始到 2004 年 12 月 31 日，共 3437 个日收益率数据；深证成指从 1991 年 4 月 4 日到 2004 年 12 月 31 日，共 3394 个日收益率数据。中国股票市场从 1996 年 12 月 16 日开始实行涨跌停板制度，本文以此为界分别将样本数据分为子样本 1 和子样本 2。具体如图一所示（阴影中数据为子样本 1）。

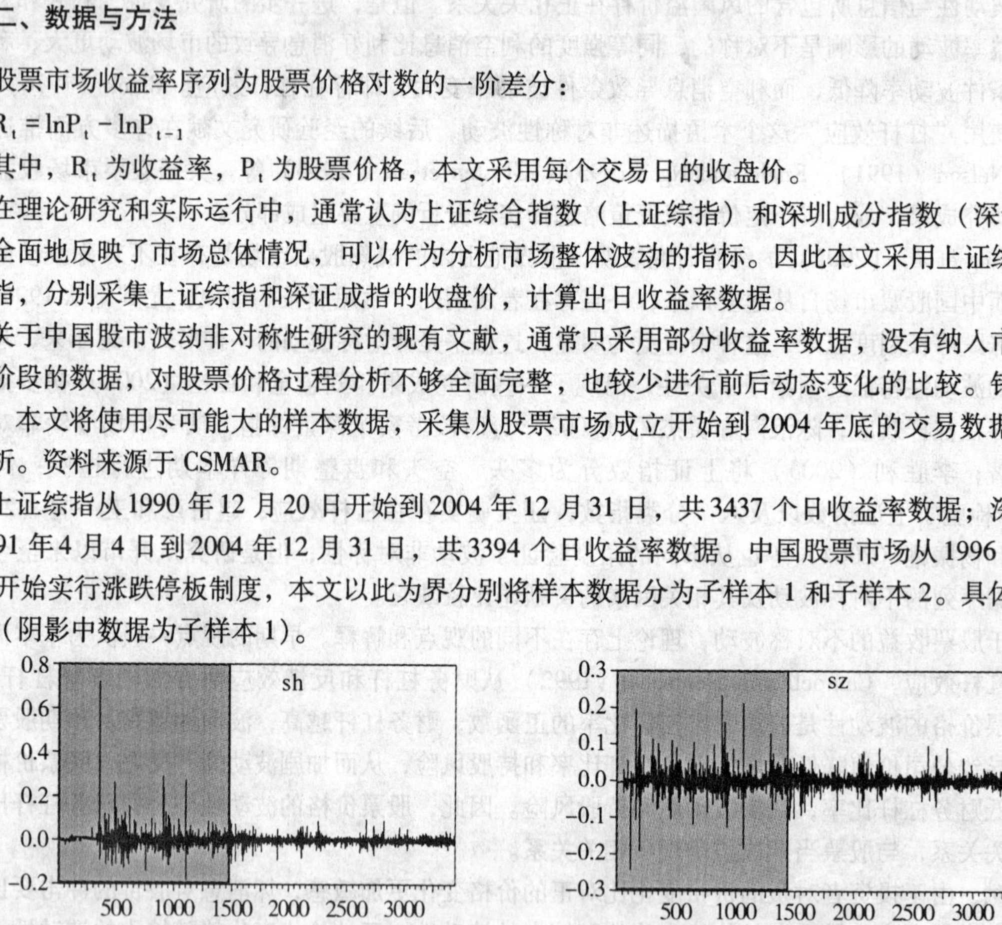

A. 上证综指　　B. 深证成指

图一　上证综指和深证成指日收益率

在进行建模实证分析之前，先对采集到的收益率数据序列进行统计检验，表一列举了对上证综指和深证成指共 6 个样本的收益率序列的统计分析结果。

表一　　上证综指和深证成指日收益率序列描述性统计分析

	均值	方差	峰值	偏度	J-B	LB（12）	ADF	样本数量
上证指数	0.000 74	0.000 77	143.56	6.14	2 964 159 ***	50.140 ***	-24.088 ***	3437
子样本 1	0.001 61	0.001 44	93.25	5.52	546 314 ***	29.595 ***	-15.724 ***	1497
子样本 2	0.000 07	0.000 26	6.93	-0.30	3883 ***	23.786 **	-19.744 ***	1940
深圳成指	0.000 33	0.000 57	15.97	0.54	36 133 ***	64.499 ***	-24.173 ***	3394
子样本 1	0.000 99	0.000 92	12.70	0.64	9789 ***	48.051 ***	-14.536 ***	1454
子样本 2	-0.000 16	0.000 31	6.04	-0.25	2951 ***	25.307 **	-19.292 ***	1940

注：***、**和*分别表示在1%、5%和10%置信水平上显著（下同）。J-B为正态分布的Jarque-Bera检验，LB（12）为滞后12阶的自相关Ljung-Box检验，ADF为单位根检验。

可以看到，全样本的上证综指和深证成指日收益率序列均值分别为0.074%和0.033%；偏度值分别为6.14和0.54，说明分布是有偏的；峰度值为143.56和15.97，均远远高于正态分布时的峰度值3；J-B检验值为2 964 159和36 133。各个子样本序列的情况相似。可以看出，沪深股市日收益率序列显著异于正态分布，尖峰厚尾现象非常明显。

为了检验序列是否平稳，对日收益率序列进行ADF检验，上证综指和深证成指全样本ADF检验值为-24.09和-24.17，均小于MacKinnon临界值-3.44（1%水平），拒绝序列存在单位根的原假设，说明日收益率序列为差分平稳序列。

Ljung-Box（12）检验结果显示，沪深股市日收益率序列显著自相关，这与大多数文献的研究结果相互印证，说明上海综指、深圳成指日收益序列具有时变条件异方差特征，即具有明显的ARCH效应。因此，在研究股票收益率的波动性时，通常需要使用ARCH族模型。

Engle and Ng（1993）、Laumoureux and Lastrapes（1993）等都指出，应用ARCH模型扩展形式研究市场波动性是必要的和合适的，其中EGARCH模型具有很好的应用效果。本文使用EGARCH（1，1）模型（Nelson，1991），即指数GARCH模型来检验我国股市波动的杠杆效应。

EGARCH（1，1）模型的具体形式如下：

$$R_t | I_{t-1} \sim f(u_t, \sigma_t^2) \qquad \text{（方程1）}$$

$$R_t = \beta_0 + \beta_1 R_{t-1} + \varepsilon_t \qquad \text{（方程2）}$$

$$\ln(\sigma_t^2) = \alpha_0 + \alpha_1 |Z_{t-1}| + \delta Z_{t-1} + \gamma \ln(\sigma_{t-1}^2) \qquad \text{（方程3）}$$

条件收益率定义（方程1）中，R_t表示在信息集I_{t-1}条件下的收益率，$f(u_t, \sigma_t^2)$为均值-方差维度的条件概率密度函数，u_t为均值，σ_t^2为方差。条件均值（方程2）中，β_0表示带一阶自回归项的条件均值，ε_t为残差。条件方差（方程3）中，统计量$Z_t = \varepsilon_t / \sigma_t$，代表信息冲击对收益率波动的影响，$\alpha_1 |Z_{t-1}|$表示信息冲击对收益率波动影响程度的大小，$\delta Z_{t-1}$则表示冲击影响的方向；$\delta$称为杠杆系数，$\delta > 0$说明不存在杠杆效应，$\delta < 0$说明存在杠杆效应。$\gamma \ln(\sigma_{t-1}^2)$项揭示t期波动与t-1期波动的关系，如果参数$\gamma$为显著的正值，表明存在动量效应。

三、实证分析

（一）EGARCH实证结果

利用上述整理分析过的不同样本数据，对EGARCH模型进行参数估算，得到实证结果见表二。

表二　　上证综指和深证成指日收益率 EGARCH 实证结果

	β_0	β_1	α_0	α_1	Δ	γ	LogL
上证综指	-5.52E-05 (0.8116)	0.143 13 *** (0.0000)	-0.678 52 *** (0.0000)	0.376 79 *** (0.0000)	-0.051 16 *** (0.0000)	0.948 42 *** (0.0000)	8624.97
子样本 1	0.002 91 *** (0.0000)	0.170 87 *** (0.0000)	-0.701 64 *** (0.0000)	0.537 19 *** (0.0000)	0.057 01 *** (0.0000)	0.949 81 *** (0.0000)	3255.44
子样本 2	-0.000 34 (0.1987)	0.009 91 (0.6649)	-0.548 79 *** (0.0000)	0.269 29 *** (0.0000)	-0.043 11 *** (0.0000)	0.959 15 *** (0.0000)	5555.60
深证成指	-0.000 25 (0.4844)	0.051 61 *** (0.0065)	-1.859 80 *** (0.0000)	0.377 81 *** (0.0000)	0.040 63 *** (0.0001)	0.792 19 *** (0.0000)	8377.46
子样本 1	-0.004 71 *** (0.0000)	0.052 13 * (0.0894)	-2.640 59 *** (0.0000)	0.519 26 *** (0.0000)	0.068 70 *** (0.0016)	0.682 51 *** (0.0000)	3 202.15
子样本 2	-0.000 49 * (0.0918)	0.023 91 (0.2849)	-0.339 97 *** (0.0000)	0.214 54 *** (0.0000)	-0.031 43 *** (0.0000)	0.978 66 *** (0.0000)	5399.95

注：括号中数值为 z 检验统计量的 P 值。

实证结果显示，以全样本数据分析，上证综指的杠杆系数为 -0.05，在 1% 的置信水平上统计显著，说明沪市总体的波动性杠杆效应非常明显；而深证成指的杠杆系数为 0.04，并不存在杠杆效应。图二 A 直观地展示了非预期收益冲击信息对股价波动性的影响：在上海市场，利空消息的作用大于利好消息；而在深圳市场，利好消息的作用强度则远远大于利空消息的作用。

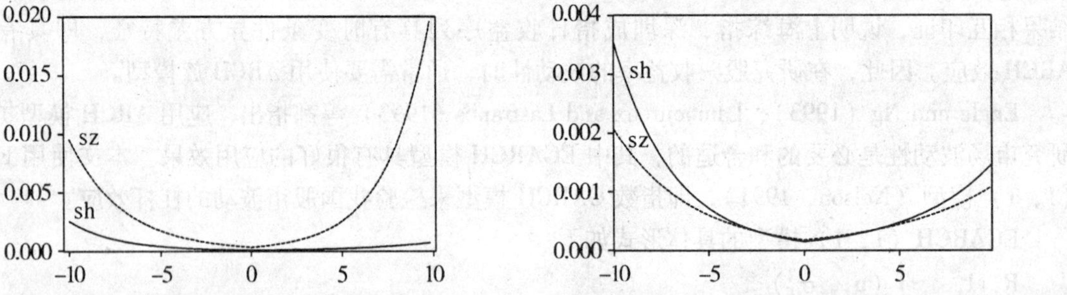

A. 全样本　　　　B. 子样本 2

图二　上证综指和深证成指日收益率波动杠杆效应

然而，分别以实行涨跌停板制度前后的子样本 1、子样本 2 为研究对象进行的估算结果显示，在实施涨跌停板制度之前，沪市的杠杆系数为 0.057 01，深市的杠杆系数为 0.068 70，都是明显异于 0 的正值，而且都在 1% 的置信水平上显著，深沪两市股市均不表现出存在杠杆效应。

在实施涨跌停板制度之后的子样本 2 中，上证综指和深证成指的杠杆系数分别为 -0.04 和 -0.03，都为明显异于 0 的负值，并且都在 1% 的置信水平上统计显著，这说明沪深两市同时存在明显的杠杆效应。而且，总体上分析，沪深两市的波动非对称性在系数和显著性上没有质的差异。如图二 B 所示，同样强度的非预期收益信息，对股价波动的冲击作用是不对称的，利空消息的影响大于利好消息的影响。

同时，不同样本的方程参数估计量都为正值而且统计上显著，表明中国股市波动性的动量效应比较明显，未呈现明显的反转效应，惯性策略还是投资者采取的主要策略。

中国股票市场的波动非对称性现象是独特的。在不限制涨跌幅度的期间，中国股市并不存在明显的杠杆效应；实施涨跌停板制度以后，产生了明显的波动非对称性。对于这种现象，Yeh and Lee（2000）也曾经观察到，在中国台湾地区，由于存在涨跌幅度限制制度，影响股票收益的信息影响作用比较独特，市场波动的杠杆效应相对异常。

（二）诊断与检验

（1）模型残差诊断：为了检验 EGARCH 对中国股市非预期收益对股价波动非对称性影响结果，对模型参数估计结果进行诊断检验，分别进行模型的标准化残差及其平方的一阶自相关检验、联合检验和 Engel's LM 检验（Engle，1982），结果见表三。

表三　　EGARCH 模型诊断结果

	上证综指	子样本1	子样本2	深证成指	子样本1	子样本2
STD. RESID（-1）	-0.017 (0.323)	0.016 (0.545)	0.013 (0.553)	0.000 (0.992)	0.023 (0.375)	0.037 (0.106)
STD. RESID2（-1）	-0.0021 (0.8998)	-0.007 (0.779)	0.033 (0.143)	0.0002 (0.9922)	-0.007 (0.803)	0.039 * (0.088)
Joint Test F-stat.	0.015 85 (0.8998)	0.0783 (0.7796)	2.1384 (0.1438)	9.54E-05 (0.9922)	0.0620 (0.8033)	2.9119 * (0.0881)
Engel's LM Test-stat.	0.015 86 (0.8998)	0.0784 (0.7795)	2.1383 (0.143 67)	9.55E-05 (0.9922)	0.0621 (0.8032)	2.9106 * (0.0880)

注：括号中数值为 F 检验统计量的 P 值。

检验结果显示，除了深圳子样本 2，其他样本的标准化残差及其平方的一阶回归检验、联合检验和 Engel's LM 检验值基本上都不显著地异于 0，拒绝模型残差依然存在自相关的零假定。这说明，EGARCH 模型分析结果是可以接受的，较好地揭示了沪深指数非预期收益对股价波动非对称性的影响，即存在显著的杠杆效应。

在深圳子样本 2 中，滞后一阶的标准化残差平方及相应的统计量诊断结果表明，方程残差依然存在着一定程度的自相关，而二阶以上的统计量就通过检验，说明模型是可以改进的，以提高捕捉信息对股价波动的非对称性影响的能力。

（2）杠杆效应与涨跌停板的检验：模型实证结果展示，沪深两市子样本 1 和子样本 2 之间的杠杆效应存在重大差异。为了明确这种差异与涨跌停板制度之间的关系，需要作进一步的检验。设虚拟变量 D_t 代表涨跌停板制度，并将其作为条件方差回归因子加入到（方程 3），得到一个改进的条件方差方程：

$$\ln(\sigma_t^2) = \alpha_0 + \alpha_1 |Z_{t-1}| + \delta Z_{t-1} + \gamma \ln(\sigma_{t-1}^2) + \theta D_t \qquad \text{（方程 4）}$$

其中，$D_t = \begin{cases} 0, & t < T \\ 1, & t \geq T \end{cases}$；T 为沪深两市实施涨跌停板制度的时点。

这样，（方程 2）与（方程 4）构成包含作为条件方差因子的虚拟变量 D_t 的 EGARCH 模型。使用上证综指和深证成指全样本数据对该 EGARCH 模型进行参数估算，检验结果见表四。

表四　　杠杆效应与涨跌停板制度的检验结果

	β_0	β_1	α_0	α_1	δ	γ	θ	LogL
上证综指	-5.63E-05 (0.7984)	0.111 65 *** (0.0000)	-0.644 84 *** (0.0000)	0.345 75 *** (0.0000)	-0.058 50 *** (0.0000)	0.944 50 *** (0.0000)	-0.084 46 *** (0.0000)	8702.52
深证成指	-0.000 463 * (0.0996)	0.043 12 ** (0.0193)	-1.246 18 *** (0.0000)	0.316 97 *** (0.0000)	-0.013 74 (0.1207)	0.853 66 *** (0.0000)	-0.214 19 *** (0.0000)	8529.89

注：括号中数值为 z 检验统计量的 P 值。

模型参数估计结果显示，虚拟变量显著有效地进入模型，在上证综指全样本中的相关系数为 -0.08，在深证成指全样本的相关系数为 -0.21，并都在 1% 的置信水平上显著，表明涨跌幅度限制制度与股价波动性存在着统计上非常显著的负相关关系，与杠杆系数所反映的波动非对称性则呈正相关关系。虚拟变量的加入，使杠杆系数产生较大的变化，明显改变模型关于杠杆效应的结果，尤其是深证成指的杠杆系数为 -0.014，虽然还没有达到统计上可信的显著水平，但是与未加入条件方差回归因子的结果相比，模型结果得到了明显的改进。

可见，实施涨跌幅度限制制度，对中国股票市场波动的影响是显著的。因此，作为市场微观结构变量的交易制度，在研究中国股票市场的微观运动过程时，确实需要也可以在技术上加以考虑和分析。

（3）涨跌停板制度与数据频率的检验：股票市场收益率的波动特性，与数据序列的频率有着密切的关系，改变数据序列的频率会影响波动非对称性结果。涨跌停板制度限制了股价的单日波动幅度，但并没有降低消除市场的波动，而是延长了非预期信息的作用周期，扭曲了股价对信息的反应过程，加剧了波动非对称性。因此，通过分析不同频率的数据序列的波动特性，可以检验涨跌停板制度是否影响杠杆效应。

本文调整收益率序列的频率，以周跨度的收益率数据，对 EGARCH 模型的（方程 2）和（方程 3）进行估算，得到相应的检验结果，具体见表五。

表五　　上证综指和深证成指周收益 EGARCH 检验结果

	β_0	β_1	α_0	α_1	δ	γ	θ	LogL
上证综指（周）	-0.000 97 (0.4340)	0.125 03 *** (0.0001)	-1.499 62 *** (0.0000)	0.666 82 *** (0.0000)	-0.058 79 ** (0.0390)	0.791 34 *** (0.0000)	-0.465 64 *** (0.0000)	1192.021
子样本 1	0.0063 * (0.0778)	0.0903 (0.1559)	-1.5089 *** (0.0000)	0.8898 *** (0.0000)	-0.0795 (0.2431)	0.8162 *** (0.0000)		356.8349
子样本 2	-0.0006 (0.6931)	0.0760 (0.1212)	-2.4530 *** (0.0019)	0.4239 *** (0.0000)	-0.0353 (0.4978)	0.6994 *** (0.0000)		843.1588
深证成指（周）	-0.001 72 (0.238)	0.108 10 *** (0.0038)	-0.251 68 *** (0.0000)	0.337 12 *** (0.0000)	-0.026 49 (0.4081)	0.803 73 *** (0.0000)	-0.396 91 *** (0.0000)	1136.361
子样本 1	0.005 701 (0.2587)	0.1988 *** (0.0055)	-7.0202 *** (0.0000)	0.063 89 (0.4827)	0.2238 *** (0.0053)	-0.3310 * (0.0723)		347.1010
子样本 2	-0.0025 * (0.0922)	0.0773 (0.112)	-2.4912 *** (0.0000)	0.5238 *** (0.0000)	0.0133 (0.8298)	0.6961 *** (0.0000)		805.9316

结果显示，在考虑了涨跌停板制度的周收益率序列上，全样本的指数收益率的波动非对称性的变化非常明显，上证指数周收益率的杠杆系数为 -0.0588，与日收益率序列所反映出来的杠杆系数 -0.0585 相差不大，置信水平为 5%，统计显著性明显下降；深证成指的杠杆系数为 -0.026，但是置信水平为 40%，统计上并不显著。沪深两市的杠杆效应随着收益率计算周期延长而减弱了。

在子样本 2 中，上证综指周收益率的杠杆系数为 -0.0353，但是置信区间 50%，没有达到可信的显著性水平；深证成指周收益率的杠杆系数为 0.0133，也不具有统计显著性；在周收益序列上，中国股市不存在显著的杠杆效应。这说明，正是由于限制涨跌幅度制度，导致了股票收益对信息反应延迟和异常，产生杠杆效应。

中国股票市场波动非对称性的实际情况表明，公司价值中财务杠杆作用和投资者非理性反馈行为，并不能完全解释其内在原因和机制。首先，没有证据显示中国上市公司的财务杠杆和公司价值在实行涨跌停板制度后出现全面的恶化，以至于反映到整个市场指数上产生明显的杠杆效应；其次，投资者正在逐渐走向成熟和理性，非理性行为不可能在实施涨跌停板后才随之产生，导致反馈机制出现；再次，上文检验表明，正是由于限制涨跌幅度，股票收益变动的信息产生的冲击后果发生了变化，股票价格过程发生延迟和扭曲，导致不对称波动。最后，正如 Figlewski and Wang（2000）、Rogers et al.（2004）、Bollerslev et al.（2005）等人的经验研究成果所显示的，交易制度环境、上市公司规模和质量、操纵信息披露等因素，对股票市场波动非对称性起着相当重要的作用。针对于中国股票市场的波动非对称特性及其内在机制，需要对这些因素进行更深入的研究。

四、结论

本文通过以上实证分析，得到以下结论：

第一，总体上看，中国股票市场收益率波动过程存在杠杆效应。尤其是实施涨跌停板制度以来，沪深两市都呈现出明显的杠杆效应，并且两市没有显著的差异。

另外，上证综指和深圳成指的波动非对称性趋于一致，说明在市场环境和交易制度趋于一致之后，两市的微观过程正在逐渐趋同。

第二，实施涨跌停板制度显著影响了股价波动的杠杆效应。涨跌停板制度限制了股价的单日波动幅度，但并没有降低消除市场的波动，而是延长了非预期信息的作用周期，扭曲了股价对信息的反应过程，加剧了波动非对称性。

第三，本文关于中国股市的经验分析表明，导致股价波动非对称性的因素，并非只有公司财务杠杆因素和市场投资者反馈机制；限制波动幅度等交易制度因素，也是影响股市波动不对称的重要原因。

参考文献

1. BLACK, FISCHER. Studies of Stock Market Volatility Changes, Proceedings of the American Statistical Association, Business and Economic Statistical, 1976. 177 - 181.

2. BOLLERSLEV, TIM, JULIA LITVINOVA, GEORGE TAUCHEN. Leverage and Volatility Feedback Effects in High - Frequency Data, Working Paper, Duke University, 2005.

3. CAMPELL, Y. JOHN , LUDGER HENTSCHEL. No News is Good News: An Asymmetric Model of Changing Volatility in Stock Returns, Journal of Financial Economics, 1992 (31): 281 - 318.

4. CHIANG, C. THOMAS , CATHY W. S. CHEN, MIKE K. P. SO. Returns and Volatility Asymmetries in Global Stock Markets, EFA 2002 Berlin Meetings Discussion Paper, 2002.

5. ENGLE, ROBERT, VICTOR NG. Measuring and Testing the Impact of News on Volatility, Journal of Finance, 1994 (48): 1749 - 1778.

6. FIGLEWSKI, STEPHEN, XIAOZU WANG. Is the "Leverage Effect" a Leverage Effect? SSRN Working Paper, id256109, 2000.

7. GLOSTEN, R. LAWRENCE, RAVI JAGANNATHAN, DAVID E. RUNKLE. On the Relation between the Expected Value and the Volatility of the Nominal Excess Return on Stock. Journal of Finance, 1993 (48): 1779 - 1801.

8. LAMOUREUX, G. CHRISTOPHER, WILLIAM D. LASTRAPES. Forecasting Stock Return Variance: Toward an Understanding of Stochastic Implied Volatilities. Review of Financial Studies, 1993 (5): 293 - 326.

9. NELSON , B. DANIEL. Conditional Heteroscedasticity in Asset Returns: A New Approach. Econometrica, 1991 (59): 347 - 370.

10. ROGERS, L. JONATHAN, CATHERINE M. SCHRAND, ROBERT E. VERRECCHIA. Does Strategic Disclosure Explain the "Leverage Effect"? . Working Paper, Pennsylvania University, 2004.

11. SHILLER, J. ROBERT. Stock Price and Social Dynamics. Brookings Papers on Economic Activity, 1984 (2): 457 - 498.

12. TAUCHEN, GEORGE, HAROLD ZHANG, MING LIU. Volume, Volatility, and Leverage: A Dy-

namic Analysis. Journal of Econometrics, 1996 (74): 177 - 208.

13. YEH YIN - HUA, TSUN - SIOU LEE. The Interaction and Volatility Asymmetry of Unexpected Returns in the Greater China Stock Markets. Global Finance Journal, 2000 (11): 129 - 149.

14. 陈浪南，黄杰鲲．中国股票市场波动非对称性的实证研究．金融研究，2002（5）．

15. 陈学华，杨振耀．股市风险 VAR 与 ES 的动态度量与分析．系统工程，2004（1）．

16. 何兴强，孙群燕．中国股票市场的杠杆效应和风险收益权衡．南方经济，2003（5）．

17. 刘金全，崔畅．中国沪深股市收益率与波动率的实证分析．经济学（季刊），第 1 卷，2002（4）．

18. 刘俊山，张陶伟．成交量与股价波动 GARCH 效应的实证研究．财经科学，2004（3）．

19. 刘煜辉，贺菊煌，沈可挺．涨跌停板制度下中国 A、B 股市场波动的动态变化．管理科学，2003（5）．

20. 楼迎军．基于 EGARCH 模型的我国股票市场杠杆效应研究．中国软科学，2003（10）．

21. 李胜利．中国股票市场杠杆效应研究．证券市场导报，2003（10）．

22. 孙培源，施东晖．涨跌幅限制降低了股价波动吗？．证券市场导报，2001（11）．

23. 孙培源，范利民．涨跌幅限制与投资者过度反应．世界经济，2004（4）．

24. 吴林祥，徐龙炳，王新屏．价格涨跌幅限制起到了助涨助跌作用吗？．经济研究，2003（10）．

25. 赵留彦，王一鸣．沪深股市交易量与收益率及其波动的相关性：来自实证分析的证据．经济科学，2003（2）．

中国金融市场发展中的非均衡及其风险控制

刘仁武[①]

改革开放以后，中国金融市场从无到有，从市场单一到多样化，从不完善到逐步完善，金融市场在配置资源、揭示信息等方面正在发挥越来越大的作用。但是，金融发展中也出现了一些不和谐现象，金融风险不断增加，金融市场失衡问题越来越突出。因此，如何判断并纠正我国金融市场发展中的非均衡现象，对防范金融风险和促进我国金融业可持续发展至关重要。

一、金融市场的均衡及其判断标准

在经济学中，“均衡”概念最先出现于马歇尔的《经济学原理》中。马歇尔认为，当某商品在某一价格下意愿购买的数量等于意愿卖出的数量时，该商品市场就处于均衡状态，使商品的供给与需求相等时的价格也就是均衡价格；如果需求量与供给量不匹配，商品的价格就会不断波动，直至供求匹配。但是，马歇尔均衡是一种局部均衡，因为市场上存在多样化的商品，且各商品市场相互影响与制约，只有当市场上所有商品的供给与需求相等时，这时达到的均衡才是一般均衡，也就是瓦尔拉斯均衡。袁志刚（1997）把建立在供给与需求相等基础上的马歇尔均衡和瓦尔拉斯均衡视为狭义均衡，称供给与需求不相等时的稳定经济状态为广义均衡。在广义均衡中，经济体系中诸如价格、数量等相互影响的经济变量在经过一系列调整以后，即使供给与需求不相等，这些变量也保持相对的稳定。

与商品市场均衡相比，金融市场均衡复杂得多。金融市场上最低层级的均衡是各种金融产品的局部均衡。在发达金融市场中，交易的金融产品成千上万，每一种金融产品在某个价格或收益率下实现的供求相等就是局部均衡。较高层级的是金融市场一般均衡。尽管金融产品多得令人眼花缭乱，但它们可以归类为票据市场、贴现市场、债券市场、衍生产品市场等，再归类为货币市场、资本市场和外汇市场等以及直接融资市场和间接融资市场，这些子市场相互影响和作用后达到的均衡就是金融市场的一般均衡。当金融市场达到一般均衡后，各子市场的金融产品和供求主体数量在整个金融市场中的比例关系就是均衡金融市场结构。尽管戈德史密斯（1963）定义金融结构就是各种金融工具和金融机构的相对规模，但是并没有说明什么是最优的金融结构或均衡金融结构。

金融既内生于实质经济，又对实质经济产生深刻的影响，因此，还应该看金融市场自身均衡是否适配实质经济结构并促进经济增长。如果金融市场在动员储蓄转化为投资中的效率比较低，或者企业的多样化融资需求不能及时满足，那么，金融市场就不可能达到一般均衡。戈德史密斯（1969）应用35个国家1860—1963年的数据实证分析了金融市场与实质经济的适配问题，结果表明经济增长迅速的时期总是伴随着金融的快速发展。McKinnon和Shaw（1973）以及Stiglitz（1993）研究了金融抑制与金融约束对经济增长的影响。从均衡理论来看，金融抑制与金融约束是一种金融市场非瓦尔拉斯均衡现象，显然，金融市场从非均衡走向一般均衡时对经济增长具有重要作用，而且还会促进金融业本身发展和效率提高，比如金融机构、金融工具和金融资产的膨胀。Levine（1997）则运用了80个国家1960—1989年的数据研究了金融与经济的适配问题，结果显示拥有发达金融系统的国家经济增长较快，而且，经济增长较快的国家金融系统通常也比较发达。

① 作者简介：刘仁武，中国人民银行海口市中心支行。

从前面的分析来看，金融市场的理想均衡是在与实体经济相适配上的瓦尔拉斯均衡。如何判断金融市场处于理想均衡状态？经济决定金融。判断标准，首先要看金融市场是否与实质经济在总量和结构上相适配。从总量上看，如果金融总量过于超出经济总量，虚拟经济就相当明显，导致金融资产价格飙升和出现“泡沫经济”，反之则出现通货紧缩；如果结构不适配，金融资源在一些部门供过于求，另外一些部门则出现金融资源短缺。金融市场与实质经济不相适配，要么经济运行出现波动，要么金融系统产生风险。其次，必须注意的一个现象是如果实质经济部门本身是扭曲的，由实质经济所决定的金融市场很可能是一个扭曲的市场，这就要看金融市场的纠错功能了。如果金融市场是均衡健康的，当实质经济部门受到外来冲击暂时偏离均衡时，金融市场会对其进行校正。东南亚金融危机在很大程度上就是因为经济运行中的不健康因素累积所引发的。因此，金融市场校正功能如何，一定程度上也是判断均衡的一个指标。再次，金融业的市场化与充分竞争。一般均衡是在充分竞争的市场条件下实现的。如果金融产品受到管制，定价机制非市场化，是不可能实现一般均衡的，因为充分竞争下的套利行为使得金融市场能够实现均衡，出现各金融子市场分割的可能性也相对较小。例如，同品种的国债在柜台、上交所、深交所和银行间市场的收益率存在比较大的差异，说明国债市场甚至整个金融市场不可能是一般均衡市场，尽管柜台国债市场、交易所国债市场可以分别实现局部均衡。在一般均衡市场中很少出现货币市场、资本市场和保险市场等金融市场分割问题，因为社会资金在各金融市场上的流动是充分的。因此，完全竞争性市场是金融市场实现一般均衡的前提条件。最后，金融功能是否充分发挥。Robert C. Merton 和 Zvi Bodie（1995）认为金融体系的功能主要有管理风险、在时间和空间上转移资源、清算和支付结算、储备资源和分割股份、提供信息以及解决激励六大功能，如果金融市场在发挥上述功能上受到制约，不能满足经济主体要求分散风险、控制交易成本等金融需求，金融供给与需求不相等，结构上不匹配，金融市场就可能存在非均衡现象。

金融市场的非均衡会造成资源的畸形配置，给经济和金融埋下隐患，严重时引发金融风险和经济危机。当金融市场由严重的非均衡向均衡发展时，如果路径不对，同样有可能导致金融体系不稳定和金融风险。例如，拉美国家等通过“金融大爆炸”或“休克疗法”改变金融制度，实现向均衡金融市场结构变迁时带来了灾难性后果。当金融市场处于一般均衡状态时，或存在一般均衡的条件时，金融市场抗御外来冲击的能力相对比较强。在布雷顿森林体系解体以后，金融自由化的加快以及金融市场面临利率和汇率等价格大幅度波动所引发的金融结构变动中，美国的金融机构通过期货、期权和互换等创新性金融产品和衍生产品在一定程度上对冲了结构性变动的冲击。因此，在一般均衡条件存在的情况下，频繁的微观金融结构变动未必一定会引起金融的不稳定，有可能在不断适配经济发展和结构调整等内外部环境下实现均衡的过程。

二、中国金融市场发展中的非均衡与错配现象

改革开放以来，我国金融市场发展取得了令人瞩目的成绩，金融机构体系由单一的银行机构发展为银行、证券、保险以及其他非银行机构等多种金融机构；随着银行间拆借市场、银行间债券市场、票据市场等货币市场以及资本市场的发展，金融市场体系逐步完善，金融品种和市场参与者不断增多，金融功能和效率进一步提高。但是，发展过程中积累的矛盾也逐步显现出来，非均衡与错配问题相当突出。

（一）金融抑制与金融深化并存

McKinnon 和 Shaw（1973）认为在发展中国家，由于存在利率管制，市场机制的作用不能得到充分发挥，过多的金融管制和利率限制导致信贷配额、金融资产单调等金融抑制的现象严重。在 McKinnon 和 Shaw 看来，一国实行利率管制就会产生金融抑制，经济货币化程度比较低。改革开放以来，尽管存贷款利率经过十多次调整，贷款利率浮动的幅度也逐步加大，但我国的存贷款利率总体上还是受到管制的，然而由 M2/GDP 所衡量的金融深化程度却并不低。从图一中可以看出，我国从 1995 年开始，金融深化程度明显加快，M2/GDP 由 1995 年的 104% 逐步上升到 2003 年的

188%，尽管2004年宏观调控使M2/GDP下降了3个百分点，但我国的M2/GDP不仅高于发达国家（见图二），也比亚洲一些新兴工业化国家如新加坡、泰国高。在利率管制下，贷款利率不能揭示项目的风险，金融机构在不能根据项目的收益情况和风险程度来定价其贷款时的次优选择就是实行信贷配给，信贷配给的结果是金融深化受到制约。我国在利率管制的约束前提下产生了金融深化，这一方面说明银行系统的风险程度陡增，另一方面还说明了金融体系或银行信贷推动经济增长的效率比较低，金融市场在与实质经济相匹配中出现了错位。

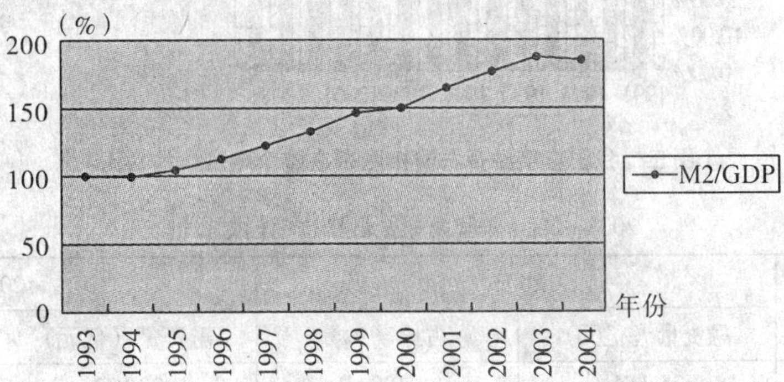

图一 中国的金融深化程度（M2/GDP）①

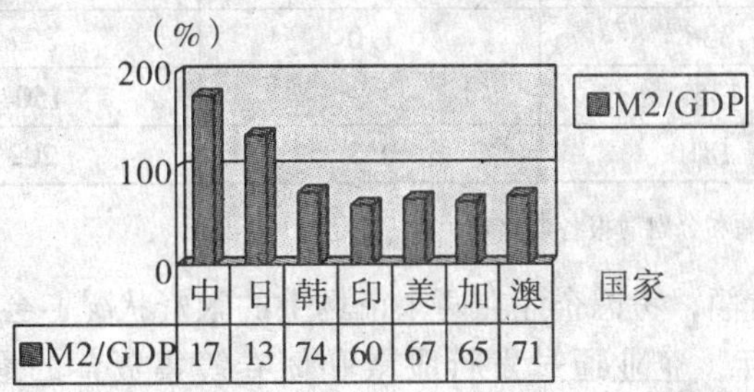

图二 2003年部分国家M2/GDP②

（二）直接融资市场与间接融资市场的不平衡

现代金融中的直接融资和间接融资是同等重要且相互协调发展的，一些发达国家的直接融资甚至还发挥着主导作用。国际社会也普遍认识到，过于依赖间接融资，是一些地区和国家出现金融危机和债务危机的主要原因之一。我国金融结构体系中最大的矛盾是直接融资与间接融资发展的不平衡。主要体现在下面几个方面：

（1）以银行为主导的间接融资为融资主渠道。间接融资是指通过金融中介机构（商业银行）实现的各种期限的借贷，主要是商业银行提供的各种贷款等；直接融资是指不通过金融中介机构，而是直接发行和交易中长期固定收益类债务工具和股权工具。目前，我国直接融资市场上的融资主体主要有企业、政府和金融机构等。以国债、政策金融债、商业银行次级债、企业债、股票和基金等表示直接融资，金融机构每年底贷款余额的变动反映间接融资，通过比较发现，20世纪90年代初期以来我国直接融资的发展速度是比较快的，占比由1991年的14.14%上升到2004年的32.29%（见图三），但还是低于间接融资占比。如果从每年新增融资量看，与前几年相比，我国金融市场中直接融资比例下降得更快。2004年我国国内金融机构新增贷款规模约为2.4万亿元，占国内金融市场融资总量的83%，而股票、国债、企业债券等直接融资的规模只占到融资总量的17%（见表一）。

① 根据《中国统计年鉴》各期的有关数据制作。
② 根据中经网的有关数据制作。

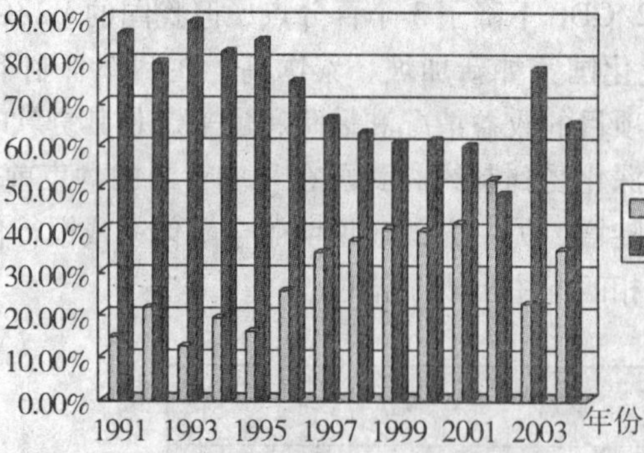

图三　我国直接融资与间接融资在整个融资中的占比①

表一　2003—2004 年国内非金融机构部门融资情况

	2003		2004	
	融资量（亿元）	占比（%）	融资量（亿元）	占比（%）
融资总量	35 154	100	29 023	100.0
贷款	29 936	85.1	24 066	82.9
国债	3525	10.0	3126	10.8
企业债	336	1.0	327	1.1
股票	1357	3.9	1504	5.2
其中，可转债	181	0.5	209	0.7

[资料来源] 根据人民银行网站和金融时报各期整理。

如果剔除每年国债发行额，考虑企业在两个市场上的融资状况，会发现企业的融资需求主要通过银行贷款来满足。2000 年，企业通过发行股票和债券筹集资金的最高比例也只有新增贷款的 16.59%（见图四）。2000 年以后，由于国有股减持等因素对股市的冲击，股市逐步失去了投融资功能，企业融资渠道越来越狭窄，企业直接融资额与新增贷款的比例逐步降低，2003 年和 2004 年该比例分别下降到 6% 和 7% 左右。据国际清算银行公布的数据表明，发达国家直接融资比重多数在 50% 以上。按照这一标准，我国金融市场直接融资比例明显偏低。企业融资结构的单一导致全社会投资杠杆率非常高，蕴含着相当大的金融风险。

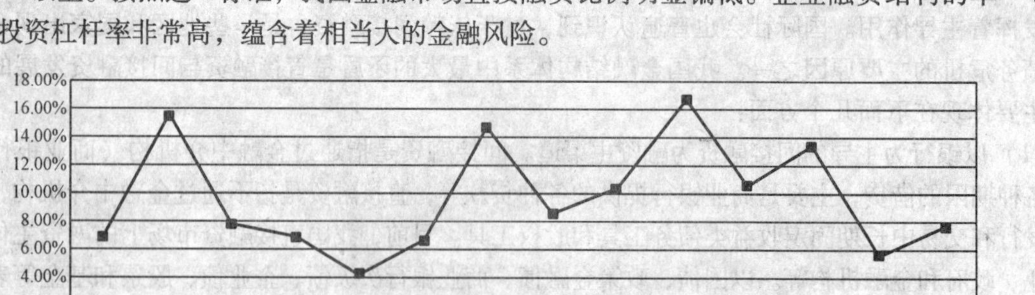

图四　企业的直接融资占新增贷款额的比重②

（2）直接融资体系中债券市场落后于股票市场，衍生市场发展滞后。在成熟资本市场中，债

① 数据根据中国人民银行统计季报和国研网整理，其中直接融资包括每年通过发行股票、国债、企业债和金融债而筹集的资金，间接融资则以每年底贷款余额增量反映。

② 根据《中国统计年鉴》各期和中国人民银行统计季报的有关数据制作。

券市场的地位举足轻重。从公司融资理论看，与股权融资相比，债券融资成本相对较低且不改变公司的股权结构等，因此，国外的企业相当重视发行债券筹集资金。一般而言，市场经济国家的直接融资市场中固定收益工具占市场份额的2/3，权益类工具一般只占1/3。我国则恰恰相反，企业债券市场落后于股票市场（见图五），企业倾向于股权融资。2003 年、2004 年企业债券融资分别只占其融资总规模的1.0%和1.1%。在债券市场内部，国外一般是以公司债为主体，公共债和机构债为辅助，而在中国，企业债市场发展明显滞后于政府债及准政府债（政策金融债）市场，即使在企业债中也几乎全部是中长期的项目债，品种单调。这种畸形的金融结构体系，使得金融市场的储蓄转化为投资的功能不能有效发挥，金融风险进一步向银行系统转移。

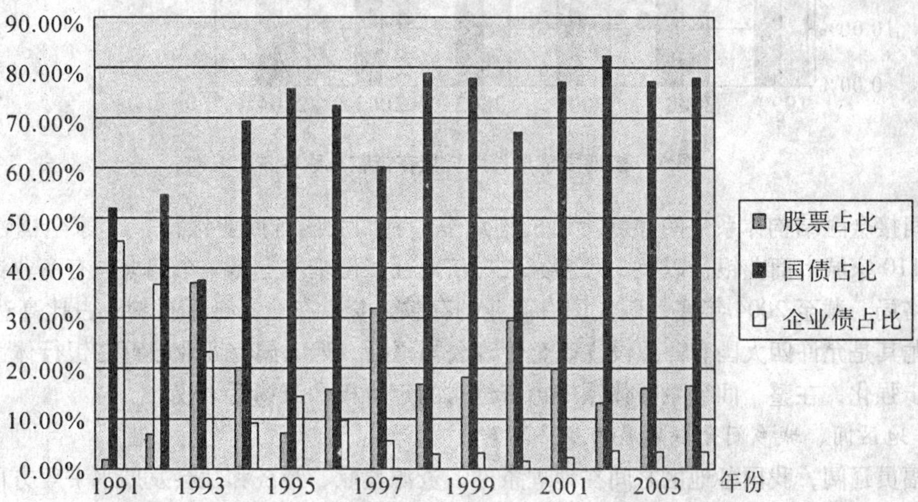

图五　直接融资中股票、国债和企业债占比①

尽管我国有三家期货交易所，但是交易的品种基本上是商品期货。我国证券市场长期低迷的一个重要原因之一是一个单边市场，不能通过金融衍生品交易来规避资产价格波动风险。随着我国利率市场化进程的加快，以及实行有管理的浮动汇率制度，金融资产价格波动的幅度有可能扩大，缺乏金融衍生品的单边市场显然不利于金融风险的防范。

（3）间接融资体系中的资产负债组合有待优化，期限结构错配，金融资源向四大国有商业银行集中。近年来，我国商业银行的信贷期限结构错配严重。具体表现在三个方面：一是商业银行负债出现短期化趋势。从居民的储蓄存款余额看，2000—2004 年的活期存款/定期存款比例分别为39.4%、43.4%、47.8%、51.3%和52.4%，提高了13 个百分点。二是商业银行贷款中长期化趋势相当明显。从1999 年到2004 年，我国银行体系中短期贷款占比不断降低，中长期贷款占比逐步提高，由1999 年的25.57%上升到2004 年的43.25%，几乎与短期贷款占比不相上下（见图六）。如果长期贷款是运用在企业的更新改造上，无疑有利于企业的资本形成，扩大企业在下一步的生产能力，从而形成下一阶段的还款能力。但是，无论如何，在资金运用上投入如此大的资金放在长期项目上，毕竟蕴含着相当大程度的风险。三是资产负债结构错配问题突出。从四大国有商业银行和11 家全国性股份制商业银行看，有5 家银行的贷存比率超过了75%，有3 家银行的流动性资产/流动性负债接近25%的警戒水平，有5 家银行的中长期贷款余额/中长期存款余额超过180%。

① 根据《中国统计年鉴》各期和中国人民银行统计季报的有关数据制作。

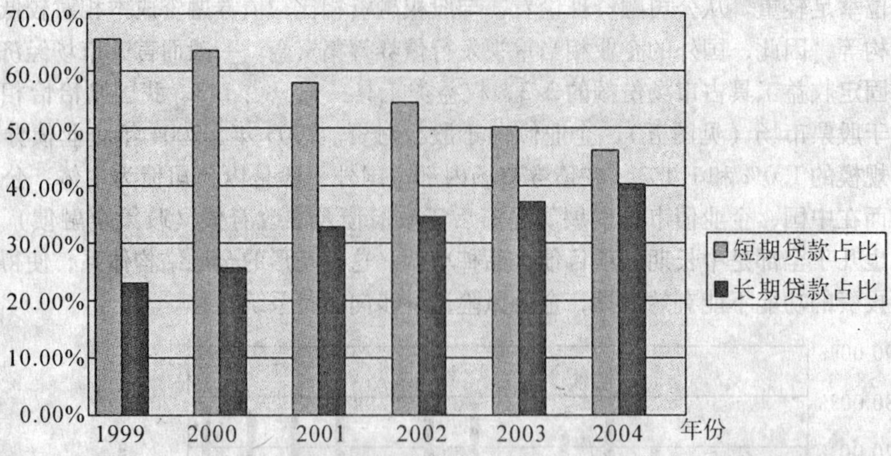

图六　短期贷款与长期贷款在贷款总额中占比①

我国间接金融结构体系中的存款货币机构众多，有四大国有商业银行、11 家全国性股份制商业银行和 110 家城市商业银行以及 3 万多家农村信用社，但基本上是一个四大国有商业银行组成的垄断竞争格局。截至 2004 年底，四大国有商业的存款、贷款在全国金融机构中占比高达 82.7% 和 83.5%，尤其是允许四大国有商业设立基金管理公司以后，四大国有商业银行在银行体系中的垄断地位进一步强化，在整个间接融资体系中拥有绝对的定价权和市场话语权。

（三）地区间、城乡间金融发展的不平衡

由于幅员辽阔，我国各地区之间在地理条件、资源禀赋、经济和社会发展水平等方面存在着巨大的差异，根据条件相近的归类原则，把 31 个省、自治区和直辖市划分为三类地区，即东部地区、中部地区和西部地区。从表二中可以看出，2004 年我国存贷款占比，中、西部地区分别低于东部地区 52.9%、38.1%，东、中、西部地区金融产值占 GDP 比重分别是 4.31%、2.17% 和 2.14%，而且，2003 年的数据分别是 4.79%、2.79%、3.19%。与此同时，东部、中部地区的 GDP 在全国中的占比明显低于存贷款在全国中的占比，西部地区的 GDP 占比高于存贷款占比（见表二）。这些说明我国金融资源基本上集中在东部地区，且金融效率在进一步下降。

表二　　2004 年地区间的部分金融数据

单位:%

	GDP 占比	投资占比	存贷款占比	金融业占 GDP 比重
东部	58.38	56.44	63.7	4.31
中部	24.72	22.39	25.6	2.17
西部	16.9	21.18	10.7	2.14

［资料来源］根据国家统计局等有关网站整理。

与经济的二元结构相一致的是我国金融业也呈现出相应的二元结构特点，城乡金融发展不协调，农村金融发展滞后，金融成为制约农村经济社会发展的瓶颈。尤其是 20 世纪 90 年代中期以来我国银行市场化改革的步伐加快以后，农村信用社几乎成为推动农村经济增长的唯一正规金融。但是由于农村信用社底子薄、历史包袱重、不良资产居高，显然难担大任。

① 根据《中国统计年鉴》各期和中国人民银行统计季报的有关数据制作。

三、中国非均衡金融市场的形成原因及其后果

(一) 经济控制与赶超战略

尽管我国金融市场发展只有短短20年时间，但金融市场发展的不平衡非一朝一夕所致，这与我国经济发展战略密不可分。新中国成立初期，政府为实现民族经济复兴伟业，实施了在几乎所有企业收归国有的基础上以重化工业为切入点的“赶超战略”。1949年，在工业总产值中，轻工业还占73.6%，1958年，重工业产值首次超过轻工业产值，1958—1978年的21年间，重工业比重超过轻工业的有17年。为了优先发展资金密集型产业的重化工业，国家除采取原材料、农产品等低价格扶持政策外，还通过强有力的财政手段集中分配全国资源。改革开放后，中国经济增长方式并没有发生根本性改变，继续在走一条依赖高投入、资本密集的粗放型增长方式。例如，尽管1981年轻工业总产值超过了重工业，但四年以后重工业产值一直都超过轻工业。与这种粗放式增长方式相伴随的是分配制度改革和放权让利措施的实施，政府财政集中的资金急剧下降，于是，支持粗放型经济增长的资金供给由财政方式转为金融方式。因此，随着第二产业占比的变动，贷款增速也基本上发生相同趋势的变动，尤其是进入21世纪以后，地方政府为了追求GDP政绩，纷纷上马第二产业项目，第二产业占比变动率上升的同时也是贷款增速的上升（见图七）。以银行为主导的信贷融资能够更便捷地推动资本密集型产业的发展和集中度比较高的企业的发展。例如，韩国和日本在经济高速增长时期也出现过重化工业扩张与货币信贷扩张并存的现象，尤其是日本的主办银行制基本上就是银行与第二产业中的企业集团紧密地联系在一起。

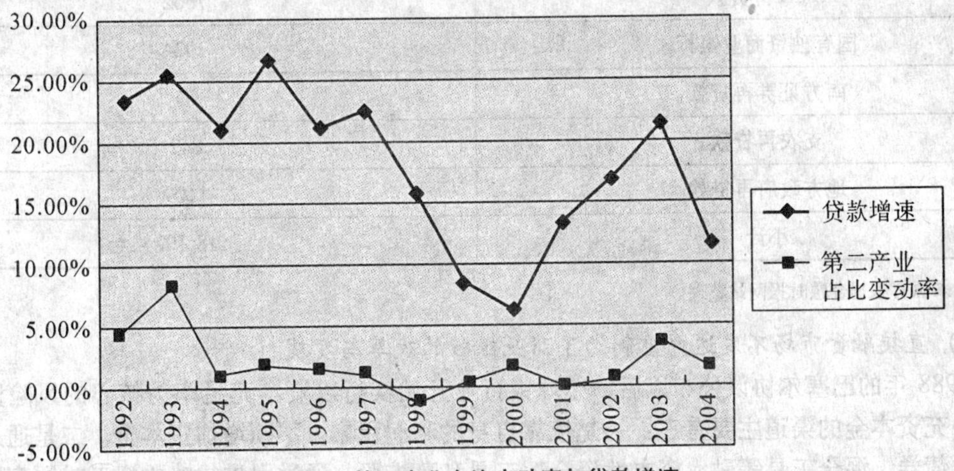

图七　第二产业占比变动率与贷款增速

市场化经济改革与对经济的管控矛盾一直是摆在政府面前的难题。20世纪90年代以来，政府采取了“抓大放小”的经济措施，通过设立各行业的具有垄断性质的企业集团以保持对各行业、产业的控制力和影响力，尤其是中国正式加入WTO以后，为应对经济国际化、全球化的竞争，这种趋势在进一步强化。显然，通过掌控中的四大国有商业银行的间接融资方式更有利于上述目标的实现。尽管政府可以通过各种政策措施对资本市场施加各种影响，但是，从直接影响力的路径和效果看，对间接融资的控制力显然强于直接融资；因此，以间接融资为主体的金融市场结构更适应于政府实现其目标与意图，于是，金融资源不断向银行体系尤其是国有银行体系集中，通过后者的信贷配给到大型国有企业集团中。然而，以银行为主导的间接融资的资金基本上来源于存户的短期存款，而资金运用在企业集团中的收益不确定或期限比较长的项目上，银行负债与资产在期限、流动性上错配；同时，由于我国实行赶超战略，经济增长与结构调整不是根据我国所拥有的要素禀赋在自由竞争的基础上建立起来的，实质经济的效率和竞争优势难以得到根本性提升，一旦受到外部冲

击，经济波动的风险就会传递到银行体系，金融体系的脆弱性增加。

（二）金融风险向央行集中，约束了央行货币政策实施的效果

在一个由国有企业为主体的经济结构所支撑的间接融资体系中，企业根据市场资金与产品供求变化选择有利融资策略的机会较少，缺乏适应市场变化并及时调整生产规模与结构的能力，市场经济发展中应由市场主体承担的风险转移到银行和政府，金融风险集中到由政府提供隐形担保的银行尤其是国有银行系统。在财政资金无力对冲这种风险的情况下，就只能通过中央银行发行货币或再贷款来化解这种风险。比如，我国政府成立了金融资产管理公司来接收商业银行部分不良资产，未来也有可能成立新的类似金融机构，但不管名称如何变化，其资金来源基本上以央行的再贷款为主；看起来风险已经转移到新的金融机构，但实质上中央银行的再贷款不断增加（见表三），最后的风险埋单人仍然是央行。其结果是：一方面中央银行资产总量中呆账比重上升，可交易资产减少，调控货币供应量的能力严重受损；另一方面中央银行再贷款收息率降低，财政化趋势明显，央行人民币业务连续亏损。显然，改革开放以来，经济运行和调整的成本由财政转移到银行，然后转移到证券市场，这几年又重新集中到银行，目前所有的风险都扛在央行的肩上。承载着千斤重担的央行在独立行使货币政策时就不得不瞻前顾后，极大地制约了货币政策实施效果的发挥。

表三　　央行难以收回的部分再贷款

项目	数额（亿元）
农业发展银行再贷款	6500
AMC 再贷款	7662
国有独资商业银行	1924
南方证券再贷款	65
支农再贷款	842
地方政府再贷款	1109
小计	18 102

［资料来源］根据金融时报网站整理。

（三）直接融资市场不发达严重制约了商业银行的改革与发展

从 1988 年的巴塞尔协议公布以后，全球银行业开始实行以资本充足率为核心的风险监管。商业银行补充资本金的渠道主要有三：一是依靠自身的利润积累，不断增加资本金。二是通过发行股票、次级债券、混合工具等融入资本性资金。三是私募扩股，通过引进战略投资者或原有股东增加投资来达到增加资本金的目的。尽管资本充足率的补充机制包括利润留成、重估储备等多种渠道，仔细分析这些渠道会发现直接融资在资本金补充中占据着核心地位。无论是公开发行股票，还是次级债以及混合证券，或者私募资本，都离不开直接融资市场和发达的资本市场。从全球排名的前 500 家大银行来看，实力强、风险低、经营绩效好的也基本上是上市银行。

当前，我国银行业发展中存在的一个普遍问题就是资本充足率偏低问题。2004 年 3 月 1 日银监会颁布实施了新的《商业银行资本充足率管理办法》。如果按照新的资本金管理办法的要求，从资本中剔除专项拨备、其他准备和当年未分配利润，按照 8% 的底线计算，我国商业银行目前存在的资本金缺口高达 2 万亿元以上。按照银监会每年新增贷款控制在 15 000 亿元以内的目标，如果不考虑新增贷款的风险权数，银行系统每年需要补充 1200 亿元人民币资本金。2 万亿元的缺口以及每年 1200 亿元资本金补充靠银行自身盈利和财政资金注入来解决显然是不现实的，这对于已经失衡的以间接融资为主导的金融结构体系是一个巨大的挑战。显然，现有的资本市场无法承载这么艰巨的任务。还面临一个非常严峻的考验，是在 2006 年外资银行全面进入以后，我国民族银行业

受资本充足率的约束已经无法发放新的贷款，也就是说，在新的盈利机会面前，国内市场拱手让给了外资银行。可以说在间接融资为主体的金融机构中，商业银行获得了更多的发展机会；反过来，在经济金融全球化的背景下，直接融资市场这条“短腿”又严重地制约了商业银行的改革与发展。

（四）以银行为主导的金融结构不平衡制约了我国企业自主创新能力和产业结构的提升，经济体系脆弱性增加

企业生命周期一般分为六个阶段，即种子期、创业期、成长期、扩张期和成熟期及衰退期。成熟期的企业生产经营较为稳定，销售网络完善，收入上升，经营风险和融资风险相对较低。由于企业在生命周期的不同时期风险高低和融资需求也会有所不同，这就要求有不同的金融供给满足相应的融资需求。但是，在间接融资体系中，商业银行一般会跟踪企业的发展，在扩期和成熟期介入，为企业提供融资，从而排斥其他阶段的融资需求。例如，像清华同方、方正集团、长城计算机等进入成熟期的公司，商业银行会主动上门推销贷款，而大多数处于其他阶段的从事高新技术的企业资金严重短缺却告贷无门。显然，这种非均衡金融结构无法支持企业尤其是从事创新技术研发的企业发展以及国家产业结构的调整与升级。

随着经济的崛起和快速增长，中国经济对资源的消耗越来越大。如果中国经济以2004年的强劲势头发展下去，全球资源尤其是煤、电、油等不可再生资源还不够支持美国、中国两个国家的经济增长。这也是“中国威胁论”在国际上重新抬头的原因之一。为应对资源约束瓶颈，政府支持企业充分利用国内外两种市场。但是，随着“海尔”、“中海油”海外并购的失败，中国在能源、原材料采购上遭遇了海外“围堵”，对中国引进先进技术也进行限制，企业在实施“走出去”战略时面临重重阻力。因此，企业通过自主创新来突破资源的约束或通过技术创新寻找新的替代品，已经成为我国经济可持续发展中的紧迫任务。显然，间接融资可以在企业实施海外并购或引进技术方面充分发挥作用，但这种相对单一的金融结构对从事自主创新的高新技术而言显然是鞭长莫及。

由于我国金融市场的非均衡不适应企业自主创新的发展，实质经济部门在国际产业分工链条中处于初级的低价值端，经济和技术模仿性比较强，技术含量和附加值不高，在竞争日益激烈的国际市场中缺乏足够的市场话语权和影响力，抗御外部冲击的能力比较差，反过来又加剧了金融体系的不稳定。

四、进一步完善我国金融市场的对策与建议

为了校正我国金融市场结构的不平衡，防范金融风险和促进经济发展，应该采取下列有效措施：

（1）采取存量与增量同时调整的原则校正我国金融市场的不平衡。当前，我国金融市场的主要问题是直接融资与间接融资不平衡。截至2005年6月底，金融机构资金运用总量已经达到28万亿元人民币，贷款总计18万亿元人民币，而2004年证券市场在股票筹资只有1500多亿元时就显得力不从心了。显然，这么庞大的间接融资量在短期内通过发展直接融资市场达到完全纠偏目标是不大现实的。因此，在调整中必须采取存量与增量同时进行调整的原则。

增量调整就是要加快直接融资市场发展的速度，保持每年新增融资量中直接融资量与间接融资量比例适当。存量调整就是对现有的间接融资市场进行调整，调整的思路是从商业银行的资产方和负债方同时展开。从资产方看，就是对商业银行现有的信贷资产进行证券化。由于资产证券化属于微观金融方面的内容，应充分发挥市场机制的作用，政府不应过多干预，关于商业银行资产证券化的具体资产、运作模式与机制、发行定价等应由各商业银行根据市场情况自主决定。当前，资产证券化中最大的难题就是定价约束问题，资产证券化过程中需要信用评级以及投资银行等机构参与，证券化产品设计及交易结构越来越复杂，这些都需要付出相当多的交易成本。如果金融市场不完善，定价机制扭曲，定价不合理，那么，从成本与收益角度来衡量，可能使商业银行在追求资产流

动性的同时付出高昂的代价。从负债方看，就是鼓励商业银行发行大额可转让存单、商业票据、一般金融债券以及存款类衍生品等，通过直接融资市场促进商业银行主动负债业务的发展，改变目前过度依赖于被动负债的不利局面。商业银行主动负债业务的发展，一方面丰富了直接融资市场的产品种类，促进了直接融资市场的发展；另一方面能够纠正商业银行负债与资产的期限结构与流动性错配，有利于间接融资市场的良性发展，一定程度上降低了商业银行的风险。

（2）引入竞争机制，发展多层次资本市场。改革开放以来，我国对国民经济的控制力由高度集中的直接控制转变为通过金融手段的间接控制，金融市场的发展与变迁是在政府主导下的强制性变迁，由政府出面建设全国统一的金融市场，控制与审批所有的金融产品定价，甚至金融产品的开发与设计都由政府主导设计好以后推出市场。由于整个金融市场的竞争都在政府限定的较小范围与框架中进行，微观金融主体的创新活力被抑制，于是，中国金融业在发展的初级阶段就出现了“竞争过度”的假象，金融脆弱性进一步提高，金融不稳定因素不断增加。

从国外来看，多层次资本市场几乎都是在充分竞争的基础上自下而上的诱制性变迁过程中实现的。例如，纽约证券交易所是在当初的梧桐树下交易发展起来的，从现代金融观点来看，它是在民间金融或非正规金融的基础上逐步发展起来的。在美国的多层次资本市场中，无论是大型企业，还是中小企业，不同规模企业的多样化融资需求都能够得到满足。财务健全的大型企业能够在诸如纽约证券交易所这样的全国性证券交易所上市交易其发行的证券，经营和财务状况稍次的企业可以在区域性证券交易所交易其发行的债券或股票，“垃圾证券”则可在“未经注册的交易所”交易。纽交所在190年发展历史中，大约1年平均才发行7只左右股票，说明美国企业融资许多是通过区域资本市场或其他低级资本市场实现的。而且，西方各地各层次交易所是属于竞争性的企业，同一层级和不同层级的交易所是相互竞争的，交易所也会对欲上市交易其证券的企业进行严格的挑选，一旦发现严重问题，立即退市。

中国应在建设多层次资本市场上借鉴西方发达国家的经验，引入竞争机制，走“诱制性变迁”和“强制性变迁”相结合的道路。首先，在证券发行与上市相分离的基础上对现有的上海证券交易所和深圳证券交易所实行公司化改造，创造适度竞争机制。企业发行的证券在哪一个证券交易所上市交易由企业与交易所进行双向选择。其次，对银行间债券市场和中国外汇交易中心实行公司化改造，构造一个上海交易所、证券交易所、银行间债券市场以及外汇交易中心等金融市场相互竞争的格局。再次，支持有条件地区建设区域性资本市场。区域性资本市场有利于解决信息不对称问题，因为当地投资者在获取本地企业有关信息时具有比较优势。最后，在强化信息披露和市场透明度的基础上完全放开对金融产品及其定价等的管制。监管部门把工作重心放在市场的制度建设上来，建立规范的评级制度、信息披露制度、发行和交易制度并实施有效监督；企业融资方式的选择，是发行股票、债券或认股权等其他证券，还是私募发行，以及在哪个市场交易其发行的证券等，完全由企业根据自己的财务计划、融资成本等自主决定。

（3）以发展企业债券市场为突破口，推动直接融资市场的快速发展。一是扩大企业债发行主体。目前，我国企业债发行主体主要局限在铁路、交通等行业的少数大型中央企业集团中，今后既要继续支持这些具有投资级别的、从事基础设施建设的企业发行债券，也要支持从事其他行业的具有投资级别的企业发行债券，同时还要给非投资级别的中小企业一定的发行债券的空间；适当支持在中国投资的跨国公司发行人民币企业债券并投资于中国的项目。二是允许企业在银行间市场发行和交易债券。从西方发达国家债券市场发展的经验看，尽管债券的交易有两种方式，即以集中指令驱动交易方式进行的场内交易市场（证券交易所）和以报价驱动交易方式进行的场外交易市场（OTC），但主流的交易模式仍是以场外交易为主。我国企业债主要是在交易所上市交易，一定程度上限制了债券市场的发展，因为债券价格相对稳定，波动幅度比股票要低得多，其低投资收益率使得大宗交易才具有资金的规模收益，而且，债券品种繁多，交易复杂，所以国外债券交易主要是以场外交易为主。三是培育机构投资者。只有机构投资者才会对债券微小的价格和收益率波动敏感，同时，它们还具有较强的市场分析研究能力和管理风险能力。因此，债券市场的发展离不开机构投资者。目前，我国企业债的投资主体主要是基金和证券公司，今后要鼓励和支持商业银行、保险公司以及社保资金投资企业债券，使它们成为企业债的主要机构投资者，从而提高市场的流动性并降低市场风险。支持符合条件的境外投资者投资国内的企业债券市场。四是债券发行价格市场化。目前，我国企业债发行主体主要是少数央企，债券发行利率受到严格管制，在企业债发行主体多样化的前提下，既有高投资级别的企业债，也有低投资级别的企业债，这就需要定价机制市场化，遵循价格与风险对称的规律，使发行价格能够充分反映出企业的投资级别，发行价格能够覆盖其风险，投资级别低的企业债相对要支付更多的风险溢价。五是创新债券品种，适度发展债券衍生品。目前，我国债券市场上的品种主要有国债、金融债和企业债，未来要允许有条件的地方政府发行市政债券；改变目前企业债基本上是以基础设施为主的项目债的局面，丰富企业债品种，如企业可以发行附有各种选择权的企业债，如还息期可选择企业债、债券认购权证等。我国利率和汇率市场化进程的加快使得利率与汇率衍生品将成为一个优先发展的衍生工具，遵循“由简到繁”、“先积累经验再铺开”的原则优先推出国债期货以及完善债券的远期交易，逐步推动我国债券衍生品市场的发展。六是以功能监管为核心，加强债券市场管理上的协调，提高债券市场管理效率。中国债券市场目前由多个机构分别管理。国债发行由财政部管理，企业债券发行由发改委管理，金融债券发行由人民银行管理，在交易所上市的债券交易由证监会监管，在银行间市场上市的债券交易由人民银行监管。即使企业债也存在多头管理现象，国务院审批发行额度，国家发改委审批项目及发行，人民银行审批发行利率，此外，由中国证监会审批企业债的承销商承销资格。因此，有必要建立债券市场管理部门联席会议制度，提高债券市场运行效率。七是完善债券市场的基础设施。建立独立的信用评级制度和追踪评级制度，强化信息披露，建立债券发行主体、投资银行、评级机构、律师事务所、会计师事务所等债券市场利益关联机构的正向激励机制；加强社会信用体系建设，努力打造诚信债券市场；完善法律服务体系，为债券市场发展创造良好的司法环境和金融生态环境；建立效率高、风险低的债券托管、结算体系。

（4）采取积极措施，发展社区银行。从间接融资体系看，由于平均信贷审批成本、信息与风险控制成本比较高，以及拥有更多的机会，大银行在为中小企业和农户提供融资服务上不具有比较优势；从直接融资来看，由于中小企业的信息不透明和财务不健全等，很难获得直接融资机会，及时获得投资者也会要求很高的风险补偿；单个的农户就更加不可能获得直接融资机会。因此，社区银行的发展有利于解决上述约束，促进中小企业发展，满足居民和农户的金融需求。尤其在大中型商业银行把目光盯在高端客户、排斥低端客户的情况下，发展社区银行更具有必要性。

发展社区银行首先要纠正小银行就必定与高风险挂钩的认识，因为社区银行在关系融资上具有比较优势。社区银行与借款人比较近，容易获得借款人的人品、经济状况以及人际关系等不透明的信息，相对大银行而言知根知底，在放贷中具有相当大的比较优势。从国际上看，尽管社区银行在规模上无法与大银行相比，但在经营业绩上不相上下。例如 1992—2003 年，美国社区银行整体的资产回报率比区域银行和 25 强银行分别只低 0. 11 和 0. 04 个百分点，社区银行的资产质量还略高于区域银行和 25 强银行。

参考文献

1. ALLEN, FRANKLIN, GALE, DOUGLAS. Comparing Financial Systems. Cambridge, MA: MIT Press, 1999.

2. BECK, THORSTEN, LEVINE, ROSS. New Firm Formation and Industry Growth: Does Having a Market - or Bank - Based System Matter? . World Bank Policy Research Working Paper, 2000a.

3. BECK, THORSTEN, LEVINE, ROSS. Stock Markets, Banks and Growth: Correlation or Causality? . World Bank, mimeo, 2000b.

4. ANDREW BERG. The Asia Crises: Causes, Policy Responses, and Outcomes. IMF Working Papers, WP/99/138, 1999.

5. LAMOREAUX, R. NAOMI . Insider Lending: Banks, Personal Connections, and Economic Development in Industrial. New England, New York: Cambridge U. Press, 1994.

6. JAYARATNE, JITH, STRAHAN, E. PHILIP. The Finance—Growth Nexus: Evidence from Bank Branch Deregulation. QUART J. ECON. , Aug, 1996, 111 (3): 639 -670.

7. 爱德华·肖. 经济发展中的金融深化. 邵伏军，等，译. 上海：上海三联书店，1998.

8. 罗纳德·麦金农. 经济发展中的货币与资本. 卢聪，译. 上海：上海三联书店，1998.

9. 尼尔斯·赫米斯，罗伯特·伦辛克. 金融发展与经济增长——发展中国家（地区）的理论与经验. 余昌森，等，译. 北京：经济科学出版社，2001.

10. 雷蒙德·W. 戈德史密斯. 金融结构与金融发展. 周朔，等，译. 上海：上海三联书店，1990.

11. 林毅夫. 我国金融体制改革的方向是什么? //中国：经济转型与经济政策. 北京：北京大学出版社，1999.

金融开放与金融稳定

人民币汇率与四川的出口

何泽荣　徐艳　傅瑜①

一

从2005年7月21日起，人民币对美元的官方汇率的中间价调整为1美元兑8.11元人民币。同时，我国开始实行以市场供求为基础、参考一篮子货币进行调节、有管理的浮动汇率制度。前者是人民币汇率水平的变动，即人民币对美元升值2%。后者是人民币汇率形成机制的改革，即一方面人民币汇率制度回归1994年开始的、但从1997年起被打断的有管理的浮动汇率制度；另一方面，中国放弃了实行了近8年的盯住美元的盯住汇率制度，人民币汇率不再跟随美元对其他货币涨跌，而是参考我国自定的一篮子货币汇率的变化进行调整。

我们认为，人民币汇率水平的变动和人民币汇率形成机制的改革是两个既互相联系，但又互相区别的问题。这是我们在讨论人民币汇率与四川的出口的关系时应该首先要明确的。但在实践中，人们往往注意了汇率水平的变动对经济生活的影响，而往往忽略了汇率形成机制的改革对经济生活的影响。既然我们实行的是"以供求为基础、参考一篮子货币进行调节、有管理的浮动汇率制度"，因而，中央银行完全可以或者根据外汇供给与需求的变化，或者根据一篮子货币汇率的变化，对人民币汇率水平做出相应的调整；而这个调整可能是人民币汇率的升值，也可能是人民币汇率的贬值。这就是我们通常所说的中央银行对外汇市场的干预。如果说汇率水平是可变的，那么，在一种汇率制度的优越性还没有充分发挥出来的情况下，它是不会被另一种汇率制度所代替的（当然也有例外，例如我国1994年实行的有管理的浮动汇率制度在1997年后被盯住汇率制度所代替。但那是客观原因、外在原因引起的）。也可以说，汇率水平的变动在一个相对短的时期内是可能发生的，而汇率制度在一个相对长的时期内是相对稳定的。

下面我们先讨论人民币汇率水平的变化对四川进出口的影响，然后再讨论人民币汇率制度的改革对四川进出口的影响。

二

要讨论人民币汇率水平对四川出口的影响，我们认为应该明确这么几个问题：

第一，我们平常所说的汇率水平的变动是指名义汇率的变动，即中央银行对外公布的汇率的升值或贬值；商业银行交易的汇率的上涨或下跌。一般来说，名义汇率的贬值有利于出口、不利于进口；反之，升值有利于进口、不利于出口。但实际情况并非完全如此。

图一是国家外汇管理局四川分局提供的1978—2004年四川省进出口与人民币名义汇率变化的关系图。

从图一的前半段，即1978—1995年可以看出，随着人民币的贬值（从1978年的1美元兑1.5元人民币贬为1994年的1美元兑8.7元人民币），四川的进出口都在增加。然而，从1997年开始，人民币汇率在稳定且略有升值（2004年比1994年人民币对美元的汇率上升5.1%）的情况下，四

① 作者简介：何泽荣，西南财经大学金融学院教授，博士生导师，国际金融研究所所长。徐艳，海南大学经济管理学院。傅瑜，成都市对外贸易经济合作局。

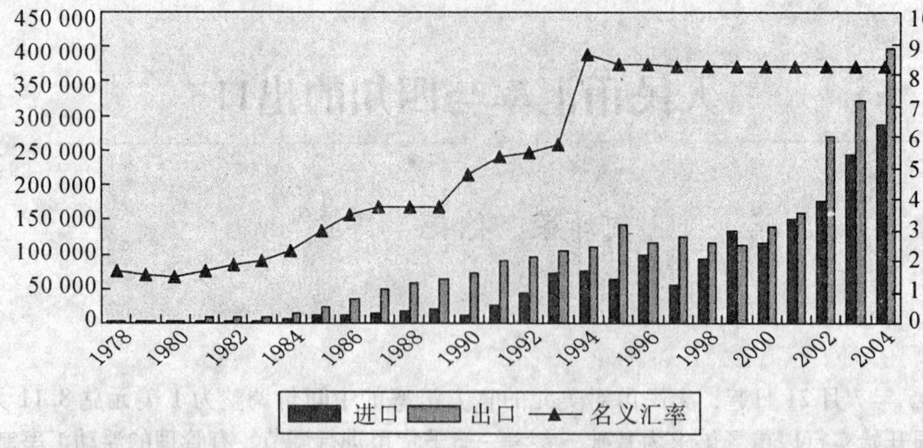

图一　1978—2004 年四川省贸易进出口（万美元）与人民币名义汇率

［资料来源］各期 IMF 国际金融统计、中国统计年鉴。

川的出口不但在增加，而且增加值和增加幅度都大于前一阶段。1994—2004 年四川出口年均增长 24.15%。而除 2000 年以外，不仅出口的增加值大于进口的增加值，而且，出口增加的幅度也大于进口的增加幅度。进出口增长最高年份的出口增长率为 71.35%，而进口增长率为 38.06%。这些都与前面所说的原理是不一致的。由此可见，我们不能过分夸大人民币名义汇率的变化对四川进出口的影响。其实，除了汇率以外，影响四川进出口的还有四川经济发展的势头、国家的外贸体制和汇率管理体制的改革，以及国外的经济状况，等等。而从我们国家的情况来看，更应该说，经济的发展、体制的改革比人民币汇率的变动对出口的影响更大。

第二，下面我们具体分析这次人民币名义汇率的升值对四川出口的影响。

首先，从理论上说，没有一种货币的汇率会既有利于出口，也有利于进口。有利于出口的汇率，不利于进口；反之亦然。同样，货币汇率的升值于进口有利，于出口不利；反之亦然。因此，我们在考虑人民币汇率升值对经济的影响时应该把两者结合起来。根据国家外汇管理局四川分局对 30 户企业的调查，这次人民币汇率的 2% 的升值对它们可能造成的损失约为 17 485 万元人民币，但对它们的进口带来的收益约为 13 138 万元。这样，这 30 户企业的净损失为 4347 万元。

其次，人民币汇率水平的变化对不同行业、不同企业是不同的。综合起来说，人民币汇率水平的变动对行业和企业的影响，取决于这些行业和企业的特点：它们的国际竞争力主要是依靠价格优势还是依靠技术和创新优势；它们的产品的附加值是高还是低；它们是以出口为主还是以进口为主，或兼有出口和进口；它们是主要依赖国际市场还是主要依赖国内市场，或者两者兼有；它们对自己持有的外汇的避险操作策略，例如，外汇账户余额情况、外汇贷款余额情况、应收货款情况、预收货款的结汇情况、已到货付款情况、合同执行、变更或撤销情况，等等。上面说的大约 17 485 万元人民币的损失就是由于某些企业缺少对这些方面的必要的外汇避险策略引起的。

再次，人民币汇率水平的变化对不同的出口产品的影响也是不同的。表一是国家外汇管理局四川分局提供的四川的出口水平结构。

表一　　四川省与全国出口商品结构比较

单位:%

年份	初级产品出口占比		工业制品出口占比					
	四川	全国	四川	其中：高新技术产品		全国	其中：高新技术产品	
				占比	同比		占比	同比
2002	10.7	8.8	89.3	33.0	352.99	91.2	20.8	46.1
2003	10.3	7.9	89.7	28.8	3.4	92.1	25.2	62.6
2004	12.0	6.8	88.0	17.8	−23.9	93.2	27.9	50.1

[资料来源] 根据《中国统计年鉴》、《四川省外经贸统计资料手册》、商务部网站数据计算整理。

从表一可以看出，四川的出口产品结构都与全国的走势相反：四川的初级产品出口占比不仅高于全国的平均水平，而且全国的占比在下降，四川却在上升；工业制成品出口中，四川的高新技术产品的占比也在下降，而全国却在上升。低技术含量的出口产品缺乏核心竞争力；低附加值的出口产品缺乏价格竞争力。这样，人民币汇率的升值必然使微利的产品和无价格竞争力的产品被迫退出国际市场。

最后，要研究人民币汇率水平变动对微观经济主体的影响的大小，必须有一个参照系。

从一个国家的利益出发，政策制定者在决定汇率水平的变动时，首先考虑的是对本国出口的利弊得失。因此，这一参照系多以出口为标准，例如，日本以出口盈亏平衡点为标准。考虑到我国的实际情况和多年的实践，平均出口换汇成本可以作为这样一个参照系。根据国家外汇管理局四川分局对四川部分样本企业季度换汇成本的监测，2002—2004 年四川省出口企业的平均换汇成本呈上升的趋势：2002 年第一季度为 7.786 元/美元，而 2004 年第四季度上升为 8.043 元/美元。而生产型和外贸型企业的出口平均换汇成本 2004 年第四季度分别为 8.0134 元/美元和 8.018 元/美元。这已经和人民币升值 2% 后的官方名义汇率和市场名义汇率水平相差不多了（2005 年 8 月 2 日，外汇市场的收盘价为 8.1023 元/美元）。这些数据说明，四川外贸企业抵抗汇率水平变动和汇率水平波动的能力较弱。

那么，面对人民币升值，四川外贸企业的对策是什么呢？我们认为有这样几个方面：一是人民币汇率水平的变动是国家宏观经济政策的一部分，但承受这个变动的却是微观经济主体。既然如此，微观经济主体所要做的就是根据宏观经济基本面的变化，尽可能地预测汇率的可能的变动趋势。当然，要较为准确地预测汇率的变动趋势是困难的，却是必须做的。二是既然人民币汇率水平的变动是微观经济主体所不能左右的，因此，微观经济主体只有用降低出口产品成本（生产成本、采购成本、汇兑成本）的办法，以求得出口平均换汇成本与官方的和市场的名义汇率差距的正的扩大，从而尽可能地赢得更多的利润。三是企业要尽可能地采用一切可能的避险手段避免由于汇率变动带来的汇率风险。从上面所说的人民币升值带来的损失的原因来看，有些是企业可以避免的，例如，经常注意调整企业的外币资产—负债结构、调整结算方式、在签订合同时与外国进出口商建立风险分担机制等。四是企业避免外汇风险的根本出路在于调整出口产品结构、提高出口产品的附加值、转变外贸增长方式、促进出口产品结构的优化和升级。

三

2005 年 7 月 21 日的人民币汇率改革不仅是人民币汇率的升值，更是人民币汇率形成机制的一次重大改革，从此以后人民币汇率的生成和波动更加富有弹性。我们认为，这才是在研究人民币汇率对四川出口的影响时更应该关注的。

从1994年1月1日到2005年7月21日，人民币汇率制度经历了有管理的浮动汇率制度→盯住汇率制度→有管理的浮动汇率制度的变化过程。1994年1月1日实行的有管理浮动汇率制度是对这之前实行的复汇率制度的否定和对人民币汇率市场化生成机制的肯定，因此，当时的人民币汇率制度是“以市场供求为基础的、单一的、有管理的浮动汇率制度”。这是人民币汇率生成和运行机制的一次实质性的变化。在这之后，人民币对美元的汇率经历了一次升值（从汇率并轨的8.7元/美元升值到8.2元/美元）。然而，中国的有管理浮动汇率制度被1997年的东南亚金融危机打断了。从此，人民币汇率制度转变为盯住美元的盯住汇率制度。这一制度减少了人民币对美元的汇率风险，但却失去了人民币汇率的弹性。因此，恢复或实现真正的有管理的浮动汇率制度就成为中国货币当局的必然选择。然而，我们可以看到，这次的有管理浮动不是对1994年的有管理浮动的简单的回归，而是“以市场供求为基础、参考一篮子货币进行调节、有管理的浮动汇率制度”。这个制度的核心仍然是由市场的外汇供求关系确定人民币汇率，这个制度的本质仍然是有管理的浮动汇率制度，这是与1994年实行的有管理的浮动汇率制度一致的。但在新的有管理的浮动汇率制度中，汇率浮动的参考点、中央银行对汇率进行管理（干预）的依据却是一篮子货币汇率的变动，这是与1994年的有管理的浮动汇率制度不同的。正是这个不同，使人民币汇率的弹性加大，从而使人民币汇率的市场化程度提高，再加上中央银行将在适当的时机调整汇率浮动的区间——现阶段，中央银行规定，每日银行间外汇市场美元对人民币的交易价仍然在人民银行公布的美元交易中间价上下0.3%的幅度内浮动；非美元货币对人民币的交易价在中国人民银行公布的该货币交易中间价上下1.5%的幅度内浮动，所有这些都将使汇率风险增加。

这样，在新的有管理浮动汇率制度中，如何避免或减少汇率风险就是微观经济主体在一个较长时期中必须面对和必须解决的一个问题——只要这个汇率制度还没有被其他汇率制度所取代。因此，与人民币升值2%带来的对四川出口的影响相比，新的有管理的浮动汇率制度的影响更为持久和长远。

那么，在新的汇率制度中，四川的出口企业或公司应该如何避免或减少汇率风险呢？我们的建议是：

第一，出口企业应该尽快转变思维方式，从历来的固定汇率制度的思维中走出来，增加思维的灵活性，用浮动汇率制度的思维看待和处理对外经济交往中的问题。近两年来，关于人民币汇率升值的讨论已经够多了，但是并没有引起一些企业的足够重视，该结汇的没有及时结汇，该避险的没有及时避险，才导致了一些不必要的损失。在新的灵活性日益加大的汇率制度下，正如周小川所说，微观经济要改变固定性偏好，增加灵活性偏好；企业应该具有更高的灵活调整能力。

第二，出口企业应该随着新的汇率形成机制的改革，改变自己的出口商品的定价机制。从前面的论述可以看到。我们虽然不能说汇率的变动是引起出口商品价格变化的唯一的因素，但至少是一个重要的因素。例如，人民币名义汇率的升值使出口商品的外币价格上升。这时如果不及时调整出口商品的销售价格，就会在同进口国的竞争中或者在同其他国家在同一市场的竞争中处于价格劣势。对于那些价格弹性小的商品来说，就会缩小盈利空间，或者由盈利变为亏损，甚至被挤出进口国市场。因此，在新的人民币汇率制度下，出口企业要随着人民币汇率的调整，使定价机制发生变化。

第三，出口企业要学习和掌握避险的风险管理工具和金融衍生产品，主动适应汇率的变化。随着人民币汇率弹性和波动幅度的加大，随着国家允许企业留成外汇的增多，企业面临的汇率风险必然增大，因此，学习和掌握避险的金融工具和衍生产品就成为出口企业的必修课程。周小川指出：人民币汇率形成机制改革以后，广大参与进出口、投资的企业更加需要一些管理汇率风险的金融工具。对于商业银行和其他金融机构推出的风险管理工具和产品，企业要根据合同的需要，选择适当的避险工具来锁定未来的汇率风险。为配合这次新的人民币汇率形成机制可能带来的汇率风险，中央银行决定允许外汇市场成员开展远期外汇交易和人民币对外币的掉期交易。对这些新的工具和业务，微观经济主体有一个学习和掌握的问题。哪个出口企业能尽快地学习、掌握和运用它们，就能在避险中处于主动地位。

四

总结以上所说，我们的结论是：

(1) 2005 年 7 月 21 日的人民币汇率改革既是人民币的一次升值，更是人民币汇率制度的一次重大改革。我们要关注汇率水平的变动，更要关注人民币汇率制度的改革；我们要关注这次升值对四川出口带来的近期的影响，更要关注新的人民币汇率制度对四川出口带来的更为长远的影响。

(2) 我们要正确认识和全面分析人民币升值对四川的利弊得失，从而找出化解升值的不利影响的对策，尤其是降低出口产品成本、提高出口产品的技术含量和附加值，从根本上增强出口商品的竞争力。

(3) 新的人民币汇率形成机制使人民币汇率制度更加富有弹性，因而也使企业面临的汇率风险增加。为此，出口企业要尽快转变自己的思维方式，随汇率的变化调整自己的定价机制，学习和掌握新的避险工具和业务。

参考文献

1. 国家外汇管理局四川分局．人民币汇率变动对四川省对外贸易的影响．2005-7-12.

2. 国家外汇管理局四川分局．人民币汇率形成机制改革对四川省重点进出口企业的初步影响．2005-7-12.

3. 何泽荣，徐艳．人民币汇率：实现真正的有管理浮动汇率制度．新金融，2005（2）：8-11.

4. 周小川．转变思维　转换视角　看汇率改革．金融时报，2005-07-25（1）.

5. 周小川．要准确把握人民币汇率形成机制改革核心要点．金融时报，2005-07-30（1）.

认清外资进入的影响，加快我国金融改革

戴国强[①]

根据我国进入 WTO 的承诺，2006 年，我国金融将对外全面开放，可以预见，外资进入我国的速度和规模都将有较大的变化。及时总结改革开放以来外资进入我国及其对我国经济金融的影响，对于我国经济与金融改革的深入发展是必需的，也是有益的。

一、外资进入我国的现状分析

（一）外资进入我国的直接投资渠道分析

外资进入我国主要有三种方式，一是通过直接投资渠道进入我国，二是通过金融投资渠道进入我国，三是通过其他渠道进入我国。

1979 年起，我国沿海地区开始以来料加工为主要形式引进外资，到 20 世纪 80 年代中期以后开始大量采用补偿贸易方式引进外资，再到 90 年代积极实行直接引进外资方式。我国外资引进的规模日益扩大。加入 WTO 后，自 2003 年起，我国每年获得的外商直接投资金额都在 500 亿美元以上。目前我国每年引进的外资金额超过美国，居全球第一。通过投资渠道进入我国的外资在总体上对我国经济起着积极的促进作用。这种积极作用表现在以下几个方面：

一是增加了资金来源。我国作为一个发展中国家，对资金的需求很大，每年有几百亿美元资金进入我国，对我国经济持续增长无疑是有积极意义的。

二是有利于提高我国生产力水平。大量的外资企业在将资金投放到我国的同时，还把它们的设备与技术引入我国，这有利于改变我国落后的生产力状况。

三是解决了一部分人的就业问题。大量外资进入，增设企业，有利于增加我国就业人数。

四是促进了我国的对外贸易发展。我国对外贸易总额，特别是出口总额中有一半以上来自外资企业和合资企业的产品出口。

五是有利于加快我国实现产业结构调整。随着我国有目的地引进外资工作的发展，一些我国急需发展的制造业企业及其资金大规模进入我国，这对加快我国产业结构调整也起到了一定的促进作用。不少跨国公司还将它们的地区总部或研发中心转移到中国，从而促进了世界制造业中心向中国转移。这一方面说明中国有广阔的市场发展前景，能够吸引世界制造业中心转移至我国；另一方面也说明我国存在巨大的外资获利空间。因为资本的本性是逐利的，它总是奔向有利可图的地方。事实上，我国是世界上劳动力价格最便宜的国家之一。我国的劳动力素质不低，尤其是沿海地区的技术人员和职工受教育程度较高，心灵手巧，更受外商欢迎。

但是外资大规模进入我国也带来了一些不容忽视的问题，主要有三：

一是对本国企业的挤出效应问题。有一些行业不需要高技术，我国企业也可以做得很好，但跨国公司来了之后，凭借其所享有的优惠政策和实力，同我国企业争夺优质劳动力，争夺市场，争夺银行贷款，影响了我国企业的成长。

二是出口结构不合理引起贸易摩擦纠纷。我国目前的出口额虽然连年递增，但是分析一下我国

① 作者简介：戴国强，上海财经大学金融学院院长，教授，博士生导师。

出口产品的结构，不难发现，其中一半以上属跨国公司的内部贸易，即跨国公司在中国设厂生产产品，然后再销往其母国，或以该跨国公司另一家企业作为买方，将产品销往目的地。这种出口给我国留下的主要是劳动力报酬，其对我国经济增长的贡献实际上是有限的，却导致我国对外贸易顺差持续上升，给欧美一些国家拿到了要挟我国的口实，它们出于各种原因和我国发生贸易摩擦。

三是对提高我国企业技术水平的贡献有限。跨国公司在我国设立研发中心的根本目的是最大限度地利用我国的廉价劳动力，缩短研发与生产的流程，降低成本，而非真正帮助我国企业提高关键技术水平。在各种专利保护下，我国企业从中得到的好处并不多。长此以往，必然会对我国生产技术水平的提高产生不利影响。

此外，由于外资对进入我国的地区也是有选择的，外资企业往往集中在我国东部沿海地区，客观上也加大了我国地区间发展的差距。

（二）外资进入我国的金融投资渠道分析

1982 年以来，我国开始允许外资金融机构进入我国，自从南洋商业银行在广东设立分行以来，已有 19 个国家和地区的 62 家银行在我国设立了 205 个营业机构，其中有 105 个机构可经营人民币业务，有 24 个机构可开办金融衍生业务。此外还有 223 家银行代表处。截至 2004 年 10 月，外资银行资产总额为 659 亿美元。

外资银行还可以通过入股的方式进入我国银行。继国际金融公司、汇丰银行、花旗银行、美洲银行等分别参股上海银行、上海浦东发展银行、南京商业银行、交通银行、中国建设银行、深圳发展银行等以后，近期又有苏格兰皇家银行、美林证券等投资于中国银行。此外，瑞银等国际著名的金融集团也正在加紧与我国银行接洽，有意投入资金。外资金融机构不仅投入资金，拥有我国银行的股份，还派出高级管理人员直接参与我国银行的经营管理。

2004 年底，外资财产保险公司占我国市场份额为 1.21%，外资人寿保险公司占我国市场份额为 2.64%，保险业外汇资金超过 100 亿美元。

基金业中的基金管理公司共 51 家，其中中外合资基金管理公司 13 家。

我国在 2002 年推出 QFII 试行办法后，给了外资进入我国又一个正规的投资渠道。通过资本市场进入的外资对缓解我国企业资金紧张状况是有好处的。但目前由于我国资本市场行情多变，长期低迷，外资进入十分谨慎，所以通过这个渠道进入我国的外资数量有限。

外资金融机构进入我国，除了带来一定数量的资金外，目前主要是带来了现代经营管理理念和技术，使中资金融机构有了学习和借鉴的样板，因此外资金融机构进入的积极效应是主要的。但是外资金融机构进入我国对中资金融机构竞争力的挑战是不容忽视的。

（三）外资进入我国的其他渠道分析

从目前来看，外资进入我国的其他渠道主要包括房地产市场和其他不明渠道。一些外资通过购买房地产的方式进入我国，还有一些外资进入我国的方式至今仍不明确，其中有很大一部分是在直接投资的名义下进入我国的。这些资金一旦进入我国，就采取各种手段转作他用了。通过这些渠道进入我国的外资中有相当一部分属于游资。每年通过这些渠道进入我国的外资在规模上非常可观。例如，2004 年我国外贸顺差 355 亿美元，利用外资（即直接投资）602 亿美元，两者综合为 957 亿美元，但是我国 2004 年的外汇储备却增加了 2066 亿美元，这多增加的 1100 多亿美元多为游资。

通过这些渠道进入我国的外资有很多是针对人民币将要升值的预期而来的，这些外资进入对我国的经济与金融稳定有较大的负面影响。在人民币尚未国际化，人民币还未能实行自由兑换前，进入我国房地产市场的外资除了少量是长期投资或满足自住需求以外，大部分是投机性的，它们进入我国房地产市场会起到哄抬房地产价格的作用，一旦房地产价格大幅上涨，它们就可能乘机抛售，套现获利，而我国房地产市场则可能出现大幅震荡。而一旦人民币升值达到它们的预期，它们也会抛售房地产，然后套现美元，这同样也会引起我国房地产市场震荡。至于直接针对人民币升值而来的那部分游资，一旦实现其目的后，必然会发生大规模转移，从而有可能引发一场新的货币战。

二、外资进入对我国金融改革的挑战

不论外资以何种形式进入我国，尤其是通过其他渠道进入我国的外资，对我国金融改革都会形成巨大的挑战。

（1）我国金融机构经营管理水平同外资金融机构相比有较大差距。总体而言，同外国金融机构相比，我国金融机构的经营管理水平还比较低，管理效率比较差；资本充足率低，抗风险实力有限；贷款审查和信用评级的技术比较落后，不良资产率高；我国国内金融业务中传统业务仍占绝对优势，中间业务收入少，经营成本高；在国际市场上和外资金融机构进行全面竞争的能力不强。

（2）我国金融机构的创新能力弱，应对突发事件的能力有限。由于我国金融机构自律性不足，导致我国长期实行严格的金融管制，这样做虽然在一定程度上保护了金融业尤其是银行业，但同时也制约了金融机构的创新能力，我国银行至今仍不能为国内客户提供真正的金融衍生产品和相应的服务，这使我国金融机构在面临大规模的金融投机干扰时，缺少有效的对冲手段化解风险。

（3）我国的金融管理制度还不完善，难以适应社会主义市场经济发展需要。我国的人民币刚刚开始实行以市场供求为基础、参考一篮子货币进行调节、有管理的浮动汇率制度，管理经验还不足；利率市场化程度不高，影响利率在调节资源配置上的功能发挥；我国金融监管制度还不健全，在合规监管方面还比较弱，在如何引导市场资金支持产业调整和适应市场经济发展方面的手段还比较简单，效果也有待提高；国有银行改制的效果如何还有待实践检验；证券市场的机构管理方面还存在较多问题，资本市场的资金筹集功能未能得到充分发挥，等等。这些问题的存在，不仅会影响我们对外资的利用程度，也会影响我们对外资的管理与监督，亟须我们在金融改革中加以解决。

三、关于加快我国金融改革的一些想法

（一）要加快利率制度改革的步伐

汇率和利率都是金融市场中起价格信号作用的两个重要变量，也是实现金融资源合理配置的重要工具，这两个变量的决定机制应当基本一致。配合人民币汇率制度改革方案出台，应加快我国利率市场化改革的步伐。我国要实行以市场供求为基础、参考一篮子货币进行调节、有管理的浮动汇率制度，需要相应的市场化利率制度来支持，如果汇率决定机制与利率决定机制相互有冲突的话，例如汇率市场化程度高，而利率市场化程度低，则会给国际投机资本提供进行套利投机的机会。在汇率制度与利率制度不配套的情况下，一旦发生大量游资入境进行套利投机炒作，那将会使我们陷入被动状态，我国的金融秩序也可能遭到破坏，从而危及我国金融安全。从提高市场资金配置效率的要求来看，也需要我们加快利率制度改革，以便更好地发挥利率变量引导资金流向的功能，规范市场资金的供给与需求，提高资金的使用效率。利率市场化还能促进我国的企业和金融机构特别是银行提高其市场风险管理能力。

（二）要积极推动金融创新的发展

在金融国际化、金融一体化的时代，资金的转移速度极快。如果没有相应的工具对这些大规模快速移动的国际游资进行对冲的话，我国金融管理当局和金融机构就难以有效狙击游资猖狂的投机活动。这些投机资金规模庞大，来去迅速，犹如洪水猛兽一般，对一国或地区经济金融极具冲击力和破坏力。大量事例说明，这种冲击发生后，无论其结果如何，首当其冲的是银行业。在巨额游资的冲击下，一国银行业有可能陷入流动性危机乃至清偿力危机的困境。随着我国改革开放度扩大，我国银行所受到的垄断性保护将不断减少，在没有金融对冲工具或对冲工具不足的情况下，我国银行是难以有效控制和抵御大规模外资冲击的。这种情况如果在我国发生的话，对于我国金融改革的深入发展是极为不利的。对我国的经济与金融安全也有重大影响。为此，我们必须改变现在对金融

机构金融创新管制过于严厉的做法，在推进汇率及利率市场化的条件下，应允许中资金融机构积极引进金融衍生产品和服务，鼓励我国金融机构在合规经营下大胆创新，积极从事机构再造和业务流程再造，不断积累经验，提高有效监控外资流动、化解各种风险的能力，增强与外国金融机构竞争的能力。

由于我国目前的金融结构还是以银行间接融资为主，我国银行改革成功与否，将直接影响我国金融改革的成败。因此在我国金融改革中应当特别重视银行业的改革，要在推动银行股份制改革的同时，加快银行扁平化管理的组织结构再造。银行业自身的机构层次设置应当适应市场化以及国际化需要，改革现有的多层次的传统管理模式，实施扁平化集约管理。所谓扁平化是指扩大每个管理人员直接管辖的幅度，减少管理层次，从而减少人员，加快组织中信息的传递。扁平化管理可以大大提高银行经营决策和业务运行的效率，有利于银行形成整体竞争优势。实行扁平化管理有三个要求：一是提高管理者的能力。扁平化管理要求增加特定管理者的管理幅度，这就要求管理者具有较强的综合管理能力。二是提高下属的工作能力。下属的知识技能高，训练有素，则无需管理者面面俱到的“手把手”的指点，管理者的管理幅度就可大些，反之则小。三是提高工作的标准化程度。若下属的工作是属于例行常规性质的，工作基本相同，差异不大，管理者指导方便，管理幅度就可大些，反之则小。这些因素都会影响管理幅度和层次，进而影响扁平化管理的效率。

我国银行业应本着为客户提供更方便、更优质服务的精神，重新设计各项业务流程。将原来分散的职能部门作业模式整合成以客户营销部门为核心的协同作业模式，再造以客户为中心的现代商业银行业务流程。为适应业务流程再造的需要，银行管理部门必须充分利用现代信息技术提高工作效率，加快对客户和市场变化的反应速度，增强银行经营风险控制能力，实施有效的风险衡量和控制。

（三）我国金融机构必须坚持合规经营

任何先进的风险管理方法都必须运作于合规有效的配套管理系统之上，这些系统包括员工具有牢固的合规理念、较强的风险意识、合理的组织架构，严格的人力资源管理与培训、科学的财务与利润考核、有效的客户管理方式等配套的系统改革。金融监管部门应当加大对各类金融机构合规经营的监管力度，净化市场，形成良好的金融竞争环境，促进我国金融业的整体竞争能力提高。

（四）坚持走中国特色的社会主义市场经济之路

金融是现代经济的核心，金融在国民经济中的这种特殊地位，要求我们在金融改革中应特别谨慎，我国的金融改革只能在我国的经济改革的特殊条件下探索前进，不能指望一蹴而就。我们要认真研究各国在金融改革中的经验和教训，多加借鉴或引以为戒，少走弯路。

经过改革开放以来多年的努力，我国现在虽然已经初步建立了市场经济体系，但是我国幅员辽阔，各地发展不平衡，东西部差距、城乡收入差距、不同阶层人们的收入差距还在拉大，企业之间、行业之间以及金融机构之间发展也不平衡，市场经济所需要的基础工作还需要继续改善，包括人们的市场意识还需要强化；诚信体系和市场评价体系需要建立和完善。我国政府调控经济的能力也需进一步加强。所有这些问题都不是照搬现存的一些理论或方案就能得到解决的。需要我们在改革实践中寻找解决的方案。金融改革是我国经济改革的重中之重，牵一发而动全身，必须三思而后行。我国金融改革应当坚持在有利于捍卫国家主权和利益前提下，遵循市场经济的发展规律，积极创新和试验，不断积累经验，积聚能量，提高我国金融的抗风险能力和参与国际竞争的能力的原则，走出具有中国特色社会主义金融改革之路。

（五）抓紧培养我国金融发展所需要的人才

在金融竞争日趋激烈的情况下，一国金融竞争力的提高不仅有赖于该国金融改革的指导思想的正确性、制度设计的合理性以及国民经济发展水平，还有赖于是否具有足够多的高质量金融家和从业人员。我们的事业需要大量高质量金融人才，这种人才需要引进，更需要自己培养。金融在现代经济中的核心地位决定了对金融人才的特殊要求。他们必须既有真才实学，又具有高度的爱国主义精神和敬业精神。非如此不足以担当此重任。应当花大力气做好人才选拔和培养工作。要改革现在高等学校培养金融人才的模式，加强对在校学生的政治思想及文化教育，塑造正确的价值观，注重创新能力培养，造就一大批新一代有理想、有本领、能开拓、有国际视野、会办事而且办得成事的金融人才，让中国金融立足于世界之林。

参考文献

1. 李扬．中国金融发展报告（2005）．北京：社会科学文献出版社，2005.

2. 田晓军．银行再造．上海：上海财经大学出版社，2002.

3. 丁剑平．中国金融发展报告（2004）．上海：上海财经大学出版社，2004.

国际游资回流对我国宏观经济冲击分析

金雪军　李红坤[①]

近年来，由于人民币预期升值等原因，导致国际游资成规模回流。国际游资冲击实质上是一种来自一国经济体系之外、具有高度不确定性的外部冲击。这种不确定性外部冲击对我国宏观经济冲击的作用机制是怎样的？我们应该怎样应对这些冲击呢？

一、国际游资回流现状概述

目前认为国际游资涌入我国的一个比较明显的迹象是，2002 年我国国际收支平衡表的“净误差与遗漏”项目首次转负为正（见表一）。按照国际经验分析，这意味着境外资金的流入在一定程度上中和了资本外逃的数额，从而使得净误差与遗漏差额出现在贷方。根据国际游资回流规模和资金投向特点可以划分为以下两个阶段：

表一　　1982—2004 年我国国际收支误差与遗漏项目变动情况

单位：亿美元，%

年份	1984	1985	1986	1987	1988	1989	1990
A	11.91	-24.9	-12.32	-13.71	-10.11	0.92	-31.34
B	2.49	-3.93	-2.03	-1.93	-1.16	0.10	-3.34
年份	1991	1992	1993	1994	1995	1996	1997
A	-67.6	-82.52	-98.03	-97.75	-178.30	-155.47	-222.54
B	-6.20	-6.16	-6.05	-4.94	-7.49	-5.50	-6.97
年份	1998	1999	2000	2001	2002	2003	2004
A	-187.24	-177.88	-118.93	-48.56	77.94	184.22	270.45
B	-5.84	-5.03	-2.56	-0.97	1.28	2.21	4.15

注：A 表示误差与遗漏金额，金额为负表示出现在借方，为正表示出现在贷方。B 表示误差与遗漏金额与货物贸易进出口总额（国际收支口径）之比。

［资料来源］http：//www.safe.gov.cn. 据 1982—2004 年中国国际收支概览表整理和计算。

（一）2002 年上半年—2003 年：国际游资成规模回流

资金投向：国内增长迅速的热门行业。

资金规模：262 亿美元。

在 20 世纪 90 年代初，我国资本流动呈现出外流的趋势。但是到了 2002 年，反映国际游资流向的我国国际收支平衡表中的净误差与遗漏项目出现了正值（见表一）。这是资本流向的一个具有重要意义的拐点——说明以中资为主的海外资金出现了有规模的回流迹象。这些资金“海归”的背景与中国新一轮经济、固定资产投资周期启动以及庞大的资金需求有关。但是这些国际游资进入内地市场，并非一开始就是为了赌人民币升值，而是多数进入了中国主要快速增长的热门行业投资

① 作者简介：金雪军，1958 年生，浙江绍兴人，浙江大学教授、博士生导师。李红坤，1972 年生，山东菏泽人，浙江大学博士研究生。

领域。这些资金拥有者，一部分是海外的中资机构，一部分是原来以各种名义和手段从中国外流资金的拥有者。由于他们与内地有着特殊紧密的关系，我们称之为资金“关系人”。以上两种资金于2002年和2003年，在中国国际收支平衡表中的净误差与遗漏项目反映出来的资金规模分别为：77.94亿美元、184.22亿美元。

（二）2003—2004年：赌人民币升值

资金投向：长三角房地产业。

资金规模：1150亿~1200亿美元。

从2003年开始，国际游资涌入已经带有明显的等待人民币升值预期。与此同时，中国外汇储备呈现出了奇异的增长趋势（见下图一）。特别是2003年和2004年的第四季度尤其明显。而且这些资金已经开始改变了2002年进入中国后的走向，它们开始对房地产市场、债券市场、期货市场和民间拆借市场表现出极大兴趣。

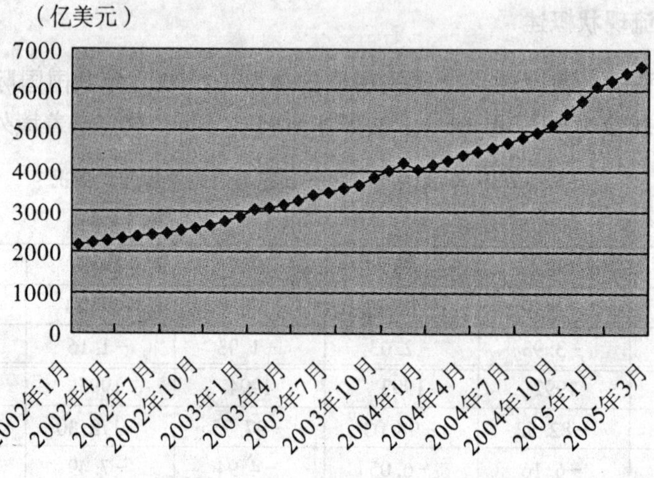

图一 2002.01—2005.03 中国国家外汇储备状况

2003年4月22日央行开始大规模发行票据，这可以看成是中国政府接受非正常流入外资的举措。2003年末发行票据余额为3376.80亿元人民币（折合美元为408.32亿美元）；2004年末发行票据余额为9742亿元人民币（折合美元为1178亿美元）。这应该是国际游资存量的现状。依另一种计算方式，即外汇储备增加额扣减外商直接投资、外债增加额和进出口差额的余额分别为：2003年是576.38亿美元，2004年是790.89亿美元。由此分析，如果再扣除外汇储备收益后，与1178亿美元非常接近。因此我们判断，近两年流入我国的国际游资规模大约在1150亿~1200亿美元之间。

期待人民币升值、购买人民币资产在海内外已经形成了扩散效应，并且变成全球投资时尚。从最开始的与国内有渊源的“关系人”资金的海归，到后来影响到国内投资者的货币嗜好。我国内地个人外汇存款从2003年开始出现连续下降趋势就是一个例证。这些进入我国的国际游资大多聚集在长江三角洲地区，投资偏好以房地产为主。主要来源是外籍华人、大中华地区侨胞和少量外籍人士。

2004年第二季度：资金外流；

2004年第四季度：资金超常规地再次回流国内；

进入方式：以国际贸易中的提前结汇、大量预收货款为主。

2004年，在宏观调控最为严厉的第二季度再次出现了资金外流情况。这在我国国际收支平衡表的净误差与遗漏项目中也得到了相应的印证，6月底这一项目余额为-72.89亿美元，出现在借方。到了2004年第四季度，随着海内外人民币升值预期再次升温，资金又再次出现了回流我国的趋势。不仅改变了2003年第三季度到2004年第一季度均衡资金流入，而且以更加凶猛超常规态势涌入。这次国际游资在进入方式和手法上与2003年第四季度有明显不同，主要以国际贸易中的提前结汇、大量预收货款为主。

压力之一：海外国际游资（投机香港金融市场和国际商品期货）；

压力之二：国内“关系人”资本（投机房地产市场、商品期货和债券市场）。

以对冲基金为首的豪赌人民币升值的资金大多进入了香港市场。这些国际游资周期性的进出可以清晰地反映在香港银行系统资金结余变化之中，并且与海外人民币汇率金融产品走势形成呼应。由于我国金融市场没有完全对外开放，因此海外国际游资更多地投机在香港金融市场和国际商品期货上。国际游资以中国商品概念如石油、有色金属和货币概念赌人民币升值，在国际金融市场和商品期货市场上冲浪中国；而国内“关系人”的游资则在国内房地产市场、商品期货和债券市场上冲浪中国。我国政府目前来自国际游资的压力显然是以上两个方面的。

国际游资大量回流对我国宏观经济产生了复杂的冲击机制。

二、国际游资对我国宏观经济冲击的作用机制

由于国际游资冲击是来自外部的一种冲击，无法直接作用于需求的各个部分，对它们的影响是经过复杂的传导机制才产生的，另外游资的冲击并不能够明显地直接作用于供给，所以我们从名义变量冲击和实际变量冲击两方面来分析国际游资回流的作用机制。名义变量包括货币、利率、汇率、价格、工资等变量。实际变量主要有外汇储备、投资还有制度创新等。

（一）国际游资对宏观经济系统名义变量的冲击

1. 对货币供给的冲击

当国际游资进入一国时，它必然会对该国的货币供给产生冲击。在浮动汇率制度下，汇率是调节游资流动的关键因素，当游资进入该国时造成汇率的波动从而达到调节外部均衡的目的，一般不会对该国货币供给量产生直接的影响。而在固定汇率制度下，外部均衡要通过内部变量的调整才能达到，一国对外来资本的吸收必然是以本国货币供应量的变化为代价的。由于我国实行固定汇率制度且对外汇有严格的管制，央行有义务进入外汇市场干预外汇供给，买入或卖出外汇，同时卖出或买入本币，所以当游资进出入我国时首先影响的便是我国的货币供应量。2003年受人民币升值预期影响，国际游资大量回流，外汇收入大量增长，为维持人民币汇率稳定，央行每日平均购买6亿美元，格林斯潘认为中国货币基础的扩大造成货币扩张，这在长期内将导致货币供应量大幅增长。从国家外汇储备的形成机制能够证明这一点。国家外汇储备主要是通过中央银行发放基础货币来完成的。近两年来的外汇储备增长伴随着比较明显的货币较快增长，这本身就是一个隐含的货币化过程。2001—2004年，尽管我国经常项目顺差仅为1672亿美元，国家外汇储备却累计增加3971亿美元，其中相当一部分是通过资本项目结汇实现的。受其影响，央行基础货币增速由2001年的11.9%提高到2004年末的53.8%，货币供应量M2也由15.8万亿元增加到25.3万亿元。在这一过程中，尽管央行采取了相应的对冲措施回笼货币，仍未能阻止货币供应量的较快增长。2000—2004年，M2年均增长达15.5%，M2占GDP的比例由2000年的151%上升到2004年的185%。

表二　　2000—2004年部分宏观经济数据

	2000年	2001年	2002年	2003年	2004年
M2（万亿元）	13.5	15.8	18.5	22.1	25.3
同比增长（%）	12.3	14.4	16.8	19.6	14.5
人民币贷款余额（万亿元）	9.9	11.2	13.1	15.9	17.7
同比增长（%）	13.4	13.1	17.0	21.4	11.3
人民币存款余额（万亿元）	12.4	14.4	17.1	20.8	24.1

表二（续）

	2000 年	2001 年	2002 年	2003 年	2004 年
同比增长（%）	13.8	16.0	18.8	21.6	15.9
基础货币余额（万亿元）	3.6	4.0	4.5	5.2	8.0
同比增长（%）	6.4	11.9	11.9	16.7	53.8
GDP（亿元）	89 404.0	95 933.0	102 398.0	116 694.0	136 515.0
外汇储备（10 亿美元）	165.6	212.2	286.4	403.2	609.3
M2/GDP（倍）	1.51	1.65	1.81	1.89	1.85

［资料来源］http：//www. pbc. gov. cn.

2. 对汇率的冲击

在浮动汇率制度下，大规模的游资活动通常会扰动一国汇率，从而造成对汇率的明显冲击。而在固定汇率制度下，由于维持汇率稳定是央行对外经济的重要目标，因此游资对汇率的影响是不明显的。但当国际游资冲击引发较为强烈的羊群效应或者冲击放大机制，这种冲击将引起整个汇率制度的变革。总之，可以说游资的移动是造成 1992 年英镑汇率、1995 年美元汇率及东南亚金融危机中各国汇率暴跌的重要原因。我国目前人民币汇率虽然面临升值压力，但与东南亚金融危机一样也面临着扑面而来的各路游资的冲击。近年来，由于我国经济持续高速发展、出口旺盛、外商直接投资增长迅速，我国积累了大量的外汇储备，再加上一些政治因素，国际上要求人民币升值的呼声此起彼伏，国际游资对人民币升值也存在乐观的预期，纷纷以各种渠道涌入我国。国际游资对我国汇率冲击的效果很大程度上取决于我国政府维持人民币汇率稳定的态度以及对冲外汇储备占款造成债务增加的消化能力。以目前情况看来，我国政府的态度十分坚决，胡锦涛、温家宝等党和国家领导人以及央行行长周小川等多次明确表示，要维持人民币汇率的基本稳定，同时不断完善人民币汇率形成机制。国际上也有不少反对人民币升值的声音，如欧元之父蒙代尔、摩根士丹利首席经济学家罗奇等都明确表示人民币应该维持稳定。另外，央行在用国债回笼人民币时，无论在二级市场公开操作还是发行新债，进行得都比较顺利。由此可以看出，人民币汇率在相当长时间内是可以维持稳定的。

3. 对物价的冲击

游资对我国物价冲击主要有间接冲击和直接冲击两种形式。根据经典的 IS—LM 模型，游资冲击造成我国货币供给上升后，通过复杂的传导机制会导致短期内价格同比例上升，这是间接冲击。由于货币供给是央行控制的外生变量，所以游资间接冲击能量的大小取决于央行对货币供给量的控制。2004 年第一季度央行通过外汇公开市场操作投放基础货币 2916 亿元，通过债券公开市场操作回笼基础货币 2810 亿元，投放、回笼相抵，公开市场操作净回笼基础货币 106 亿元，基本全额对冲外汇占款投放的基础货币，所以游资冲击通过影响货币供给来间接影响物价的冲击作用机制是不明显的。游资对物价冲击的另外一条途径就是直接冲击：游资进入我国后主要流向流动性较强的资产，如储蓄存款、证券市场、房地产、艺术品拍卖市场等，其中流向房地产的最多，这将导致房地产价格迅速攀升。海外侨民通过国内亲属在上海购置商品房的报道经常能见诸报端。据统计，2004 年初投入到上海房地产市场的外资在 100 亿美元左右（占同期整个上海开发市场投资总额的 13.7%），以海外基金形式出现的仅 3 亿美元左右，这一数字将在未来 2 ~ 3 年内快速增加至 20 亿美元。在国际游资的参与下，本来就被怀疑已经存在泡沫的房地产价格变得更加不稳定，将来国际游资的撤离会造成房地产价格的剧烈动荡。艺术品拍卖市场也成为游资热衷之处：2004 年北京中国嘉德艺拍会成交额逾 4.8 亿元，而 2003 年才 2.5 亿元，相比之下，几乎翻了一番。与此同时，北京翰海艺拍会的成交总额更高达6.25亿元，刷新了中国艺术品拍卖会成交总额的历史记录。与此相应，很多标的单价的大幅飙升更让业界瞠目。一只明朝黄花梨雕双螭纹方台，成交价高达429万元，是10年前成交价的5倍；而仅0.6平方尺（约19.8平方厘米）的八大山人的《鱼》最后以484万元成交，超出了拍卖师估价的4倍。

4. 对利率的冲击

利率是资本的价格，在货币需求一定的情况下，由于游资对货币供给的冲击主要由央行的对冲操作所抵消，所以游资对利率的冲击将是一个间接的过程。而且在我国利率改革真正实施之前，利率的形成主要靠的不是市场，而是由央行根据经济形势的需要而定的，基本上属于外生变量。所以游资对利率的冲击不会很大。

5. 对股票市场的冲击

股票市场是宏观经济的晴雨表，而我国近年来经济保持了高速增长，2003年GDP增长速度已经超过9%，反观我国股市，在前些年国有股减持压制下一直萎靡不振。直到2003年11月中旬，股票指数一路攀升走出了一波让人欣喜的行情。而同时期正是人民币升值预期最为强烈、人民币该不该升值争论最为激烈、国际游资进入我国的加速阶段。已经有6亿美元额度的瑞银集团申请扩大QFII额度，虽然不可能代表游资的意志，但至少可以看出国际资本对我国经济的看法。有学者估算国际游资进入我国股市的规模为800亿元，相对于流通市值达1.28万亿元的A股和B股来说虽然不大，但是由于国内股市投机气氛较为浓烈，国际游资投资的示范效应远远超过800亿元。2003年7月9日瑞银集团购入的四只股票在次日均放量大涨，其中上港集箱（600018）单日涨幅达8.11%，最低的外运发展（600270）也有2.09%的涨幅。由此可见，国际游资对股指的拉动作用非同一般。

6. 对银行体系的冲击

国际游资回流造成货币供应量增长，由此推动了银行存款增长，并进一步推动了银行贷款增长。2000—2004年，四大国有银行的人民币存贷款总量平均增长17.2%和15.2%，其不良率也迅速下降，大大缓解了经营压力（见表二）。一般理解，银行的资产质量可用不良资产余额和不良资产比率两个指标来衡量。前者是静态的，后者是动态的。即便一家银行的不良资产余额比较大，但从更长期的未来看，若随着资产规模的扩张，银行的不良比率能够随之下降，单就流动性方面考虑，银行的抗风险能力也会随之增强。但与此同时，随着资产规模的扩张，银行的资本充足率会下降，意味着银行承担的风险正在逐渐超越资本金的覆盖能力，这又会降低银行整体的抗风险能力，从而部分抵消资产扩张给流动性方面带来的好处。表三表明近年来我国国有商业银行资本充足率不足问题一直比较严重。另外，我国中央银行监管不力、银行体系还不够健全，国际游资大规模回流可能导致我们国家的银行在发放贷款时，往往盲目扩大银行信贷而且银行信贷分配不当，使银行贷款扩展到偿还能力不高的债务人。特别是当银行扩大房地产贷款、以股份作为抵押的贷款、消费信贷、对银行内部机构或相关经济实体的贷款时，银行将面临较大的流动性风险。而截至2004年末国有商业银行不良贷款率（按次级类贷款、可疑类贷款和损失类贷款统计）仍然达15.62%（见表四）。根据20世纪80年代世界银行危机的经验，一旦不良资产净值占贷款总额的15%，就有出现系统性银行危机的可能性。我国商业银行特别是四大国有独资商业银行一直以来均在资不抵债的情况下维持运行，长期处于技术上破产但实际上并未破产的状态，关键在于国家这个超级股东发挥着无形的巨大作用。这种状况使银行体系的现实风险转变为潜在风险。由于国有银行的国家独资性质，银行可以凭借国家信誉维护其企业声誉，因而根本不需要资本金来维系其与市场的关系。一旦国际游资发生逆转，我国银行很可能因流动性不足而陷入困境，从而不得不求助于中央银行提供资金，造成金融体系的动荡。

表三　　1996—2003 年我国国有商业银行资本充足率一览表

年份	中国农业银行	中国工商银行	中国建设银行	中国银行
1996	4.44%	5.33%	4.36%	7.14%
1997	3.89%	4.73%	3.81%	7.71%
1998	8.46%	6.99%	6.84%	9.82%
1999	7.89%	7.07%	6.78%	9.56%
2000	8.09%	6.40%	5.63%	9.27%
2001	7.03%	5.70%	5.27%	8.30%
2002	–	5.54%	6.91%	8.15%
2003	–	5.22%	6.51%	7.69%①

［资料来源］根据 1996—2003 年四大国有商业银行资产负债表计算。

表四　　2004 年我国主要商业银行不良贷款情况表

单位：亿元、%

	第一季度末（3 月 31 日）		第二季度末（6 月 30 日）		第三季度末（9 月 30 日）		第四季度末（12 月 31 日）	
	余额	占比	余额	占比	余额	占比	余额	占比
不良贷款	20 776	16.6	16 631	13.32	16 998	13.37	17 176	13.21
其中：								
次级类贷款	3022	2.4	3052	2.44	3226	2.54	3075	2.36
可疑类贷款	11 052	8.8	8427	6.75	8619	6.78	8899	6.84
损失类贷款	6702	5.4	5152	4.13	5153	4.05	5202	4.00
不良贷款机构								
国有商业银行	18 898	19.2	15 231	15.59	15 596	15.71	15 751	15.62
股份制商行	1878	7.1	1400	5.16	1402	5.03	1425	5.01

注：主要商业银行包括国有商业银行（即四大商业银行）和股份制商业银行（即跨区域商业银行）；占比指不良贷款余额占全部贷款的比例。

［资料来源］中国银行业监督管理委员会网站。

以上探讨了游资对名义变量的冲击，但由于游资对宏观经济的冲击是一种整体性冲击，所以它对实际变量也将产生重要的冲击。

（二）国际游资对宏观经济系统实际变量的冲击

1. 对外汇储备的冲击

外汇储备表示一种资源，因而可以看成一种实际变量。外汇储备是维持汇率稳定的关键因素。所以游资进出对外汇储备的影响更多地表现为数量上的影响。从外汇储备状况图（图一）可以看出，近些年我国外汇储备迅猛增长。现在有这么多外汇储备，实际是一个包袱。它隐含的机会有损失非常大。原先，人民币存款与美元存款利率倒挂，美元低人民币高，国际游资可以套利。假设利差 1%，一年损失 500 亿元，等于两个三峡水库。现在变了，美元存款利率比人民币高出 1% 还要多。但是仍然有损失，因为美联储升息，央行现存的美元资产的市场价格下跌，损失至少也是 500 亿元。经济学证明，只要不均衡，或多或少都会有损失。估计具体的损失可能比这个数字还要太。

① 表中数据是注资前数据；注资后数据是 6.98%。注资前与注资后资本充足率的计算基础在对不良资产及股权投资等方面处理不同，因此不能直接进行比较。

即使是500亿元人民币，如果怕升值会造成就业问题，只要算这笔账，中国登记失业500万人，每人一年就能分到1万元钱。

2. 对我国经济制度安排的冲击

经济发展过程中的每次制度变革或创新或多或少都有经济冲击的影响，虽然这种冲击有时是来自经济内部有时是来自外部。国际游资对我国宏观经济的冲击必然也会影响某些制度因素，从而促使其变化，如我国的汇率制度。我国是一个经济大国，实现高度的经济开放、融入世界经济发展之中一直是我国改革开放的一个方向，其中实现资本的自由流动也是重要一环。但是根据著名的“三元悖论”，我国要实现资本的自由流动以及获得独立货币政策就必须放弃汇率稳定这一条，即逐渐放开人民币汇率管制，实现人民币的自由浮动。国际游资冲击恰好提醒了我们这一点。目前人民币在经常账户已经实现了自由流动，同时也在积极探索资本账户下的自由流动，而我们的人民币汇率制度却未见变化而且有更加“固定”之嫌。我们都知道，在东南亚经济金融危机时，我国缩小了人民币本来很小的浮动范围，基本上是盯住美元，这与经济发展规律是相悖的。当然人民币汇率制度变革是一个循序渐进的过程，尤其在目前人民币汇率成为很大变数的情况下，更不应该轻易放弃本已形成的汇率制度。但是国际游资至少提醒我们“三元悖论”的客观存在，现行的汇率制度是不符合我国经济长期发展需要的。否则，试想一下，我国资本市场完全开放，一有风吹草动，天文数字的国际游资可以毫无阻拦地进出我国，在没有弹性汇率制度的调节缓冲下，影响应该不逊于东南亚金融危机。

3. 对经济结构的冲击

国际游资有资源配置功能，如果加以正确引导，会有益于产业结构的变革，但过度的游资投机行为又会误导资源的流向，并吸引更多的国内资本转化为投机资本，导致低效率的重复建设而浪费资源，造成产业结构的失衡甚至畸形，给产业发展带来损害。主要表现为：第一，在既定资金供给约束下，用于投机的资金多了，就必然会致使能源、交通、农业、基础教育、科学研究等基础产业资金短缺、发展滞后，影响到经济增长潜力的发挥。第二，国际游资的投机行为还有可能助长国内投资的短期化倾向，致使高新技术得不到应有的支持和扶植，不利于产业结构的改造和升级。第三，国际游资的误导作用还可能导致政府的产业政策发生偏差，使经济中出现的结构性问题得不到及时、有效的纠正。总之，这种产业结构上的本末倒置或畸轻畸重是十分有害的，会大大削弱我国经济的发展后劲和抵抗外部冲击的能力。

名义变量冲击和实际变量冲击之间不是相互独立而是相互影响的，并且会影响到供给和需求，最终影响到国民收入和就业等变量。

（三）国际游资对经济主体预期的冲击

游资除了会对以上提到的各种变量产生冲击，对预期的冲击同样不可小视，有些时候预期因素对事态的发展有决定性作用。游资的大规模进入无疑会加大人们对人民币升值的预期。当没有足够反向预期产生时，同方向的预期会逐渐积累，一直到预期自我实现发生，甚至引起过度反应，导致泡沫的产生。游资首先影响的是人们对汇率的预期，其次便是游资进入的各种资产价格的预期。对汇率冲击预期我们已经论述过，现在主要讨论第二个问题。仍以房地产价格为例，当国际游资进入房地产时，会导致另外一只“老虎”——国内游资形成房地产价格上涨预期，从而向房地产流入，导致房价上涨。当房地产价格升高到一定程度以至于超过实际价值时，如果房价还有升值的预期，则产生了“非理性”泡沫。这与当前我国实际情况很相似。以上海为例，2003年是上海房市继1999年走出谷底后连续上涨的第四个年头。据统计，2003年6月底，上海全市商品房均价已达每平方米5830元，比2002年同期增长23.76%；全市商品住宅均价为每平方米5784元，比2002年同期增长24.36%；静安区每平方米达到10 192元，而2002年同期只有6601元，增幅为53.44%。对于如今上海房地产出现的火爆需求局面，专家们得出了一样的诊断结论：不真实。“如果上海楼市有泡沫，泡沫一定从这里——高档楼盘开始破裂”——上海福卡经济预测研究所提供的分析报告得出了这样令人不安的判断。我们也完全可以做出如下推理：如果未来人民币升值，达成目的的国际游资一定会抽逃出境，接着房市需求萎缩，价格暴跌。而一个可以对照的经验是，1997 年香港楼市崩盘，跌得最厉害的就是豪宅市场，最高跌幅达 65%；高档楼盘狂跌，必定波及一般楼盘，并拖累整个楼市下跌，最后出现可怕的崩盘。

三、小结

我们就游资回流对我国宏观经济产生的冲击进行了比较全面的分析，这些冲击有的已经发生和正在发生，也有一些是可能发生的。对游资带来的冲击我们绝不可以掉以轻心，必须采取谨慎的态度和有力措施来努力消除游资对我国经济的冲击以及冲击带来的不良后果。作为对策，当前最重要的是应当设法削弱市场对于人民币的升值预期；其次，应尽快改变人为推动的国际收支“双顺差”格局，改变外汇储备越多越好的传统观念，将国际收支的总体平衡作为外部经济的主要政策目标；再次，应当审慎对待资本账户的自由化；最后要尽快建立合理的汇率安排机制，削弱游资冲击的内在动机。

图书在版编目(CIP)数据

中国金融改革:市场化进程与金融稳定/陈野华,迟福林主编. 成都:西南财经大学出版社,2009.6

ISBN 978-7-81088-948-3

Ⅰ. 中… Ⅱ. ①陈…②迟… Ⅲ. 金融体制—经济体制改革—中国—文集 Ⅳ. F832.1-53

中国版本图书馆 CIP 数据核字(2008)第 036632 号

中国金融改革:市场化进程与金融稳定(第五届)

陈野华 迟福林 主编

责任编辑:王利

封面设计:穆志坚

责任印制:封俊川

出版发行:	西南财经大学出版社(四川省成都市光华村街 55 号)
网　　址:	http://www.bookcj.com
电子邮件:	bookcj@foxmail.com
邮政编码:	610074
电　　话:	028-66785858 66786868
印　　刷:	四川森林印务有限责任公司
成品尺寸:	203mm×280mm
印　　张:	13
字　　数:	360 千字
版　　次:	2009 年 6 月第 1 版
印　　次:	2009 年 6 月第 1 次印刷
印　　数:	1—1000 册
书　　号:	ISBN 978-7-81088-948-3
定　　价:	32.00 元